湖南大学廉政研究中心 ◎ 组编

廉政研究

第1辑 | Journal of Clean Governance

袁柏顺 ◎ 主编

湖南大学出版社
·长沙·

图书在版编目（CIP）数据

廉政研究. 第 1 辑 / 袁柏顺主编. -- 长沙 ： 湖南大学出版社，2024. 12. -- ISBN 978-7-5667-3937-7

Ⅰ. D630. 9

中国国家版本馆 CIP 数据核字第 2024DA885 号

廉政研究 · 第 1 辑

LIANZHENG YANJIU · DI 1 JI

主　　编：袁柏顺
责任编辑：谌鹏飞　严　朔
印　　装：湖南省美如画彩色印刷有限公司
开　　本：710 mm×1000 mm　1/16　**印　　张**：18　**字　　数**：298 千字
版　　次：2024 年 12 月第 1 版　**印　　次**：2024 年 12 月第 1 次印刷
书　　号：ISBN 978-7-5667-3937-7
定　　价：75. 00 元

出 版 人：李文邦
出版发行：湖南大学出版社
社　　址：湖南 · 长沙 · 岳麓山　**邮　　编**：410082
电　　话：0731-88822559（营销部），88821691（编辑室），88821006（出版部）
传　　真：0731-88822264（总编室）
网　　址：http://press.hnu.edu.cn
电子邮箱：presschenpf@ qq. com

目次

CONTENTS

廉政基础理论

廉政制度研究

理论前沿

实证研究

研究综述

Contents

Theoretical Frontiers

Empirical Research

Research Review

廉政基础理论

JOURNAL OF CLEAN GOVERNANCE

反腐败政治意志的贯彻与持续：关于“新加坡模式”的反思

袁柏顺

摘　要　反腐败的“新加坡模式”最为鲜明的特色在于其反腐败政治意志。坚定的反腐败政治意志与强大的贯彻与持续能力，是新加坡反腐败成功的关键。新加坡反腐败政治意志得以贯彻的主要经验在于其以零容忍的态度、实用主义精神，通过统筹协调立法、行政与司法实现其政治意志的贯彻，并在此过程中实现政治意志的制度化、社会化，从而使反腐败政治意志得以持续。

关键词　反腐败；新加坡模式；政治意志；实用主义

20世纪60年代以来，新加坡在反腐败方面的做法即已开始受到关注。随着新加坡反腐败所取得的成效显现并日益得到公认，作为新加坡奇迹的重要组成部分，新加坡反腐败的“新加坡模式”也如同其在经济社会发展方面一样，引发了学界的探讨与争论。近年来，我国反腐败实务界尤其是高层对于新加坡反腐败经验尤为感兴趣而欲学习、仿效，使得对新加坡反腐败模式的探讨具有更为重要的现实价值。

基金项目：教育部人文社会科学研究规划基金项目“‘一带一路’建设中的腐败风险防控研究”（19YJA810016）。

作者简介：袁柏顺，政治学博士，湖南大学马克思主义学院教授，湖南大学廉政研究中心首席专家兼执行主任，主要研究领域为廉政学基础理论、廉政政策分析、反腐败比较研究、全球腐败治理。

用“模式”来概括和总结一个国家的成功经验，并为其他国家提供借鉴，无疑是有益的。有观点主张，某个事物如果堪称为“模式”，则至少应满足四个特征：制度化的稳定性，独特性或称差异性，可模仿性或扩散性，内外认受性。但按照这一界定，“模式”的独特性与可模仿性之间显然存在矛盾。某些国家基于其独特国情而采取的某些独特的做法，历史可以证明其有效性，比较研究可以发现其独特性，却未必能够为其他国家和地区所模仿、移植或采用从而具有普适性。本文关于模式的理解，着重的是独特而有效的经验。“模式”的重心在于描述某些经验事实的独特性，而不是逻辑的一般性。从历史的角度来看，一些在今天看来具备普遍适用性的做法，对于最初采用者来说，往往是开创性的、独特的。本文试图通过历史与比较研究的方法，尽可能还原新加坡反腐败领域的实践，尤其是其成功经验的关键所在。本文认为，新加坡反腐败模式的独特性，以及新加坡反腐败成功的关键，在于其反腐败的政治意志。

就政治意志而言，最困难的不是表决心，而在于其贯彻与持续。因此，本文试图通过对新加坡反腐败政治意志，尤其是其贯彻与持续的研究，以冀有所借鉴。

一、反腐败的“新加坡模式”之独特在于其政治意志

关于新加坡的反腐败模式，有观点认为它是对腐败零容忍的执政理念、小而高效的反贪局、完备的反贪立法与严密的治腐法网、惩防并举的反贪战略。[①] 毫无疑问，这是新加坡反腐败所采取的措施，但很难从类似归纳中看出新加坡反腐败模式的特质与成功的关键所在。

尽管在20世纪廉政研究中对于“政治意志很少有研究”，但理论与实务工作者大体一致的三点认识，其中之一是反腐败努力的成功“取决于政治意志”[②]。而这种认识显然建基于新加坡的反腐败实践。有论者在20世纪80年代

① 赵璐：《新加坡反腐模式概观》，《团结报》2012年5月24日。

② Derick W. Brinkerhoff, “Assessing Political Will for Anti-corruption Efforts: An Analytic Framework,” *Public Administration and Development*, Vol. 20 (2000), pp. 239-252.

通过比较邻近数国反腐败状况后发现，政治领导人必须有清除腐败的诚意和决心，这是反腐败取得成功的“最重要的经验教训”。“假如政治领导人有着清除本国腐败的坚定意志，反腐败措施就应被视为是有效的”，认为菲律宾、泰国、印尼等国的反腐败战略或者“无效”，或者“毫无希望”，其关键原因在于其政治意志的缺乏，其政治领导人没有下决心清除本国腐败现象。新加坡则相反，“新加坡的政治领导人特别是李光耀总理”对于反腐败“有着充分的决心”，这是新加坡反腐败之道的首要特征。①

21世纪初以来，反腐败在世界范围之内有了更多国家的实践。不少学者根据反腐败实践的新发展，再次确认新加坡反腐败模式当中政治意志的重要性，将其作为新加坡反腐败模式的第一要素，甚至是统领一切的最为关键的要素。曾任香港特别行政区廉政公署专员的施百伟（Bertrand de Speville）基于新加坡和中国香港的反腐败实践，概括出反腐败成功的七要素，如在刑法、行政法、民法当中体现廉洁价值，举国（境）战略，协调行动，赋予反腐败机构足够资源，公众支持与持续反腐等，但第一个要素则在于政治意志。② 于文轩和吴进进也将“强有力的政治意愿”作为新加坡的反腐败模式的第一个构成“要素”，尽管对其他要素的归纳并不相同（绩优官僚制、独立的反贪局、腐败零容忍的法律与政策、行政改革和反腐廉政文化）。③ 而 Joh Quah 进而指出，新加坡值得学习之处有四点，如反腐败机构保持独立性与保持自身廉洁，从腐败的主要源头上进行防治以减少腐败等，但“政治意志是（反腐败）成功的关键要素”④。而今日新加坡对自身反腐败成功经验的总结，政治意志在其中占有十分突出的地位。⑤ 就其反腐败政治意志之强烈，贯彻反腐败政治意志能力之强，

① 乔恩·奎赫、何增科：《反腐败：新加坡的经验》，《经济社会体制比较》1993年第5期，第42-47页。

② Bertrand de Speville, *Overcoming Corruption: The Essentials*, UK: De Speville & Associates, 2010, p. 112.

③ 于文轩、吴进进：《反腐败政策的奇迹：新加坡经验及对中国的启示》，《公共行政评论》2014年第5期，第131-154，191-192页。

④ Jon S. T. Quah, "Combating Corruption Singapore-Style: Lessons for Other Asian Countries," *Maryland Series in Contemporary Asian Studies*, no 2 (2007), Article1.

⑤ "Upholding Integrity in the Public Service," https://www.cscollege.gov.sg/Knowledge/Pages/Upholding-Integrity-in-the-Public-Service.aspx.

反腐败政治意志持续之久，堪称独步一时，这也是其反腐败成功的最大法宝。可以认为，如果存在反腐败的“新加坡模式”，反腐败政治意志是这一“模式”中最为独特而关键之所在。

不过，已有研究并未说明，新加坡反腐败政治意志作为时间序列上的第一步、逻辑体系中的关键要素，是如何得到贯彻并持续的。反腐败的政治意志指社会行为者向腐败现象与根源进攻，尽力予以减少或清除之意图。它可以定义为行为者的誓愿，采取行动实现一系列目标（反腐败政策与项目），并随时克服阻碍目标实现的困难，承受这些行动所需付出的代价。政治意志并非仅仅是第一推动力，而是必须在较长时期内持续得到体现，直至目标达成；政治意志并非仅仅是一种“政治意愿”或“政治领导人根除腐败的决心和承诺”[①]，更重要之处在于决心的体现、承诺的兑现。反腐败政治意志必须从领袖个人意志转化为执政党集体意志、广义政府的集体意志、全体社会成员的集体意志；由意志转化为法律法规与制度，进而规范引导人们的行为。

二、新加坡反腐败政治意志的贯彻

政治意志不仅首先要发动反腐败斗争，而且要支持这项斗争直到取得胜利的结果。[②] 而发起反腐败斗争的政治意志虽然并不容易，需要在平衡得失、计算出代价与收益的基础上作出，但更为困难的是将这种政治意志贯彻实施、持续实施。

反腐败政治意志的发端，往往是最高领导人或最高领导集体。就新加坡而言，这一政治意志的发端无疑源于人民行动党的领袖、建国总理李光耀。“他所痛心疾首的事物之一是贪污。这是他决心来铲除或运用全力来控制的一种罪恶。”[③] 1968 年，当时主管香港警察队检举贪污组的罗彼得总警司考察发现，

---

① Bertrand de Speville, *Overcoming Corruption*: The Essentials, UK: De Speville & Associates, 2010, p. 112.

② Derick W. Brinkerhoff, “Assessing Political Will for Anti-corruption Efforts: An Analytic Framework,” *Public Administration and Development*, Vol. 20 (2000), pp. 239-252.

③ 百里渠爵士调查委员会:《第二次报告书》，香港政府印务局 1973 年版。

新加坡“对付贪污的工作已有很大的进展，且比诸香港的同类组织有更好的成绩”，其“成就”的“主因”第一项即是“总理对贪污所持的执拗态度，及因总理而产生的影响”。① 1973年百里渠报告书认为，新加坡虽然“尚未完全消灭贪污事件”，但却“无疑已为本身树立一种声誉，称为东南亚地区中贪污最少的国家”。而其成就之取得，“现任总理的个人重大影响力”是“更为重要的因素”之一。② 以李光耀为灵魂和核心的人民行动党领导集体，从一开始竞选到成功获得政治权力，一直秉持着廉洁从政、致力反腐的集体意志。

贯彻政治意志的首要工具，是政府权力。李光耀在二战前后尤其是日治时期的经验，让他充分了解了人的行为、人类社会、人的动机和冲动，更让他深信“政府的作用”，“权力是进行彻底改革的工具”。③ 权力作为“某些人对他人产生预期效果的能力”④，“有意性”是其首要特性，而反腐败的政治意志，即是当一个政治领导人或集体的自主意愿，希望整个政府乃至社会全体成员遵守廉洁行为规范，并对不遵守廉洁行为规范者实施惩罚。作为马基雅维利的信徒⑤，李光耀深信“令人畏惧”和吓阻的重要性。借助于其政治权力⑥，李光耀对于犯罪，包括腐败犯罪，最初的基本做法是严惩，在严惩的同时，也采取了设立咨询柜台让公众了解行政程序等腐败预防措施。

马基雅维利在《君主论》中阐述为达目的可以不择手段的理念，李光耀毫不掩饰地表达了对这一观点的赞同和奉行，在贯彻其一切政治意志的时候，经常说和做的是“by all means”，即运用一切手段。我国香港的考察者曾注意到新加坡有着独特而实用的反腐败理念：腐败既然被认定为一种罪恶，是一种“肮脏的玩意”，“故应采用‘肮脏方法’，或者最低限度是‘非正统的方法’

① 百里渠爵士调查委员会：《第二次报告书》，香港政府印务局1973年版。

② 百里渠爵士调查委员会：《第二次报告书》，香港政府印务局1973年版。

③ 李光耀：《风雨独立路——李光耀回忆录（1923—1965）》，外文出版社1998年版，第87页。

④ 丹尼斯·朗：《权力论》，陆震纶、郑明哲译，中国社会科学出版社，2001年版，第15-21页。

⑤ Uri Gordon, “Machiavelli's Tiger: Lee Kuan Yew and Singapore's Authoritarian Regime,” http://unpan1.un.org/intradoc/groups/public/documents/APCITY/UNPAN002548.pdf.

⑥ 一般来说，权力具有三个属性，即广延性、综合性与强度。新加坡政府管辖的人口数量不多，但其政府权力的综合性很强，控制权力对象活动的领域较多，是公认的“保姆式国家”；而其权力强度足可傲视群伦。

以资还击”。[①] 从上述理念出发，新加坡政府的反腐败具备了无与伦比的灵活性与强度。

执政第二年，李光耀政府即誓言要“尽一切力量清除腐败”[②]，认定过去殖民地时代腐败盛行的原因“只不过是因为上司下属官员的纪律”[③]，因此立即着手在行政系统设立纪律委员会以调查公职人员的一切违纪行为，注重运用行政纪律进行腐败惩治。新加坡政府“对惩戒规则作现实的引用，以实施‘撤职’，‘为公共利益着想而退休’及‘警告’等措施”[④]。

作为最直接执行反腐败政治意志的贪污调查局（CPIB），1960 年之前在遏制腐败上“都没有发挥什么作用”，在 1960 年颁布《防止贪污法》之后贪污调查局才“获得了新生”[⑤]。1960 年该局尚只有 8 名官员，之后人员迅速扩充，1963 年达到 33 名，1970 年达到 50 名。曾分别隶属首席部长部（1955—1959）、内政部（1960—1963）、总检察厅（1964）、律政和国家发展部（1965—1969），1970 年后更直接隶属于总理公署至今，并在其后引入总统介入机制，以确保即使总理反腐败政治意志衰退也不影响其功能发挥。该局人数虽然不多，但其背后是“整个政府的努力”[⑥]。最能让该局发挥反腐败效能的是，它“采用秘密方式，新加坡公众不能确知该机构的所作所为”[⑦]。贪污调查局“在调查及起诉方面”享有“广泛法定权力”，“完全不受其他政府机关的控制，在执行工作

① 百里渠爵士调查委员会：《第二次报告书》，香港政府印务局 1973 年版。

② “Corruption: Pledge to Wipe It Out,” *The Straits Times*, February 14, 1960, http://eresources.nlb.gov.sg/newspapers/Digitised/Article/freepress19600628-1.2.68.aspx.

③ Appendix II, Paper S. C. (Prevention of Corruption Bill) No. I. First Legislative Assembly, State of Singapore. Report of the Select Committee on the Prevention of Corruption Bill, L. A. 8 of 1960. Ordered by the assembly to be printed: 23rd March, 1960, http://sprs.parl.gov.sg/SelectCommittee/resource/pdf/1960/19600323_ BIL_ FULL.pdf.

④ 百里渠爵士调查委员会：《第二次报告书》，香港政府印务局 1973 年版。

⑤ 乔恩·奎赫、何增科：《反腐败：新加坡的经验》，《经济社会体制比较》1993 年第 5 期，第 42-47 页。

⑥ DECD, “Specialised Anti-Corruption Institutions: Review of Models,” 2013, p. 63, http://www.oecd.org/daf/anti-bribery/specialisedanti-corruptioninstitutions-reviewofmodels.htm.

⑦ Law King-hea Joseph, “A Comparative Study of the Anti-corruption Measures of Hong Kong and Singapore Since 1945,” 1985, http://hdl.handle.net/10722/25883.

方面则享有最高度的自由”，该调查局甚至多次被批评采用一些诸如威胁、虐待、拷打的调查手法来对付腐败嫌疑人。[①] 贪污调查局逐渐令人闻之丧胆。新加坡“社会各阶层人士，特别是政府机关首长”对该调查局尽力“合作”，一般市民对该调查局则表现出“无与伦比的敬畏”。[②] 20世纪60年代，外界观察发现新加坡当局“似乎从未有将贪污案件提交法庭处理，除非他们认定证据绝对肯定足以使犯人判定有罪”[③]。这也是新加坡一直以来保持极高的、近乎百分百定罪率的重要原因。

行政机关的权力必须得到立法机关的授予，反腐败政治意志的贯彻自然要求立法机构的配合，以为政府的强力反腐提供法律依据。1960年2月13日在推动立法议会通过“防止贪污法案”二读时，内政部长声言，“防止贪污法案跟新政府消灭国内特别是公职人员中的贪污贿赂现象的决心是完全一致的”，政府“决心采取一切可能的步骤”，因此要求获得新的和更广泛的授权以便与贪污贿赂现象作斗争。[④] 因而大幅修改了1937年殖民地时期通过的防止贪污的法律。“贿赂”的定义扩大了，它包括任何有价值的物品。腐败犯罪的罚金加重、刑期加长。调查人员被赋予更大的权力，包括逮捕、搜查，以及翻查嫌疑犯及其妻子、儿女和代理人的银行户头和银行存折。政府控诉举证的责任或被倒置，或被减轻。而如果发现检控一个人使之罪名成立遇到困难时，政府即会要求议会把法律修订得更严密。总之，立法会不断因应反腐败之需要，本着扩大腐败定义、加重腐败处罚乃至充公腐败利益，保护举报，方便腐败调查、起诉与审判的原则，而不断地将反腐败立法予以修订。

反腐败要求有罪必罚，因而新加坡司法系统也尽力配合政府的反腐败意志。正如有外部观察者所注意到的，新加坡的“司法人员对贪污案件采取不妥协的态度，他们对于当前法律采取较宽大的解释，及充分使用法律所规定的罚

---

① 乔恩·奎赫、何增科：《反腐败：新加坡的经验》，《经济社会体制比较》1993年第5期，第42-47页。
② 百里渠爵士调查委员会：《第二次报告书》，香港政府印务局1973年版。
③ 百里渠爵士调查委员会：《第二次报告书》，香港政府印务局1973年版。
④ 乔恩·奎赫、何增科：《反腐败：新加坡的经验》，《经济社会体制比较》1993年第5期，第42-47页。

则”[①]。需要指出的是，这并不意味着政治意志直接干涉司法，也不意味着司法一定会唯政治意志马首是瞻。贪污调查局的工作方法就曾受到过法官的批评与指责。[②]

对于领导人民行动党上台执政之后的李光耀来说，最大的困难与挑战不是既得利益者的腐败，而在于观念与法律制度。根本改变原有反腐败法律，需要勇气与坚强的意志力。李光耀对此有充分的估量：如果有官员被发现拥有无法解释的财富，而又不能提出证据以证明其财富非由贪污得来，他的全部财产可予以没收。“我毫不怀疑当这项法律提出修正时，将会有好些人叫嚣起来，即使在刑法律师眼中，也不会例外。”[③] 李光耀指出：“我们必须明白，如果我们废除逮捕和扣留的权力，而坚持根据刑事诉讼案中的严格法律证据，来进行公开审讯，那么，法律和秩序就站不住脚。”反腐败执法对于未经审讯即予监禁等明显违反人身保护令和个人自由的特别权力与举措的存在，因为“所处的社会和政治情况”，“有必要断然摒弃英国的模式”。[④] 巨额财产来源不明罪等罪名的开创性设置并运用，腐败收益充公等惩治腐败法律手段的创立，对腐败犯罪嫌疑人辩护理由的尽可能削减，对检控与判决腐败犯罪的证据尽可能要求降低，特定罪行举证责任倒置、根本颠覆控诉者举证的原则，反腐败执法权力极大扩张，凡此种种，今日已经为世界各国反腐败工作者所熟悉，甚至载入《联合国反腐败公约》，成了要求缔约国实施的反腐败举措，大抵为新加坡政府秉承实用主义精神所做的开创性设置或运用。换言之，这些反腐败举措在今日或许具备一般性，而在当时却是新加坡所独有的。

新加坡的反腐败经验很快就有了追随者。我国香港的百里渠报告书基本上在为新加坡当时独特的做法辩护，对其合理合宜性进行确认，并希图其被采用于香港。百里渠报告书建议我国香港像新加坡一样，反腐败“调查权力在若干方面应予增加，而若干证据和程序的法则应予放宽”。行政部门应该运用纪律

① 百里渠爵士调查委员会：《第二次报告书》，香港政府印务局 1973 年版。
② 乔恩·奎赫、何增科：《反腐败：新加坡的经验》，《经济社会体制比较》1993 年第 5 期，第 42-47 页。
③ 李光耀：《李光耀 40 年政论选》，现代出版社 1996 年版，第 327 页。
④ 李光耀：《李光耀 40 年政论选》，现代出版社 1996 年版，第 320-321 页。

制裁，百里渠爵士调查委员会甚至也同意，“法庭在这场对付贪污的斗争中，亦有一份重要的任务；除非可能作弊者和准备受贿的政府公务员确实觉得，他们一旦被拘控就会被法庭严厉处罚，否则，绝不能由普通司法程序消除贪污”①。该报告书的这些建议，大体上被采纳并经香港实践。自此以后，经由新加坡、香港的成功实践，不少曾经独特的、个别的反腐败举措被上升到普遍的、一般性反腐败举措的层面，而在世界流传。

三、新加坡反腐败政治意志的持续

反腐败政治意志的持续，一个基本的前提是一个国家或地区最高领导者（不管它是一个人，还是一个集体）自身廉洁的长期保持。主要领导人自身做到严以律己，规管好家人亲朋故旧，廉洁奉公，不徇私情；领导集体始终维持廉洁，将腐败分子随时、坚决清理出领导集体，而不护短遮丑，文过饰非。这些作为反腐败原则虽然“并不是新加坡首创”，但是，“新加坡执行这一原则分外严格。从某种意义上可以说，东南亚各国中只有新加坡真正坚持了这一原则”。② 这本身既是检验真假反腐败政治意志的试金石之一，也是反腐败政治意志由最高层发端之后对执政党、政府和整个社会发挥影响力和作用的基础。

反腐败政治意志要得到贯彻与持续，固然与最高领导人的意志品质有关，但更重要的在于将这种政治意志由最高领导人的意志、最高领导集体的意志，转化为执政党、政府乃至全社会的共同意志。③ 到20世纪80年代，不宽容腐败、谴责腐败分子的公共舆论得以形成，公众对腐败行为保持警惕并随时随地准备举报腐败，已经被李光耀认为是新加坡反腐败成功几大原因当中的两项原因。④ 其后，李光耀可以骄傲地宣称：“我们已经建立起舆论的氛围：人们把担任公职贪污受贿的人看成社会公敌。”当此之时，新加坡政治领导人、领导集

---

① 李光耀：《经济腾飞路：李光耀回忆录（1965—2000）》，外文出版社2001年版，第589页。

② 赵晨：《新加坡的反腐败斗争》，《亚太研究》1994年第1期，第59-63页。

③ 百里渠爵士调查委员会：《第二次报告书》，香港政府印务局1973年版。

④ Jon S. T. Quah, *Public Administration Singapore-Style*, Bingley: Emerald Group Publishing Limited, 2010, p. 189.

体的意志已然转化为新加坡全社会的集体意志。而这才是新加坡反腐败政治意志持续的根本。

导致反腐败政治意志产生的外部因素持续存在，在很大程度上促使反腐败政治意志的持续存在。新加坡建立廉洁、高效政府的最初原因，是其自然资源的贫乏与国家生存危机。这种危机为最高领导人敏锐感知与预见，也得到全体国民的危机意识认同。建国之时不仅弱小，而且处于一个“敌对的环境里”，被迫在这种环境当中“谋求生存”。① 这种情形虽然随着新加坡的迅速发展和富强而有所变化，但其相对弱小、处于复杂环境的基本的态势并未得到根本的改变。经由政府扩散至新加坡全体国民的共同的危机意识，成为新加坡领导人的政治意志得到有效贯彻和持续贯彻的重要原因。

在反腐败政治意志已经成功转化为反腐败的立法框架、执法体制及预防机制，也就是反腐败已然制度化之后，政治意志无须继续站在前台，而可以让体现政治意志的制度发挥功用，已经远不需要当初所费的气力与强烈意志。对反腐败立法及时不断地修订，尤其是支持反腐败执法机构开展工作，是展现政治意志之持续的必要工作。新加坡的反腐败立法自 1960 年以来，先后进行了多次修正，1992 年更通过《腐败、毒品走私和其他重罪（没收所得利益）法》，在原有法律规定法官可以命令腐败犯罪分子给付一笔与其贿赂金额相当的罚金的基础上，更可让法庭将腐败犯罪的物业财产予以没收，只要它来自腐败犯罪收益。如果说立法的修订有一定时间间隔，反腐败执法的工作却是日常的，因此对其工作始终如一地支持尤其重要，可以充分展现反腐败政治意志之坚定。当然这一点也是最难做到的。李光耀曾经指出，开始的时候秉着高尚的情操，抱着强烈的信念和取缔贪污的决心不难。但是，“除非身为领袖者够坚强，能铁面无私，坚决对付一切违法乱纪的人，否则要做到事如所愿，可没那么容易。我们必须全力支持贪污调查局的官员执行任务，无私无畏”。由于政治意志已经贯穿于反腐败立法与执法当中，司法严格遵循反腐败立法而具有的独立性，不仅不会损害反腐败政治意志的贯彻，其本身反已成为确保反腐败政治意

① 李光耀：《风雨独立路——李光耀回忆录（1923—1965）》，外文出版社 1998 年版，第 1 页。

志持续贯彻的重要一环。

四、政治意志与反腐败：有待继续讨论的问题

新加坡以其强烈的反腐败政治意志及强大的意志贯彻能力反腐败，取得了令人欣羡、举世公认的成绩。在世界银行的治理指数、透明国际的清廉指数等世界各种评测指标当中，新加坡都长期稳居亚洲第一，并将亚洲其他国家与地区远远抛在身后，甚至曾达到全球第一的位置，其反腐败成效与高度廉洁的结果毋庸置疑。

为了贯彻政治意志，增强反腐败执法效能，反腐败机构被授予特别的权力，尽可能减少其反腐败执法的不便。这些举措诚然体现了新加坡政府真正零容忍腐败的强烈政治意志，时至今日，也很少有国家和地区能够将反腐败执法权力用到如此程度。即使紧随其后的我国香港“不得不采取以新加坡反贪污法令为基础而制定的严厉措施”，但其政治意志的贯彻亦远未如新加坡那样彻底，也难以达到新加坡的权力所具备的强度。新加坡在贯彻其反腐败政治意志时，任何反腐败立法都能畅通无阻。而相形之下，我国香港参照新加坡相关做法于1970年准备多套立法草案，而“批评该草案者为数颇多”，其反腐败立法不得不“因各方面的批评而大加修改”。[①] 新加坡的反腐败执法与执纪无往不胜，任何人或势力难撄其锋；而香港廉政公署强力反贪执法不到四年，即遇到警务人员的群体性抗争与警廉冲突，港督被迫实施“局部特赦”，反腐败政治意志经受了严重考验。在反腐败执法权力方面，在廉政公署建立近20年之后，香港基本的趋向是增强反腐败机构透明性、问责性，在反腐败与自由、人权等价值考量之间求取平衡，相关制约与监督导致反腐败机构开展工作的程序变得更复杂，在一定程度上影响了其反腐败效能。

不过，新加坡强烈反腐败政治意志的强有力贯彻，却并非没有其代价。新加坡贪污调查局被授予广泛而充分的权力，却缺乏有力的内外部监督，具有公

① 百里渠爵士调查委员会：《第二次报告书》，香港政府印务局1973年版。

众问责程度低、透明性不高等特性，在极大地增强了其阻吓性和反腐败效能的同时，却面临着反腐败权力被滥用的可能性。香港廉政公署在反腐败权力受到更多制约与监督，从而给其工作带来不便并影响其效能的同时，却能有效地赢得公众信心。正如有报告所指出的，相关制约与监督带来的不便只是为确保反腐败执法机构非同一般的权力得以更加透明而付出的代价，但却能更好地保护个体自由，从而使公众对该机构与香港的反腐败制度更有信心。[①]

近年披露的新加坡贪污调查局前助理司长杨少雄事件，从一定程度上即是新加坡反腐败模式副作用的一种体现与反映。杨少雄在 2009—2012 年主持贪污调查局实地调研与技术支持部门工作时，挪用 176 万新元，最后被判公职人员背信罪与伪造罪，判监 10 年。[②] 杨少雄在较长时期内有多次腐败罪行发生而未被揭露，贪污调查局公众问责程度低、透明性不高等特性无疑是重要原因。事件发生后贪污调查局局长向公众道歉，承认了内部监管等方面的缺失，新加坡副总理张志贤在事件发生后力促对政府机构的监督程序进行评估检讨。[③] 当前，虽没有足够的证据表明会有巨大的、根本性的改变，但新加坡反腐败模式显然面临考验，势必面临一些改变。

五、结论

普遍而严重的腐败，以及低度腐败、较高程度的廉洁，往往被视为两种纳什均衡。打破腐败均衡的稳定结构，需要政治意志，腐败越是普遍和严重，越是积重难返，越考验政治意志；实现从腐败均衡到廉洁均衡的转换，更需要政治意志，希图实现的廉洁程度越高，均衡转换的距离越长，越考验政治意志。不过，如果已经达到较高程度的廉洁均衡状态，由于均衡所具有的高度的稳定

---

① ICAC Review Committee, "Report of the ICAC Review Committee," Hong Kong: ICAC Review Committee, 1994.

② "Ex-CPIB Assistant Director Edwin Yeo Jailed 10 Years for Criminal Breach of Trust," February 21, 2014, http://singaporeseen.stomp.com.sg/singaporeseen/this-urban-jungle/ex-cpib-assistant-director-edwin-yeo-jailed-10-years-for-criminal-breach-of-trust.

③ "Singapore Anti-graft Official Charged with Fraud," Fox News, July 24, 2013, http://www.foxnews.com/world/2013/07/24/singapore-anti-graft-official-charged-with-fraud/.

性和自我维持机制，打破廉洁均衡亦非一日之功。从这一意义上来说，应该可以预期新加坡的廉洁在将来较长时期内并不会因李光耀的离去而离去，同样不会因李显龙的卸任而“卸任”。

新加坡反腐败政治意志贯彻的过程，已然使政治意志从建国总理的个人意志变成人民行动党、新加坡政府乃至新加坡社会的集体意志；已然使政治意志贯穿于其立法、执法与司法体制当中，实现了反腐败政治意志的制度化。所有这些，使得新加坡廉洁状态的维持更让人深具信心。

有论者认为，在腐败已经积重难返的权威主义国家经常出现一种“传统悖论”，即采纳和实施控制腐败政策的那些行为者，正是那些面临微弱甚至负面激励动因去这样做的人，[①] 这使得一些国家的反腐败其实缺乏真正的政治意志。而一些转型经济体或国家有着反腐败的政治意志，但展现得并不强烈，更无法持续。[②] 相形之下，新加坡强烈而坚定的反腐败政治意志、贯彻反腐败政治意志的强大能力更显可贵。尽管新加坡与中国在国家规模、政治法律体制等方面有着明显而巨大的差异，面临的腐败特征、反腐败的体制、道路同样差异巨大，但从一定意义上来说，两国的反腐败模式仍然存在一定的相似性，反腐败的关键仍仰赖于政治意志及其贯彻。党的十九大报告中再次确认十八大以来已经下定的反腐败决心与政治意志，二十大报告坚定表明“永远吹冲锋号”，反腐败政治意志的贯彻与持续仍应是我们继续努力的方向。惟其如此，才能在夺取反腐败斗争的压倒性胜利之后，逐步实现海宴河清、朗朗乾坤，最终夺取反腐败斗争的彻底胜利。

① Scott Fritzen, “Beyond ‘Political Will’: How Institutional Context Shapes the Implementation of Anti-Corruption Policies,” *Policy and Society*, Vol. 24 (2005), pp. 79-96.

② Abdul-Gafaru Abdulai, “Political Will in Combating Corruption in Developing and Transition Economies: A Comparative Study of Singapore, Hong Kong and Ghana,” *Journal of Financial Crime*, Vol. 16 (2009), pp. 387-417.

廉政文化抑或廉政科学

——兼谈自然科学与社会科学的异同

王 冰

摘 要 科学和艺术通常被认为是两个存在巨大鸿沟的领域，自然科学和社会科学也通常被认为存在根本不同。本文从探讨概念的本源出发，辨析科学与艺术、自然科学与社会科学、廉政科学与廉政文化之间的密切关联。它们之间确实存在许多明显而重要的差异，但也具有相同的科学本质，即对自然界和人类社会、对制度与人性越来越深刻的认知。科学是人类社会认知世界和改造世界最为可靠的武器，廉政建设需要建立在廉政科学和廉政文化相互融合的基础之上。

关键词 廉政文化；廉政科学；自然科学；社会科学

一、引言

在历史长河中，人类社会取得了巨大的成就和进步，创造了灿烂的文化和文明。人类社会认知世界和改造世界的方式则从早期的巫术、崇拜、信仰、宗

基金项目： 研究阐释党的二十大精神国家社科基金重点项目“公共价值视阈下中等发达国家经济发展水平和社会发展特征研究”（23AZD013）。

作者简介： 王冰，管理科学与工程博士，华中科技大学公共管理学院教授，主要研究领域为公共价值与社会发展。

教、经验，逐渐过渡到科学、理性和技术。自从16—17世纪的科学革命以来，以哥白尼、伽利略、牛顿等人的科学发现为标志，科学逐渐取代了宗教和哲学，成为人类社会认识世界、改造世界最为可靠的方法，人类社会近代以来取得的几乎所有成就，都是建立在科学的基础之上。

然而，科学通常被狭义地理解和定义为以物理、化学、生命科学、数学等为代表的自然科学，也被称为“硬科学”；而与人的心理、行为、文化密切相关的经济、政治、社会、历史等相关的研究领域则被划归为社会科学，或曰“软科学”。[①] 有观点认为：（1）社会科学与自然科学存在着本质的区别，甚至社会科学并不是真正的科学，应该被排除在科学的范畴之外；（2）自然科学在人类社会的历史上取得了前所未有的发展和成就，但社会科学却没有什么进步，至少没有像自然科学那样显著的进步。一方面，人类社会已经掌握了巨大科技力量；另一方面，当代人类社会却存在更多、更大、更为紧迫的问题，诸如核战争的威胁、气候变化、生态危机，以及人类社会公平正义的缺失、贪污腐败的存在等等。

本文认为，这种将自然科学与社会科学对立起来的观点是错误的，其后果与危害也是广泛的、巨大的、深远的。自然科学最为重要的目的和作用，是解决各种现实问题，如数学用来解决土地和地球测量问题，物理用来解决能源材料问题，医学用来解决疾病问题。诺贝尔经济学奖得主赫伯特·西蒙（Simon，1973）将这一类问题界定为良构问题。[②] 社会科学同样可以解决各种现实的问题，例如经济学所解决的经济增长与财富创造问题，社会学所解决的社会矛盾冲突问题，心理学所解决的抑郁症等心理疾病问题，政治学所解决的贪腐问题、良好政治制度设计与构建问题，赫伯特·西蒙将这一类问题界定为劣构问题。正是由于将自然科学和社会科学对立起来的错误观点，使得：（1）社会大众和包括自然科学和社会科学领域在内的诸多学者仅仅看到了自然科学和社会

① 贾雷德·戴蒙德：《为什么有的国家富裕，有的国家贫穷》，栾奇译，中信出版社2017年版，第1页。

② Herbert A. Simon, “The Structure of Ill Structured Problems,” *Artificial Intelligence*, Vol. 4 (1973), pp. 181-201.

科学的差异，忽视了二者本质上的共性；（2）在褒扬自然科学的巨大力量和伟大成就的同时，轻视甚至贬低社会科学的力量和成就，更甚者盲目机械模仿自然科学方法，哈耶克将之称为社会科学对自然科学的“奴性的模仿”①；（3）最为严重的是，承认自然科学的规律性和真理性，但否认或拒绝社会科学的规律性和真理性，结果就是个人行为的失败，如犯罪、贪腐、疾病，以及政治与政府的失败。

廉政文化与廉政建设是政治发展与政治科学中的重要内容。然而，同其他社会科学类似，政治科学作为一门社会科学的科学性往往受到轻视或者否定，廉政文化尽管被重视和强调，但廉政科学却较少得到充分阐释和论证②，导致从事廉政文化研究的学者各说各话，随意模糊地创造或者使用概念和术语，难以像自然科学家那样有效地进行深度学术沟通和交流，也难以积累可靠的廉政科学知识和成果，较少真正助力国家的廉政建设。鉴于此，本文明确提出并论证：（1）科学=艺术，自然科学=社会科学，廉政科学=廉政文化，这种等于并非意指它们完全一样，而是具有相同的本质，认识到它们这种相同的本质比强调它们之间的差异更加重要。（2）政治学、经济学、管理学、历史学、社会学、心理学等学科，和自然科学并没有本质的区别，均应该强调它们的科学性而使其成为政治科学、经济科学、管理科学、历史科学、（社会学意义上的）社会科学、心理科学等。（3）廉政文化既可以是也应该是廉政科学。（4）迫切需要运用科学的学术研究和交流范式，对这些社会科学门类进行规范和统一。

二、概念辨析

（一）概念辨析的必要性

概念和语言是人类交流和科学研究的基础，是进行知识积累的媒介。尽管人类日常的生活语言也可以实现正常交流，然而生活语言具有极大的模糊性和歧义性，既难以对研究对象和问题进行准确界定和描述，也难以与其他研究者

---

① 哈耶克：《科学的反革命：理性滥用之研究》，冯克利译，译林出版社2003年版，第25页。

② 程明月：《以科学思维推动党风廉政建设》，《上海党史与党建》2018年第2期。

进行深入细致的沟通和交流，因此，科学的发展要求建立一套精确的概念和语言体系。自然科学在这一方面取得了巨大的成功，其概念非常精确，可以量化衡量，其语言必须符合逻辑推理。科学概念和科学语言与生活概念和生活语言存在难以逾越的鸿沟，没有经过科学训练的普通社会民众很难运用科学概念和语言进行思考和表达，也难以同自然科学家进行沟通交流。然而，自然科学家必须采用生活概念和语言与大众进行沟通，进行科普宣传。自然科学家也会存在困惑，产生分歧，但他们的困惑和分歧通常不在于对概念的界定，而在于无法理解或者解释某种自然现象。如在1927年著名的第五届索尔维会议上，爱因斯坦和尼尔斯·玻尔所争论的量子纠缠现象；[①] 或者数学家暂时无法证明的某个命题，如费马大定理、黎曼猜想、孪生素数问题等。自然科学家通常不会因为概念本身而发生分歧或产生争论，概念和语言是自然科学家的共识，他们也可以创造新的概念及其理论。科学进步的一个重要标志，是科学概念的日益增加和丰富。

社会科学的概念和语言却存在极大的模糊性，并且与生活概念和语言混杂在一起。社会科学中的重要概念如经济学科中的效用、福利、垄断、幸福等，政治科学中的民主、自由、法治、正义、资本主义、社会主义等，本身也是生活语言。作为社会科学概念，它们缺乏严格的界定，存在模糊而宽泛的内涵和外延，难以量化，不同背景和领域的学者们可以按照自己的理解随意地使用这些概念，普通民众也可以按照自己对于这些概念的理解随意评价。社会科学中的一些最为基本的命题，如什么是文化，什么是科学，什么是自由，什么是正义，文化是否可以分为先进或者落后，等等，也长期存在分歧，难以在社会科学家中达成共识。相对于自然科学家而言，社会科学家通常无法通过概念和语言将自己与普通民众区别开来，社会科学家更容易受到社会大众的随意评价甚至非议。

然而，尽管存在概念和语言上的差异，但自然科学和社会科学并没有本质的不同，社会科学的概念同样可以且需要得到深刻的理解和准确的界定。事实

---

① 罗朝淑、朱庆平：《索尔维会议对科技发展的影响及启示》，《中国基础科学》2022年第4期。

上，同自然科学一样，对于概念的深刻理解和准确界定本身也是社会科学的重要进步，正如同自然科学家更加深刻地理解了质量、时间、能量、物质等基本自然科学概念一样，社会科学家同样更加深刻地理解了自由、民主、法治、文化、价值、人性等社会科学概念。这种更加深刻的理解，就是包括自然科学和社会科学在内的科学的本质，也是人类社会不断发展进步的根源。

（二）科学与艺术

科学和艺术通常被认为是两个存在根本差异的领域。科学的基础是理性，艺术的基础是感性；科学要求精确、严谨、真实、严格，艺术则可以夸张、虚构、抽象、自由，当然也可以白描和写实；科学关注的对象包括数学、物理、化学，以及其他万事万物，艺术则包括文学、音乐、美术，以及行为艺术；科学的语言是数学和专业术语，艺术的语言则是文字、音符、色彩、线条，基本上与数学无关；科学的听众是科学家同行，也可以向普通大众进行科普，艺术的听众也可以是艺术家同行，但主要是普通大众，没有经过科学训练的普通大众通常无法理解科学语言，但他们通常可以理解和欣赏艺术，当然他们的理解未必深刻，也有可能无法理解和欣赏艺术中的阳春白雪。

然而，尽管科学和艺术存在诸多差异，但它们仍然具有相同的本质，即对自然和人类社会越来越深刻的理解。生物学家和神经科学家 David Featherstone 认为："科学=艺术，它们是同样的东西。科学和艺术都是人类对于我们外在世界的理解和描述，它们的主题和方法存在差异，它们的听众也有所不同，但它们的动机和目标基本相同，即理解这个世界，并描述出来。我们之所以要理解这个世界，是因为我们对未知的不可理解的事物感到恐惧；我们之所以要描述和交流，是因为描述和交流可以促进我们的理解。"①

虽然我们不一定赞同 Featherstone 绝对地认为科学等于艺术的观点，但是科学与艺术之间确实存在密切的关联，它们之间的密切联系或者相同之处远比大多数学者和大众认为的更大。首先，可以用科学的方法来研究艺术，探究和

---

① Forbes, "Why Art and Science are More Closely Related Than You Think," https://www.forbes.com/sites/quora/2016/03/16/why-art-and-science-are-more-closely-related-than-you-think/.

解释美的成因，并形成了一门研究艺术的科学，即 science of art，如美术中的黄金分割、音乐中音律的和谐，我国国家自然科学基金委于 2022 年 11 月发布了一项关于“音乐与脑科学”的专项研究项目指南。其次，科学成果除了可以运用数学和学术论文在科学同行中进行传播和展示以外，也可以通过艺术的形式在普通民众中进行科普和传播，即 art of science，如通过艺术的手段呈现细胞、量子等微观世界或者宏观基础设施的美。很多科学家已经潜在地认识到了科学和艺术的关联，例如，世界自然科学领域最为著名的诺贝尔奖包括物理、化学、生物与医学、文学、和平，如果将文学理解为运用语言文字对人类社会进行的深刻描述，那么文学也可以是关于人性和人类社会的科学。美国电影界的最高奖项奥斯卡奖，其全称是“Academy of Motion Picture Arts and Sciences”，即“电影艺术与科学学院奖”。电影作为一种艺术形式或者艺术门类，如果没有对人类社会深刻的理解，就很难创作出优秀的电影作品。著名数学家丘成桐认为：“自然科学和人文科学很多目标是一致的。比如，大自然有很多有趣的现象，我们看到这些现象会感动，文学艺术直接表达这种感动，科学家则负责怀揣着这种情感，研究万物背后的原理。”①

（三）自然科学与社会科学

自然科学与社会科学的差异在于它们的研究对象不同，前者关注外在于人类社会的自然万物，而后者关注包括人自身在内的人类社会，我们如何理解自身、如何理解由自身所构成的人类社会，就构成社会科学的研究目标和内容。自然界原本是一个整体，只不过是出于研究和简化的必要，而划分为物理、化学、天文，并形成相应的科学分支和领域；人类社会也是一个整体，政治、经济、家庭、婚姻等都是人类社会的构成，原本并没有必然的界限，同样也是为了研究和简化的必要，而划分并形成相应学科。

第一，能否运用数学通常被认为是自然科学和社会科学的重要区别。然

① 《丘成桐复旦开讲：苟真理之可知，虽九死其何可悔!》，澎湃新闻 2023 年 4 月 7 日，https://baijiahao.baidu.com/s?id=1762528394335676701&wfr=spider&for=pc。

而，是否能够运用数学并非自然科学与社会科学的本质区别。自然科学中运用数学的目的，在于对自然现象进行理解和描述，如经典力学中的 $F=m\cdot a$、$E=mc^2$，以及通常很难被文科学者理解的麦克斯韦方程 $\vec{\nabla}\cdot\vec{D}=\rho$，乃至更加复杂的波函数等。然而，即使不运用数学，仅仅运用文字，同样也可以对这些看似复杂的数学公式进行阐释。越深刻的科学家，越是能够运用简单清晰的文字阐释数学公式。然而，有些自然科学门类，如天文学或生命科学，并不必然运用数学，而是强调观测和观察，运用更加先进的望远镜观测宇宙天体运动，或者运用更加强大的显微镜观察微观世界，并进行理解和解释。

第二，能否进行可控实验也被认为是自然科学和社会科学的重要区别。然而，是否可以进行可控实验也不是区分自然科学与社会科学的标准。部分自然科学可以进行可控实验，目的在于通过控制某些变量并进行反复实验，从而更加深刻地理解自然现象的本质。而且，并非所有自然科学领域都可以进行可控实验，例如天文学很难进行可控实验。实验只是科学研究的方法和手段之一，但并非唯一。深刻理解并解释自然现象，才是自然科学的核心和本质。同样，深刻理解并解释社会现象，也是社会科学的核心和本质。自然科学和社会科学，只是研究对象、研究方法和研究手段存在差异，但本质相同，都是对各种现象的理解和解释。

政治学、经济学、管理学、历史学、宗教学都可以是，也应该是政治科学、经济科学、管理科学、历史科学、宗教科学。之所以称其为科学，是因为其运用科学的方法，对政治现象、经济现象、管理现象、历史现象、宗教现象进行理解和解释。科学的方法，不仅包括数学或者实验，还包括观察和体验，也包括猜想、推测、论证，当然猜想、推测和论证需要得到证据的支撑。这些科学方法可以拆分，即某些学者提出猜想或推测，其他学者提供证据和验证，共同构成完整的科学发现过程。猜想和推测是科学研究的必要步骤，自然科学家也需要进行猜想和推测。社会科学的证据支撑，可以是数据和模型，也可以是案例和观察。近年来在医学和社会科学领域兴起的循证分析就是重要的自然科学的研究思想和方法，同样也是社会科学研究的重要思想和方法。①

自然科学和社会科学研究，都需要对概念进行准确地界定。在物理学领域，对于时间、物质、光、力等看似普通现象的本质的探讨，是其重要的研究课题。同样，在社会科学领域，马克思、恩格斯对于社会主义和资本主义的界定和探讨，哈耶克、伯林等对于什么是自由的界定和探讨，罗尔斯、诺齐克、孔子等对于什么是正义的界定和探讨，朱熹、王阳明等对于理和心的界定和探讨，同样是科学。从这一意义上说，他们都是社会科学家。这些社会科学概念是人类社会中的重要现象和命题，同自然界中的声光热电一样，它们都是自然界和人类社会中的存在，声光热电是物理存在，而社会主义、自由、正义、文化、理和心则是社会存在，尽管未必是客观存在。自然存在和社会存在确实存在差异，但这种差异并不妨碍我们运用科学、理性的方法和态度，对这些自然存在和社会存在进行深刻地理解和研究，而正是这种越来越深刻的理解和研究，是我们逐渐接近真理、取得进步的根源。

三、作为廉政文化的廉政研究

（一）廉政文化的研究对象

相对于自然科学的精确概念而言，文化是一个宏大、复杂、模糊的概念，甚至是一个可以和科学对等的庞大概念。人类社会所形成或创造的一切，都可以称之为文化，如饮食文化、服饰文化、政治文化、经济文化，甚至科学本身也是人类社会的一种构成，因此也可以称之为科学文化。② 马克斯·韦伯将社会科学等同于文化科学，认为它包括社会科学与人文科学两大领域。③ 文化的广泛性、复杂性和模糊性增加了对它进行科学研究的难度，但并非不能对它进行科学研究，也并非将文化研究排除在科学范畴之外的理由；相反，正是由于

① 王冰、吴木銮：《循证分析视角下的公共价值衡量与创造：一项对代表性国家的因子与聚类研究》，《公共管理与政策评论》2019年第3期。

② 佟艺辰：《“科学文化与中国文化的现代化”——第四届西方科学史与科学文化论坛综述》，《自然辩证法通讯》2019年第9期。

③ 马克斯·韦伯：《社会科学方法论》，韩水法、莫茜译，中央编译出版社1999年版，第2页。

文化的广泛性、复杂性和模糊性，要求我们针对文化现象和文化问题进行科学地界定和讨论。

廉政文化的研究对象包括人类社会中一切与廉政和贪腐相关的现象和问题，由于廉政现象也涉及政治、经济、社会、科技等领域，所以廉政文化研究也是一个跨学科的领域。具体而言，它至少包括以下研究内容：

（1）关于人性假设与人类行为的研究。廉洁或者贪腐，归根结底是一种建立在人性基础上的人类行为。人类行为是外在的、可直接观测的，人性则是内在的、不可直接观测的，因此才存在人性本善与人性本恶的争论。近年来行为科学已经发展成为一门重要的社会科学，扩展甚至覆盖了传统的经济科学和政治科学。人性由于其内隐性和不可观测性，更多地被认为是一种人性假设，在东西方传统哲学中长期存在人性本善或人性本恶的争论，在现代经济学、管理学和政治学中也被界定为理性经济人假设、社会人假设、复杂人假设、政治人假设等。尽管从文化的角度而言，这些关于人类行为和人性假设的研究尚未取得共识，但从科学的角度而言，科学界可以对于人性假设和人类行为达成一定的共识，即人性是善恶并存的，制度可以约束人性中恶的一面，教育可以彰显人性中善的一面。反腐倡廉建设实践正是建立在对这些人性假设和人类行为认知的基础上。

（2）关于制度和规范的研究。制度和规范同样是复杂的概念，是约束和规范人性和人类行为的方法，也成为当代制度经济学、制度主义乃至制度科学的主要研究对象。根据制度的外在表现形式，制度大体可以区分为显性制度和隐性制度，前者如法律、法规、规章、党纪、纪律等，后者如习惯、礼仪、文化、道德等，有关良法与劣法、德治与法治、法治与法制、党纪与国法等的研究，皆与制度的定义有关。由于文化也可以被归为制度的范畴，所以有关中西文化的比较研究，也可以被纳入制度研究的范畴。

（3）关于先进文化与落后文化的研究。文化是否具有先进与落后、优与劣的区别？如何看待中国文化与西方文化？什么是先进或者落后的廉政文化？长期以来理论界对这些问题存在较大的争议。文化作为人类社会的客观存在，在不同的人类社会时空中会形成巨大差异的文化现象，例如非洲部落中的食人族文化、中国商代的人祭文化以及西方现代工业文明与文化。就文化本身作为一种社会存在而言，不同文化应该是中性的、平等的，但是，从时间发展和演化的角度看，文化存在先后之分，历史上的不同文化之间也存在征服、交流以及相互影响，那些不能适应时代要求的文化就会逐渐退出历史舞台，因此被理解为落后文化。落后的廉政文化，是黑幕的、狭隘的、封闭的、私利的、“一言堂”的；而先进的廉政文化，则是透明的、法治的、开放的、公共的、民主的，这种文化符合人类社会前进的方向。

（二）廉政文化作为文化研究的不足

本文认为，科学应该等于艺术，廉政文化也应该等于廉政科学，但在社会实践与学术研究的现实中，科学与艺术、廉政文化与廉政科学仍然存在巨大的分野，这种区分是必要的。但如果忽视甚至反对廉政文化研究的科学性，仅仅将廉政文化作为文化来进行研究，则存在着明显的不足与缺陷，主要表现在以下方面：

（1）仅仅从文化角度进行廉政研究，会忽视廉政研究的科学性和规律性。科学研究的目的，在于探索自然和人类社会的科学规律。对于科学规律的认知，是人类社会取得一切进步的根源和前提。学术界对于自然界和自然科学的规律性较少存在分歧，但对于社会科学、政治科学以及廉政建设中的科学规律的存在性则存在较大分歧。然而，公权与私权应明确划分、当官就不要发财、发财就不要当官、腐败会亡党亡国等论断，都是廉政科学规律的体现。在欲望的诱使下，贪腐分子对于这些科学规律的无视，就是导致他们失败的根本原因。

（2）仅仅从文化角度进行廉政研究，会使得社会科学家对于概念和语言的使用缺乏规范和共识，导致社会科学家之间难以进行有效沟通，阻碍科学知识的有效积累和传播。自然科学家之间也会存在争论和分歧，但概念的统一性、可重复实验和观测的客观性，使得自然科学家之间的分歧可以相对比较容易地化解，并达成共识，这种共识就意味着可靠科学知识的积累与进步。然而，如果仅仅从文化的角度探讨廉政建设，由于缺乏对相关概念的准确界定，以及语言表述的模糊，廉政科学家长期以来难以在一些最为基本的问题上达成共识，这种分歧严重阻碍了学术界对廉政知识的积累和廉政规律的掌握，因此也难以对实践中的廉政建设产生真正的帮助。

四、作为廉政科学的廉政研究

（一）廉政科学的研究对象

在具体语境中，廉政文化和廉政科学之间可以存在四种关系，这四种关系均有其合理之处，它们之间并不存在本质的区别，它们之间产生差异的原因，在于概念使用上的差异，具体如图 1 所示。

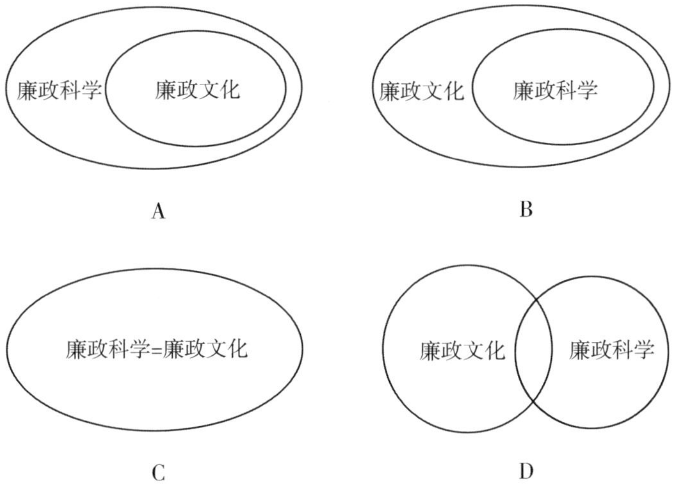

图 1 廉政文化和廉政科学之间的关系

第一，廉政科学大于廉政文化，廉政文化是廉政科学的组成部分。这一观点认为，科学是一个比文化更大的范畴，廉政文化也是廉政科学的研究对象和研究内容，我们可以用科学的方法研究包括廉政文化在内的一切文化现象。在廉政文化之外，廉政科学可以研究更多的对象和问题。例如，科技对廉政的影响，运用数学和大数据的方法对廉政的研究，它们属于廉政科学的范畴但不属于廉政文化的范畴。

第二，廉政文化大于廉政科学，廉政科学是廉政文化的组成部分。这一观点认为，文化包含科学，科学作为人类社会创造的产物，本身也是一种文化现象，可以运用文化的视角或者方法来研究科学，例如，哲学家福柯将科学视为一种规训权力。[①] 这种观点对于我们深刻理解科学、文化、权力等概念也有其意义和价值。科学是我们认识世界的方式，并且是最为可靠的方式，但并非唯一方式。尽管宗教、信仰并不一定符合科学，但在当前的时代背景下，它们也有其意义和价值。如果科学排除其他一切非科学的方式而变得独断，或者当科学失去了其探索真理的目的而异化为学阀或者学霸，那么这种科学就不再是原本意义上的科学，而成为一种文化研究视角下的科学权力，或者科学主义。[②]

第三，廉政文化等于廉政科学。这一观点正是本文的观点，它强调廉政科学和廉政文化在本质上的相同性，即它们都是人类社会对于廉政现象的理解，我们既可以从文化的视角来研究廉政，也可以从科学的视角来研究廉政。文化视角和科学视角，它们在方式、手段、途径上存在差异，但本质和目的相同，都是我们看待和理解世界的方式。

第四，廉政文化和廉政科学相互交叉，它们既有共同的方面，如研究对象、研究问题、研究目的等，也有不同的方面，如研究视角和研究手段。廉政科学更加强调数据、观察、访谈等实证研究，廉政文化更加侧重概念辨析、价值判断、人性推测等规范研究。这一观点有可能是现实中最常见的观点。

（二）廉政研究的基本科学原理

廉政研究的科学方法包括数据分析、实地考察、问卷调查、访谈、归纳、推演等经典的社会科学方法。采用这些方法的目的，都在于增进我们对于廉政现象的理解和认知。只有在正确理解和认知的基础上，才能更好地在实践中进

① 米歇尔·福柯：《规训与惩罚：监狱的诞生》，刘北成、杨远婴译，生活·读书·新知三联书店2019年版，第350-360页。

② Merrill Ring, "Science as the Conceptual Foundation of Human Thought: Two Cases of Scientism," Department of Philosophy, California State University, https://philosophy.fullerton.edu/faculty/merrill_ ring/scientism.aspx.

行廉政建设，营造风清气正的政治、政府和社会。作为一门社会科学，上述具体的廉政科学研究方法都是建立在基本的科学原理的基础之上，这些基本的科学原理，包括解释先于批判、共情而非同情、理解而非赞同等。事实上，这些原理并非仅仅适用于廉政研究或者社会科学研究，同样适用于自然科学研究，只不过自然科学研究更容易遵循这些原理，因此而显得不言自明，而廉政科学和社会科学研究则非常容易背离这些原理。

1. 解释先于批判

不论采用何种方法，自然科学研究的根本目的，在于理解和解释这个世界。同样，社会科学研究的根本目的，也在于理解和解释这个世界，只不过社会科学理解和解释的对象是人类社会和人类自身。廉政科学的研究对象主要是贪腐现象和贪腐行为。和违法犯罪等其他社会丑恶现象一样，贪腐现象和贪腐行为通常会引起普通民众和研究者的极大反感。反感或者好感，都是一种情感或者情绪，这种情感情绪会严重影响或者干扰研究者对于贪腐现象和贪腐行为的科学研究。自然科学家对于他们所研究的对象——物质、疾病或者生命——也可以抱有情感，这种情感可以激发研究者的研究热情和兴趣，但通常不会影响他们对于研究对象的主观价值评判，自然科学家通常不会“喜爱”“厌恶”“批评”他们的研究对象，如原子、癌症或者动植物。[①] 廉政科学的研究对象是贪腐官员的心理、动机、行为以及相关制度，但研究者往往不自觉地对这些贪腐官员及其行为进行批判或者批评，忽视了廉政科学研究的根本目的，是观察并解释这些官员为什么贪腐，而非痛恨或者批评贪腐是一种不好和错误的行为。这就是韦伯所主张的社会科学研究的“价值中立”或者“价值无涉”。同时，韦伯也指出，价值中立或者价值无涉并非否定价值或者情感的存在，价值是人类社会中的普遍存在，人类行为必然受到价值的指引，“一切文化事件都有其价值，而且即使人所鄙弃的现象也并不因此而失去其文化价值”[②]。廉政科

① 生物学家可以同情被狮子捕猎的小鹿，但不能批评狮子捕猎小鹿。环境生态保护的一个基本原则是人类可以观察自然界，但不应干扰自然界。医生或者医学家可能也会同情病人，痛恨癌症，但事实上，癌细胞作为一种自然存在，是无需“痛恨”的。

② 马克斯·韦伯：《社会科学方法论》，韩水法、莫茜译，中央编译出版社 1999 年版，第 11 页。

学家和社会科学家并非不能批判和批评，而是要在解释的基础上进行批判，解释先于批判。只有做到正确地解释，才能做到正确地批判。如果不能深刻、正确地解释贪腐现象和贪腐行为，就无法作出正确的批评和批判，也无助于贪腐问题的真正解决。

2. 共情而非同情

韦伯指出，社会科学研究有两种基本方法：第一种是逻辑和数学，这也是自然科学研究通常采用的方法；第二种是神入①，也被翻译为共情或者同理（empathy），即对于人类情感关系的体验，这是社会科学研究必须采用的方法，然而也是通常被忽视的方法。社会科学研究当然也可以采用逻辑和数学方法，但是，对于贪腐行为中所涉及的贪腐官员的心理和行为的研究，则必须采用共情的方法。共情并非同情（sympathy），同情仍然是站在“我”的立场上，用“我”的思想和情感，去感受和体验他人的思想和情感，同情仍然无法做到真正的理解。共情则是站在“他人”的立场上，通过分析自己处于被理解者所处的情状时将会出现的内心活动和行为，来类推他人的内心活动和行为。因为人类有着相同的生理和心理构造，因此我们可以在很大程度上理解他人的心理及其行为，但也因为我们生活于不同的社会文化背景之中，要做到完全的共情和理解就非常困难；而且文化差异越大，共情的难度就越大。然而，越是深刻的社会科学研究，就越需要深刻的共情和理解。高山流水，知音难觅，就是一种艺术语言中的共情。知己知彼，百战不殆，则是军事领域中的共情。在历史科学中的共情，则是对历史人物内心活动的准确猜测和深度剖析，尽管我们无法通过询问的方法直接与历史人物对话，但可以通过发掘更多的历史细节和证据、进行更加全面的历史假设，进而通过共情来理解历史人物。② 社会科学中的问卷调查、田野调查、深度访谈等方法，都应该建立在共情的基础上，从对方的角度理解被调查者，而不是从“我”的角度理解被调查者。对于廉政科学研究而言，只有我们站在官员的角度，去深入共情他们所处的复杂情景，才能

① 马克斯・韦伯：《社会科学方法论》，韩水法、莫茜译，中央编译出版社1999年版，第11页。
② 杨奎松：《历史研究是对人的研究》，《中华读书报》2013年7月10日，第13版。

够真正理解他们的内心活动和行为方式，才能够真正懂得和理解官员及其行为，在此基础上所提出的反腐倡廉意见或建议，才具有科学性和合理性。

3. 理解而非赞同

包括自然科学和社会科学在内的科学的本质，都是去理解并解释我们所处的世界。对于自然科学家而言，他们需要去理解自然现象，如宇宙的形成、物质的转化、生命的兴亡，以及生物圈中的弱肉强食，对他们而言，不存在赞同或者反对这些现象的问题，因此，生物学家在进行野外科学考察时，通常不应该去干扰生物圈中的弱肉强食，而去拯救一只被老虎捕猎的小鹿。但对于社会科学家而言，我们要去理解并解释我们所处的人类社会，不可避免地涉及是否赞同人类社会中的某些现象或者行为的问题，即价值判断。探讨“是什么”的问题通常被界定为实证研究，探讨“应该是什么”的问题通常被界定为规范研究。社会科学研究必然涉及规范研究，这是社会科学和自然科学的一个重要差异，也是导致部分学者否认社会科学的科学性的根源。然而，实证研究和规范研究并不矛盾，深刻地解释某种社会现象并探究其中的规律（实证研究），如贪腐，就是为了指导我们应该如何行动（规范研究），即不应该贪腐、如何治理贪腐。在日常生活语言中，理解包含赞同的含义，但如果科学准确地界定“理解”这一概念，理解并解释某种现象，并不意味着赞同或者肯定这种现象。理解并解释贪腐现象和贪腐行为，是为了深刻地了解这些现象和行为背后的原因，而不是赞同或者肯定贪腐现象和贪腐行为。贪腐现象和贪腐行为普遍存在于漫长的多元的人类历史文化时空之中，仅仅是痛恨、批评和批判，并无助于解决贪腐问题；相反，科学地理解和解释贪腐现象，并在此基础上科学地进行反腐倡廉实践和行动，才是逐步解决贪腐问题的科学之道。

五、结论

科学和艺术、自然科学和社会科学、廉政科学和廉政文化，学术界通常认为这些概念之间存在根本的差异，科学和艺术处于两个相反的极端，自然科学和社会科学存在本质的差异，廉政科学和廉政文化是两个截然不同的研究领域。然而，准确的概念界定是进行有效沟通和深入探讨的首要环节。通过认真仔细地辨析概念、挖掘本质，本文认为：（1）科学等于艺术，自然科学等于社会科学，廉政科学等于廉政文化，尽管它们在研究对象、研究方法等方面都存在差异，但它们的本质和目的相同，都是为了增进我们对于我们所生活的世界的理解。（2）除了科学以外，人类在历史上和现实中也可以采用诸如宗教、信仰、经验等方式认知并应对世界，但科学是我们认知世界、改造世界、解决问题最为可靠的方式。（3）自然科学和社会科学乃至人文学科并不存在本质的区别，虽然它们在研究对象和研究方法上存在差异，自然科学主要采用数学和实验等方法，但是并非将社会科学和人文科学排除出科学范畴。社会科学和人文科学的研究对象是人类社会和人类自身。越来越深刻地认识和理解人类社会和人类自身，和越来越深刻地认识和理解自然界一样，是人类社会取得发展进步的重要前提。

廉政科学和廉政文化存在密切的关联。由于概念理解和使用上的差异，学术界对于廉政科学和廉政文化之间的关系存在不同的理解，如廉政科学大于廉政文化、廉政文化大于廉政科学、廉政文化等于廉政科学、廉政文化和廉政科学相互交叉等。这些观点均有其合理之处，然而，仅仅从文化的角度探讨廉政问题仍然存在不足，忽视了廉政建设的科学性和规律性，阻碍了廉政研究领域可靠知识的积累，不利于学者之间进行深入地交流，廉政文化研究可以结合廉政科学研究而得到更加深入的拓展。我们既需要从廉政科学的角度开展对廉政文化的研究，也需要从廉政文化的角度开展对廉政科学的研究，这样才能够分别从科学和文化的视角，发现各自的优势与不足，深化我们对于廉政建设的理解和认知，推动廉政建设的进步与成功。

纪检监察学科教育的形而下和形而上双重“关注”

杨永庚

摘　要　纪检监察学科既有形而下的社会建制和运行，也有形而上观念层面的终极“规训”。新时代纪检监察的学科教育，要进行形而下和形而上的双重“关注”。纪检监察学形而下的现实关注，是揭示对权力的实际规制和实际运用；关注“纪检自身权力”对从事纪检监察研究具有方法论的指导和总结功能等。纪检监察学科“体系”的形而上“关注”要在纪检监察学科化的概念和体系，纪检监察学基本原理的凝练概括，追求公正、公平、正义价值目标等观念层面上进行建构，形成一种具有终极关怀的知识体系。

关键词　纪检监察学科；形而下；形而上；双重“关注”

2022年9月，国务院学位委员会、教育部发布《研究生教育学科专业目录（2022年）》，使纪检监察学科有了“学”的名分。2023年2月，中共中央办公厅、国务院办公厅印发的《关于加强新时代法学教育和法学理论研究的意见》总结了中国法学教育和法学理论研究领域存在的政治方向问题和管理体制

基金项目： 国家社会科学基金重大项目“中国特色国家监察学学科体系建设研究”（19ZDA134）；西安廉政研究专项课题“人类文明新形态视角下中国共产党打赢反腐败斗争策略研究”（LZ2401）。

作者简介： 杨永庚，法学博士，西安文理学院马克思主义学院教授，主要研究领域为纪检监察学、思想政治教育、政治学。

问题，梳理了法学教育体系和法学理论研究体系存在的具体问题。① 作为法学教育体系的重要组成内容，纪检监察学是影响未来法学教育和法学理论研究高质量发展的一个重要方面，早在2010年中国纪检监察学院成立时就将其列为思想教育培养人才的重点任务之一，但一直处于碎片化、零星化状态。纪检监察学具有很强的跨学科特点，其学科体系是整合法学、马克思主义理论、政治学等相关学科，从而形成的纪检监察领域特有的基本理论。② 以党的二十大报告中法治中国建设高度来关照、深刻把握和解决新时代纪检监察学科教育中的这些问题，需要对纪检监察学科在社会建制和运行上的形而下关注，也要对纪检监察学在观念层面上的形而上关注。

一、纪检监察学科化教育问题的提出

从教育的角度来看，纪检监察学从“制度化”到“学科化”，并不是简单地更“名”，更需要“名与实”共存，方便对学习者进行有针对性的“训练”。这样，纪检监察学需要有形而下的现实关怀，作为理论的应用价值，不仅要符合党“自我革命”理论的现实需要，而且在反腐倡廉教育上具有应用性。同时，纪检监察学作为知识体系还应有形而上的特性，要超越表象而追求核心内容及其原理，其主导性探究不仅是适用于具体案件的证明方法，而且在科学理论意义上是超越事实的真实，具有一般性，显现纪检监察学追求的高度和层次。

1. 纪检监察学科化教育需要纪检监察理论化

廉洁贯穿于一个社会、一个人生活全过程，腐败是一种文化和一种软环境，影响世道人心，影响人格塑造。长期以来，铲除腐败分子一直是纪检监察的主线，近年来纪检监察作为反腐倡廉方法而进行学科化构建，渐次展开了本体论、德性修养与实践作为的建构，将纪检监察教育作为廉洁的基础，是治本

---

① 刘坤轮：《中国法学教育与研究之新蓝图——详解两办〈关于加强新时代法学教育和法学理论研究的意见〉》，《北京理工大学学报（社会科学版）》2023年第5期。

② 塔娜：《论纪检监察学学科体系的构建》，《吉首大学学报（社会科学版）》2023年第4期。

性的反腐手段，是反腐倡廉的高级阶段和高级形式。

（1）纪检监察学本体论是形而上和形而下的内在统一。廉政信念是对社会发展方向、自然规律及对一种理论观点的稳定的、长期的看法和认可。纪检监察学作为彰显中国纪检监察智慧和特色的系统知识体系，是对中国纪检监察实践的科学反映，是对纪检监察实践经验的理论总结。纪检监察学把实践的形而下的经验和理论的形而上的观念结合，将反腐倡廉工作形而下的内容提升为形而上的科学理论，是一种本体论的建构。形而上和形而下内在统一的廉洁教育，使人们从内心产生清廉的个体良知需求，变成一种发自内心的价值需求，具有反腐的根本性、预防性、全面性、导向性、继承性等方面的功效。

（2）纪检监察学形而上的教育具有德性功能。纪检监察学塑造的自我修养观注重随“事”变革的器识“层次性”。党的十八届四中全会正式提出的“三不腐”中，“不敢腐”处于最低层次，体现案件震慑的结果，体现为加大查处腐败力度。“不能腐”处于中间层次，是制度效力约束的结果，体现为织密制度的笼子，科学配置权力和有效制约权力。而“不想腐”是理论教育产生的观念结果，往往为行为者设计理想状态的“应然”，吸引行为者去追求真善美等信念，处于最高层次。因为形而上的理论体系和抽象概念在一定程度上强调内本外末，修身为始、治平为终，以此引导行为者规避腐败意识与腐败行为，崇尚廉洁公正德性。

（3）纪检监察学形而下的教育需要“实践作为”。纪检监察学厘清党纪规范、监察法规的属性与功能拓展，指向违反纪律行为及对其惩治和防范，由“道”而“事”，指向了外在实践之用。通过对腐败造成的既成事实揭示，表明惩治腐败的措施、惩处腐败分子的严厉性；彻底清缴腐败分子非法所得等，表明腐败行为的成本投入。纪检监察学科教育用典型案例“算清”官员的腐败成本，能够以更有针对性的制度保障来提供更具前瞻性的理念指引，消除抵御不正当利益对腐败现象的内在驱动力，以最小的投入获取最大的收益，努力减少腐败存量，牢牢掌握反腐败斗争的主动权。

2. 纪检监察学科化的形而上教育是消除腐败之本

纠正不正之风和铲除腐败现象的“根本问题是教育人”。[①] 以廉洁观培育为主要形式的廉洁教育在我国教育体制中具有一贯性，中小学开设有廉洁教育常识课，高等教育阶段最适宜提升学生将来用权德性，能够消除腐败意愿，大学以后工作更要接受反腐倡廉教育。高校纪检监察学科化教育化能够帮助认识纪检监察本质，实现对公职人员将来“不想腐”的自觉。

（1）高校是解决“腐败的教育问题”的主体。腐败使伦理价值观堕落，加剧社会的无纪律状态。在奋进中国式现代化的新征程中，滋生腐败有多方面的原因，从思想根源上来看是官员个人价值观发生偏移的结果，靠“传统习惯”的简单说教无力解决价值观偏移问题；靠“法治手段”打击、惩治也要讲清楚理论原因，从更广、更深层面认识腐败的严重性、危害性，能够达到“不想腐”的状态。教育是做好反腐倡廉工作的重要前提和根本保证，形而上的理论教育能够从源头上消除腐败，因此要把“教育”提到解决贪污腐化、滥用权力等问题的“手段”高度去把握，把高校看成与党的纪检机关、国家监察机构、反贪机构同样重要的反腐倡廉主体。

（2）高校廉洁教育对解决“腐败的教育问题”具有基础性作用。教育思想文化方面的缺乏及高等院校的纪检监察学教育职能和承担的社会任务缺失，会导致未来人才廉洁意识薄弱。形而上的纪检监察学科化为受教育者展现更易接受的具象化、可视化的文化符号，系统地打造更具共识性、深刻性和可操作性的“共享文化符号”，是一项反腐倡廉的“基础性工程”。高校根据人的本质与教育的初衷，给人们讲拜金主义、极端个人主义等功利价值观的实质及其错误，能够锻造具有时代意识的高素质自我身份，筑牢“内在自律”的坚固堤坝，让将来国家权力行使者不会利用国家权力谋取私利并严重损害党和国家及人民利益。

（3）高校廉洁教育对解决“腐败的教育问题”具有综合性。纪检监察学体现了党和政府在廉洁问题上的基本观念，这些观念着重反映在人们的思想领

---

① 邓小平：《邓小平文选》（第三卷），人民出版社1993年版，第125页。

域。但从腐败案件来看，有的党员干部发生问题或者涉案以后，往往把自己腐败的原因归结为外界诱惑，以此为自己开脱。其实，思想防线失守溃败在前，从人格塑造上看，那就是私人利益和私有观念的存在。同时，由于腐败行为受政治因素、经济因素、价值观因素、权力因素和制度因素等多方面影响，纪检监察学阐释了制度、理论、观念等，其教育从各个因素、各个方面全面展开。如《中国共产党廉洁自律准则》从腐败现象的客观环境及制度设计上进一步加强，有计划按步骤地重点普及“八条规范”，达到治本的目的；同时《中国共产党纪律处分条例》通过打击腐败行为，达到治标的目的。

3. 党反腐倡廉的形而上成果能够使纪检监察学科化

中国共产党成立以来，为了使党和国家的工作人员遵循廉洁准则，有组织有计划地对他们施加思想影响，非常注重关于廉洁的理论、作风及制度的探索，从根本上提供一种普遍可理解的完整的形而上廉政理论体系，始终高度重视纪检监察学科化，形成了丰富的纪检监察学理论成果。

（1）党有丰富的廉洁教育理论资源。我党认为，人生的高境界中内在地蕴含着丰富的廉洁形而上思想，人的廉洁认识是高境界的逻辑起点，生命的价值在于对廉洁“理”的意义的深刻把握，因此，历代党的领导集体都采取各种措施加强腐败对侵蚀领导干部理想信念的学理教育，形成了丰富的廉洁教育资源。如“两个务必”思想、“两手抓，两手都要硬”思想、“标本兼治、综合治理”思想、“制度优先，建设廉政文化”思想等。党的十八大以来，党深入推进党风廉政建设和反腐败斗争，提出了“理想信念就是共产党人精神上的‘钙’”[①]“党纪严于国法，纪在法前”等思想。

（2）纪检监察学科建设有制度依据。成熟后的制度成果蕴含着理论成果，纪检监察学科是对一系列党内法规制度进行形而上的审视，有助于把握其所蕴含的理论精髓和内在逻辑。习近平总书记指出，一体推进不敢腐、不能腐、不想腐，不仅是反腐败斗争的基本方针，也是新时代全面从严治党的重要方略。

① 《习近平在十八届中共中央政治局第一次集体学习时的讲话》，《人民日报》2012 年 11 月 17 日，第 1 版。

纪检监察学是对腐败现象的本质规律的“发现”，对腐败的“惩治”，是一个国家一个政党的政治行为，着重反映在上层建筑领域，出于政治上保持党员先进性的考量，以一个国家的政治制度来规制。现行有效的党内法规，建成了党内法规制度的“四梁八柱”，对权力运行制约和监督的制度体系已经形成。

（3）理论界已经具有纪检监察学科化、理论化的充分准备。如果仅有“社会建制和社会运作层面上的范式建构”，还不能说是一门成熟的学科，比较贴切的称呼应该是一个“制度化”了的研究领域。[①] 20世纪90年代初，部分高校专家和纪检干部在构建“纪检专家系统”理论知识文库的基础上，分类进行理论提炼，编写了诸如《党纪学》《纪检监察学概论》《党纪监督学》《党纪处分学》《党纪案件审理学》等“纪检专业丛书”，使廉洁教育跟上社会发展的要求，为人才培养奠定了基础。2020年以来，纪检监察学更成为理论界研究的一个热点问题，形而上的把握是一种不可或缺的重要方式。

以上表明，纪检监察学科形而上化是完全必要的，也是可行的，但怎样形而上化确实是一个需要认真研究的问题。2021年以来越来越多的学者和机构进一步致力于纪检监察学科构建，但基本上都是“书斋里”的体系，从形而上化视角来审视，反映对象自身基本属性或称为本质属性的若干概念还没有建立，所提供的不是关于纪检监察现象的知识和原理；分类或类型还不清晰；系统子类和大类的关联度也没有被合理地组织起来，对“不想腐”的主观自觉尚未引起足够重视，或者说尚未作出科学合理的一体化建构。[②] 因此，纪检监察学科建设及其教育要在形而下和形而上这两个层面上进行“关注”。

二、纪检监察学科化教育的形而下“关注”

腐败行为是一种实践活动，认知在先，行为在后。纪检监察学科化的引论者，从事形而下研究的重要原因，就在于该学科蕴含深刻的科学文化内涵，不仅能为纪检监察人员提供应对特定环境和处理具体问题的知识与技能，还能帮

① 袁本涛：《在学科与领域之间——制度化的高等教育研究》，《北京大学教育评论》2011年第4期。
② 陈朋：《新时代廉政制度建设新格局新使命》，《江苏行政学院学报》2022年第5期。

助他们明确目标，从而作出一系列明智的独立决策。由于政治学是专门研究政治现象尤其是权力运用的学问，那纪检监察学必然是研究一个国家总体政治、社会和经济活动中公权力的滥用，并因此损害国家或公众利益的现象。但在现实中往往是“制度先行、研究随后”。一方面是以文件解读为主，理论停留在解释性研究和介绍式研究上，实践上则是一大堆“制度群”，缺乏专业理论性的统领；另一方面是纪检监察制度导向研究，其理论出现在党和国家纪检监察制度颁布后。习近平总书记指出：“科学理论是我们推动工作、解决问题的‘金钥匙’。”① 从社会建制和社会运作层面上纪检监察教育工作者形而下的“关注”，要从权力视角深入理解和把握本学科的定义、概念和分析方法，让受教育者恰当地思考、恰当地判断、恰当地享受和恰当地行动，做到以形而下之题求得形而上之解。

1. 纪检监察学对权力的实际规制具有重要启示作用

虽然权力的构成及其运行取决于权力主体构成的主客观要素状况，但在实际运行过程中则需要督导和规约。在阶级社会里，有权力的存在，就会有廉洁与腐败的斗争，权力具有一种组织性支配力，纪检监察学科首先要把权力作为切入点分析违纪和腐败行为产生的社会系统及其运行方式，并确定为研究对象。从中国纪检监察的实践来看，权力监督是纪检监察学科体系实践的关键。纪检监察学对权力运行的各个环节要明确权力归属、划清权力边界、厘清权力清单；在权力使用上，分清什么权能用、什么权不能用的广度和力度，不能留有权力寻租的空间。

从本质上而言，依规治党实质在于“做”或“做事”，要求国家的一切政治生活以纪律为“做”或“做事”的内在根据，并且受纪律制约。以权力制约权力和以权利制约权力的反腐治权机制已经在实践中得到广泛应用。纪检监察权作为一项十分重要的党和国家权力，其来源和基础是党章、国家宪法、法律和其他党内法规，必须依规设定和行使。当党章、国家宪法、法律已事先对纪检监察的职权职责作出明确规定，那么该种权力必然具有客观特性，必须在

① 习近平：《习近平重要讲话单行本（2020 年合订本）》，人民出版社 2021 年版，第 2 页。

规范的视野下运作。如《中国共产党廉洁自律准则》从国家治理的角度规定了政治权力主体在合适有效运行国家机器，在建构、制定和运行权力，公共政策及有效运用，运行社会文化传统和价值体系时的要求。

2. 纪检监察权力的实际运用本身就是纪检监察学的条分缕析

20 世纪 80 年代以来，我国纪检监察研究受到纪检监察体制改革的直接影响，研究内容和方向不断发生转变。① 伴随着纪检监察体制改革引发纪检监察研究体系的再次调整而逐渐制度化，纪检监察学以改变长期以来更偏向意会和体悟的言说方式，在意义阐释方面以条分缕析为重，成为改革后最早成型的新学科。由于纪检监察活动具有极强的实践性，因而“中国的廉政研究离不开实务部门的推动”。② 纪检监察机关的检查活动一般遵循“对事不对人”原则，目的是弄清是否“损害国家安全”“违反社会公共秩序”等某方面的情况，而不是针对某个或某些人的具体问题，对“人”的追究是作为对“事”追查的客观结果出现的。事实上，“解决现实问题”和进行学科建设是一件事，二者内在统一于整体的学科化之中。③ 党的十八大以来，党中央围绕纪检监察体制机制进行了一系列重要改革，纪检监察相关工作面临新的变化和调整。纪检监察学研究旨在构建高效、权威、有力的党和国家监督体系，人才培养的制度化伴随研究的制度化，廉政研究文献的数量与党风廉政建设及反腐败斗争的不断加强直接相关。

从纪检监察学的技术属性而言，案件的处理是纪检监察工作不可或缺的重要内容。纪检监察主体必须是具体的、特定的，才能通过纪检监察问责和追责机制推进实现全社会的廉洁，“打虎”、“拍蝇”、“猎狐”、整治“四风”、贯彻落实中央“八项规定”精神等都是实际行动的具体表现。据统计，自 2012 年 10 月到 2022 年 4 月全国纪检监察机关共立案审查调查 438.8 万件、470.9 万

---

① 王小光：《纪检监察研究学术史（1978—2021）》，《地方立法研究》2021 年第 1 期。

② 蒋来用：《为何廉政建设缺乏专门学科的支撑？——廉政学发展的历史与未来》，《廉政学研究》2018 年第 1 期。

③ 杨永庚：《纪检监察学学科属性探讨——关于纪检监察学研究对象的思考》，《陕西行政学院学报》2017 年第 2 期。

人。学者于琴基于中央纪委国家监委工作报告（2013—2022 年）中的话语从纪检监察学基本概念产生的历程出发，对权力进行科学界定，并不断追溯学科源头。学者们从忏悔书、判决书和案件通报中否定错误的表达、认识的失误或偏差以及导致它们出现的原因，在追求目的和为达该目的所采取的手段对个人权利、自由与利益造成损害之间的平衡进行研究。这种基于客观条件、环境等种种不确定性因素的考虑，并不是要否定纪检监察知识的客观性，而是一种对纪检监察活动所采取的必要的谨慎态度。

3. 关注“权力”对从事纪检监察研究具有方法论的指导和总结功能

腐败的本质是权力的异化。“权力”是指职责范围内的权限，应是“与职责相适应的权限”，或“职责范围内的权限”，它的落脚点是“权”而不是“责”。没有监督的权力必然导致腐败。权力监督是一项复杂任务，需要多项制度监督权力。监督制度是民主选举、民主协商、民主决策、民主管理、民主监督等民主制度涵盖的五大方面之一，[①] 民主监督被作为一类专门的、独立的制度。早在 1979 年中央纪委就明确发出《关于工作任务、职权范围、机构设置的规定》，对纪检机关职责范围作出规定。2002 年的新党章规定，党的各级纪委要对党员领导干部行使权力进行监督，要检查和处理党的组织和党员违反党章和其他党内法规的案件等，党章、党内法规和国家法律法规使纪检机关的职权具有了合法性。2009 年中央纪委进一步明确纪检监察有“维护党章和党内法规、协助党委加强党风建设、检查党的路线方针政策和决议的执行情况”等三项任务和“监督、教育、惩处、保护”等四项职能，明确规定纪检监察有“监督权、检查权、调查权、建议权、处分权”五项职权。党的十八大以来，习近平总书记提出的“权为民所赋，权为民所用”“把权力关进制度的笼子里”的权力监督思想，“慎用权、善用权、用好权”是各级机关行使权力的实践遵循。

由于纪检监察是政治机关和专责机关，党章明确规定的主要任务应该是纪检监察机关的职责，而不是权限本身。现有的纪检文章和专著，在介绍纪检职权的时候，却把“职责”和“权限”等同起来，简单地在某一项职责后面加

① 中华人民共和国国务院新闻办公室：《中国的民主》，《人民日报》2021 年 12 月 5 日，第 5 版。

上“权”字即转化为权力，如检查权就是纪检监察机关对监督对象贯彻执行党章、党规党纪和国家法律法规等情况进行检查的权力。事实上，某一项职责，往往需要有不同的多项权力来保证，而某一项权力，也往往是为了同时保证多项职责。2018年，学者任建明在讨论有效监督权力的制度安排时，提出“二三四”监督制度框架。① 在具体实施上，《中国共产党纪律处分条例》规定了纪检监察机关行使检查权的五项措施。纪检监察学要从权力运作和利益分配的角度研究、分析权力规范和权力关系制约机制，不能依据地位、财富、关系分配政治权力，揭示自身运行和发展的特殊规律，以防止利用自己的权力和职务影响牟利。当前我国在推进纪检监察体制改革的过程中需要公正用权、依法用权、廉洁用权的高素质实践型纪检监察人才。

在一定程度上，这些形而下的问题是学术界最应探讨的重大现实问题，纪检监察学理论研究的主要推动力最应是理论自身演化发展需求，而不是现实政策需求。检视近年来的实践发现，学术研究对政策制定并未起到应有的支撑作用，纪检监察理论研究在一定程度上落后于政策实践。纪检监察学科化教育只有在“关注”形而下的基础上，以实践导向和现实需求为学科建设方向，有效回应各种实践性的挑战，才能先有成熟的理论后会有成功的实践。

三、纪检监察学科化教育的形而上“关注”

纪检监察学科在社会建制和社会运作层面上的形而下范式建构目前基本形成，但观念层面的形而上范式建构还远未完成。“科学地认识的东西是不可改变的”②，纪检监察学要发现的目标是那些恒常不变的纪检监察事实，或者纪检监察中恒常不变的部分，“因为全部知识或是关于长久或是关于经常的事物。”③纪检监察学的建立既以纪检监察的根本属性为基础，其研究又以指向纪检监察

① 任建明：《党内监督体系的制度化科学化新境界》，《人民论坛》2018年第18期。

② 亚里士多德：《尼各马科伦理学》，载苗力田主编《亚里士多德全集》（第八卷），中国人民大学出版社1994年版，第123页。

③ 亚里士多德：《形而上学》，载苗力田主编《亚里士多德全集》（第七卷），中国人民大学出版社1993年版，第149页。

的根本属性为目标。纪检监察学是以腐败现象及其防治为研究对象，这是对纪检监察科学发展的“观念革命”认识，观念的革命性变革是纪检监察学发展的重要特征。因此，纪检监察学科的形而上“关注”要在观念层面上进行建构，目的在于形成一种“知识体系”，或者具体地说是一种研究纲领。这一研究领域观念层面要有“普遍接受的方法和真理”,① 要在完善范畴和价值基本内容下“建构完整”，需要进行形而上的“关注”。

1. 纪检监察学科化的概念和体系建构

体现学科知识体系的概念和范畴，是以抽象的方法来认识现象，在学科教育方面起着基础作用。它具有两重含义，一是指概念化的语言，二是指逻辑规则。概念一般来说涵盖了纪检监察学本质属性、渊源、党员权利与义务、违纪行为、纪律审查、监察调查、纪检监察建设中一系列基础理论问题。近年来学术界以强烈的现实关怀，在研究纪检监察现实问题时把政策话语和民间话语整合，已经对纪检监察形而上建设提出了一些标识性的概念、范畴、命题和理论。从纪检监察规范、主体与行为三个要素看，主要有规范至上与结果导向、纪委主体与民主参与、纪检监察与廉政建设三对并存的基本范畴；纪检监察学根据研究范畴和类别不同可以有多种概念和命题。概念的科学确立和规范使用是纪检监察学科成熟的标志，我国纪检监察学概念体系主要由本体概念（一级概念)、基本概念（二级概念)、一般概念（三级概念）等构成。② 当前纪检监察学教育要以习近平法治思想的原创性概念、判断、范畴、理论为指导，加强对纪检监察学概念和文献的理解及其背后对应的时代契机、观念脉络及其相互关系的阐释，学科建设“本身既需要遵循学术规律，也需要尊重客观现实需求”。③

2. 纪检监察学基本原理的凝练概括

纪检监察学基本原理揭示的是党的纪检监察一般性问题以及纪检监察现象

① 华勒斯坦等:《学科·知识·权力》，刘健芝等编译，生活·读书·新知三联书店1999年版，第43页。
② 杨永庚、常利娟:《纪检监察学概念体系的理论建构与创新》，《廉政文化研究》2022年第5期。
③ 王建学:《论监察法学的学科建设与人才培养——以新文科建设为背景》，《新文科教育研究》2022年第2期。

之间的规律性联系，更指涉、含蕴形而上维度而与纪检监察之道紧密相联，凸显在党的纪检监察产生发展、建设完善、实践运行中。纪检监察的原理有许多，主要有下面几类：

一是权力运行和控制原理。权力是一种控制力，与其控制范围内的相对人利益密切相关。由于“权力”在国家政治和社会生活中是处于支配地位、起着主导作用的重要力量，纪检监察要实现权力的科学配置。

二是纪律和反腐败关系原理。中国共产党的事业和国家建设从来没有是因为加强纪律和反对腐败而受到损害挫折的，严肃纪律和惩治腐败从来都是党的事业和国家建设的促进力量而非阻碍力量。纪律原理要揭示纪律现象背后支撑党的纪律运行的恒定不变、具有普遍意义的规律性、本质性机理。①

三是制度和行为正义关系原理。制度上的“不敢腐”及其社会机制打造与设计的具有本质上的刑法意义上的“报应”与“预防”机制和原理，表现为制度与行为的博弈。② 所谓制度正义，是指社会的基本政治、经济、社会结构和制度本身要有正义性，要给每个成员的发展提供公平的机会，使社会资源和主体的权利义务得到公平的分配，能够提供公平的救济和纠偏机制。所谓行为正义，是指社会主体的行为要有正当性，不能与社会价值观念、道德规范、法律规范等相冲突。

四是纪检监察案件处理原理。这方面基本原理能为解决与纪检监察相关的实际问题提供科学的方法，纪检监察工作人员要准确理解和把握党员与公职人员、党纪与国法的关系等。任何违纪违法行为，不仅是对人民赋予的权力的践踏、对社会正义原则的践踏，也是对邪恶的张扬，但在制度上分配社会利益和义务者要保持一定的中立。

3. 追求公正、公平、正义等价值目标

价值取向是任何一个理论体系的基本构成要素。纪检监察学科的价值追求反映纪检监察对社会的意义和贡献，以及社会对纪检监察的认识和评价等方

---

① 丁英华、刘旺：《“纪理”的概念引入及内涵研究》，《中国纪检监察》2022年第14期。

② 李晓明、芮国强：《国家监察学原理》，法律出版社2019年版，第76页。

面，对制度设计提供思想基础和理论依据，有利于推动纪检监察工作高质量发展，因为纪检监察知识体现出以“化人”（即人格的完善和提升）为本。有学者提出主要有秩序、正义、自由、效率等四个范畴。①

一是纪检监察学要维护整个社会秩序。秩序的内容，包括政治统治秩序、经济活动秩序、思想文化秩序、生产生活秩序、道德伦理秩序等。中国共产党纪检监察的一切活动，都有一个共同的价值取向，即建立一个权力有效运行的秩序。“秩序”成为学科化形而上的第一“关注”。社会秩序遵循党的政治规矩，如风俗习惯、道德伦理、规章制度、法律规范等，实现“两个确立”“两个维护”，有效推动党内政治生态好转。纪检监察维护权力运行秩序，既是维护“政治统治秩序”的重要组成部分，也是实现政治、经济、文化、思想、生活甚至家庭等各种秩序的重要保证。②

二是纪检监察学要维护整个社会正义。纪检监察学科正义是彰显符合事实、规律、道理或某种公认标准的行为，追求制度正义和行为正义两种价值取向。《中国共产党廉洁自律准则》中明确提出，党员领导干部要正确处理“公与私”“廉与腐”“俭与奢”“苦与乐”的关系，廉洁自律做到“四个坚持”，使党员领导干部“从政、用权、修身、齐家”，廉洁自律做到“四个自觉”。反之，通过监督检查活动，保证党的方针政策和国家法律法规的贯彻执行，③保证权力在阳光下运行。对纪检监察案件的处理无论是实体还是程序，使这些规定由“条文状态”转化为“现实状态”，实现制度正义和行为正义的内在统一。

三是纪检监察学要有利于实现人的自由。自由是在个人发展与社会发展双维推进中个人自由与社会自由的有机统一和逐渐实现。对一个社会的个体而言，纪检监察通过对依法履职、秉公用权、廉洁从政从业以及道德操守情况进行监督检查，创造社会的、政治的、经济的、文化的等外部良好条件，为争取

---

① 刘国栋：《纪检监察原理与方法精要》，中国方正出版社 2009 年版，第 42-65 页。

② 于洪生：《权力监督——中国政治运行的调控机制》，中国广播电视出版社 1991 年版，第 68 页。

③ 《一以贯之全面从严治党——解读习近平总书记在十九届中央纪委四次全会上的重要讲话》，新华网，http:/www.xinhuanet.com/politics/2020-01/13/c1125457769。

生存空间和实现个人意志提供平等机会。纪检监察机关对权力进行监督的目的是，防止权力因为被滥用而破坏他人的自由、使权力者本人能自觉按照法律和纪律办事、使社会获得普遍的自由。

四是纪检监察学要有利于实现社会增效。效率是一种“现实运动”，但在实践中它却不是一种“确立的状况”，高的效率和好的效益结合才是有生机的完美的社会。纪检监察学蕴含着“增效”的内容，以“四自”引领伟大社会革命。“廉”与“效”的统一，始终是纪检监察工作不懈追求的发展目标。纪检监察机关“要紧紧围绕党委和政府的中心开展工作”、纪检监察工作“要为改革发展保驾护航”、纪检监察案件办理“要实现政治效益、经济效益和社会效益的统一”等。它不仅关注自身成果的取得，管党治党宽松软状况的根本好转，而且还格外注意“全党更加团结统一、更加坚强有力”，跳出治乱兴衰历史周期率。

总之，作为规范人和社会的人文科学，促使人由“不敢腐”“不能腐”向“不想腐”转变的纪检监察学，其教育内容就必然包含着对社会清廉程度的现实关注和人生价值实现的终极关怀，从而使其兼有了形而下和形而上的双重“关注”。纪检监察学在学科化发展过程中，应关注整个社会的文化、经济和社会条件等因素对纪检监察事业发展的影响。我们在探求纪检监察学科建设的现实进路过程中，也必须认识到纪检监察学的特殊功能与价值在于培养纪检监察人员的各种廉洁品性和廉洁能力，以提高纪检监察实践的质量。

协同与共生：以廉洁文化建设推进廉洁社会建设的运行机理、现状反思与路径选择

马 宁

摘 要 新时代廉洁文化反映了社会公众对廉洁风尚的价值追求。廉洁文化在保持党的先进性和纯洁性、推进党的自我净化以及塑造清廉政党形象方面具有重大意义，以廉洁文化建设推进廉洁社会建设是适应反腐败斗争新形势的需要，也是实现中国式现代化的必然要求。以廉洁文化建设推进廉洁社会建设的运行机制表现为腐败形式变化以及社会反腐现状催生廉洁文化的产生，廉洁文化以满足人民群众精神需求、填补制度缺陷以及促进社会有序发展的特点促进廉洁社会建设，并由此净化政治生态。当前在廉洁文化的建设过程中，仍存在腐败认知偏差有待纠正、廉洁文化宣传受众视野有待拓宽、腐败定义的易变性有待降低的困境，需要通过推动廉洁政治文化向廉洁社会文化的转化、扩大廉洁文化宣传受众以及构建具有中国特色的廉洁文化理论体系以增强廉洁文化的影响力、渗透力和引领力，形成“人人崇廉，人人尚廉”的良好社会风尚，主动应对反腐败斗争的新形势和新挑战，全面打赢反腐败斗争攻坚战持久战。

关键词 廉洁文化；廉洁社会；腐败测评体系

作者简介：马宁，湖南大学马克思主义学院硕士研究生，主要研究领域为廉政学。

党的二十大报告强调要加强新时代廉洁文化建设，教育引导广大党员、干部增强不想腐的自觉，清清白白做人、干干净净做事。要打赢反腐败斗争不仅要强调公职人员的反腐，公众才是反腐败斗争的关键，① 广泛动员公众参与到反腐过程中，才能增强反腐的持续性，更好地应对腐败形势的变化。要推动公众的参与，就要在全社会范围内广泛宣传廉洁文化，强调廉洁的重要性，明晰腐败的严重后果，以公众的参与和廉洁自律推进廉洁社会建设，营造清明的政治生态。

一、问题的提出及意义

马克思、恩格斯认为马克思主义政党的人民立场展现出了其廉洁奉公的意识，廉洁是马克思主义政党先进本质的重要特征，也是中国共产党性质宗旨的集中体现。廉洁文化建设不仅能够弥补反腐败相关规章制度无法做到无所不包的局限性，为公职人员提供反腐败的内生动力，同时也是文化软实力的重要内容，体现了文化因素的政治作用力和社会影响力，② 从而推动廉洁社会建设。当前廉洁文化的宣传主要针对公职人员，相对忽略了廉洁文化对社会公众的影响。新加坡从1959年实现自治前的腐败泛滥成灾到现在成为世界上最廉洁的国家之一，既得益于其政府持续高压的反腐态势，更重要的是新加坡整个社会已经形成了对于腐败零容忍的文化。③ 因此，加强廉政建设的关键是建设廉洁社会，要解决腐败这一社会问题，既需要对公职人员加强教育、管理和控制，也需要来自社会公众方面的努力。只有提升社会公众的反腐败意识与参与度，才能在全社会范围内营造清正廉洁的良好氛围，形成“以廉洁社会滋养廉洁政府、以廉洁政府服务廉洁社会”的良性互动循环。

推动廉洁文化建设是对于建设长期执政的马克思主义政党重大时代课题的

① 肖汉宇、公婷：《腐败容忍度与“社会反腐”：基于香港的实证分析》，《公共行政评论》2016年第3期。

② 马艳红：《廉政文化建设现实困境及突破路径的软实力透析》，《中学政治教学参考》2016年第3期。

③ 于文轩、吴进进：《反腐败政策的奇迹：新加坡经验及对中国的启示》，《公共行政评论》2014年第5期。

探索，关系到全面从严治党成果的巩固，更关系到人民群众生活质量的提升，以廉洁文化建设推进廉洁社会建设的意义应从力量支撑、实践路径以及形象塑造三个方面展开。首先，在力量支撑方面，中国共产党的力量支撑就是广大人民群众的支持和拥护。推动廉洁文化建设能够促进党在执政过程中永葆先进性和纯洁性，是确保党不变质、不变色、不变味的战略选择。时刻强调廉洁文化建设能够使党牢记全心全意为人民服务的宗旨，团结带领全国各族人民为实现第二个百年奋斗目标而不懈奋斗。其次，在实践路径方面，廉洁文化建设是全面推进党的自我净化的内在要求，是党自我革命的生动实践和具体体现。廉洁文化建设中强调的党员干部的自律和高尚道德品格的培养符合党自我净化的要求，促进党依靠自身力量发现和解决问题，及时扫清影响党发展的障碍，形成以廉洁文化培育发展动力并以发展动力反哺廉洁文化发展的螺旋式上升发展路径。最后，在形象塑造方面，党的廉洁形象是党的重要软实力。① 廉洁文化建设有利于推动党员个体和中国共产党整体形象的塑造。以廉洁文化加强对党员的教育能够使全党同志响应“三个务必”的伟大号召，促进其为政清廉、秉公用权从而赢得人心，站稳人民立场。广泛的、廉洁的个体党员形象有利于增强党的廉政形象建构的丰富性和完备性，同时也能够以持续注入的新活力推动党廉政建设的持续性，促进其廉洁形象建设持续走实。

二、以廉洁文化建设推进廉洁社会建设的运行机理

廉洁文化建设的运行机理图具体展示出反腐现状、廉洁文化和政治生态蕴含的内容以及三者之间的关系，体现出以廉洁文化建设推进廉洁社会建设的重要性及运行方式，具体分析如下。

（一）反腐现状催生廉洁文化

在实践方面，习近平在中国共产党第二十届中央纪律检查委员会第三次全体会议上讲话时指出：“经过新时代十年坚持不懈的强力反腐，反腐败斗争取

---

① 史海燕：《新时代中国共产党廉洁形象建设的逻辑必然与推进路径》，《世界社会主义研究》2024 年第 3 期。

得压倒性胜利并全面巩固，但形势依然严峻复杂。”一方面，随着经济和社会的发展变化以及互联网和人工智能技术的不断发展，腐败表现出新的阶段性特征，新型腐败和隐性腐败形式不断产生，已有的反腐败措施对新型腐败形式的查处和监管存在不足。另一方面，腐败问题长期积累，解决起来并非一日之功，仍需进一步减少腐败的存量，加之当前出现的腐败低龄化问题，对于党和国家而言，压缩腐败现象生存空间、铲除腐败的滋生土壤，仍然任重道远。在社会反腐层面，公众虽然通过各类政策宣传、影视作品以及理论学习等方式对腐败的认识不断深刻，但在现实层面公众对腐败仍有一定的容忍度，且不愿主动采取反腐行动。在私营企业反腐层面，私营企业虽然有较高的反腐热情，但其存在查处腐败案件的合理性和合法性以及制度措施的配套性衔接问题。因此，加强新时代廉洁文化建设，是一体推进不敢腐、不能腐、不想腐的基础性工程，为解决新型腐败问题、应对腐败新变化形势奠定了基础，是推进中国式现代化的必然要求。

在学术研究方面，当前我国廉政建设的许多举措是通过学习其他国家的成功经验形成的，尤其在廉洁的评测方面，我国当前尚未形成一套具有中国特色、符合中国国情的腐败测评标准。虽然国外的相关机构对我国的清廉指数进行了评估和排名，但这种测评仍存在计算方法配套性欠佳、关注的问题范围过于狭隘、对行贿者存在偏袒等局限性。[①] 除此之外，当前学者们较多关注公共部门和政府官员的腐败问题，对私营部门的腐败行为和社会对腐败的观念变化研究相对较少。因此，推进廉洁文化建设能够为反腐败研究提供指导，推动建立具有中国特色的廉洁文化建设理论，营造风清气正的政治生态和良好的发展环境。

（二）以廉洁文化建设促进廉洁社会建设

“古往今来，中华民族之所以在世界有地位、有影响，不是靠穷兵黩武，不是靠对外扩张，而是靠中华文化的强大感召力和吸引力。”[②] 首先，廉洁文化

① 袁柏顺、万洋：《腐败感知指数缺陷及其意识形态偏见解析》，《文化软实力》2021年第1期。

② 习近平：《在文艺工作座谈会上的讲话》，人民出版社2015年版，第3页。

建设是满足人民群众精神需求的重要任务，加强廉洁文化建设能够让人民在共享发展成果的同时增强获得感、幸福感和安全感，使人民增强对党的建设和国家发展的信心，在全社会范围内营造崇廉尚廉的良好氛围，减少腐败的滋生蔓延。其次，廉洁文化建设能够填补制度建设和法治建设在反腐败领域的缺陷，为社会中不断出现的、无法以现有制度政策规制的腐败现象提供解决方法，并预防腐败行为的产生。反腐败建设仅依靠自上而下的管理和监督是不够的，要增强反腐的持续性就应强调自下而上的努力。自下而上的努力不仅包括公众参与反腐败斗争，也包括公众降低对腐败的容忍度，发自内心地排斥腐败，并保证自身不会参与任何腐败行为，这一举措也能够增加社会成员腐败的道德风险。最后，加强廉洁文化建设能够推动社会健康有序发展。诺贝尔经济学奖得主缪尔达尔指出，如果公众普遍认为每一个拥有权力的个体都可能为了私利而滥用权力，在这种心理暗示的影响下，人们对腐败的愤恨渐渐地就会转变成“对于有机会通过不光彩手段营私之徒的羡慕”。[①] 廉洁文化建设在营造良好的社会氛围基础上能够培育社会成员脚踏实地奋斗的良好品格，形成积极的心理暗示，而非采取为了达到个人目的不择手段的态度，助力社会有序发展，促进廉洁社会的培育和产生。

（三）以廉洁社会建设净化政治生态

新时代廉洁文化是党内政治文化的重要组成部分，在廉洁文化熏陶下的廉洁社会建设能够从减小反腐败的阻力、增加腐败的成本以及树立良好的政党形象三个方面净化政治生态。第一，在减少反腐的阻力方面，在廉洁的社会中，公众能够更加深刻地认识腐败并意识到腐败的严重后果，在此基础上能加深对反腐败的各种制度措施的理解，推动各类反腐政策在总结当前经验的基础上完善创新，加快新的政策方略进入政策议程，并在更短的周期内收到反馈，总结相关规律。第二，在增加腐败的成本方面，廉洁社会的公众对腐败行为的容忍度极低，进行腐败行为的公职人员将面临极高的经济风险和道德风险，根据罗

① 冈纳·缪尔达尔：《亚洲的戏剧：南亚国家贫困问题研究》，商务印书馆 2015 年版，第 178-179 页。

伯特·克利特加德所总结的腐败公式“腐败所得-（道德损失+法律风险）>工资收入+廉洁的道德满足”，如果腐败的成本足够高，公职人员则会降低从事腐败行为的意愿。加之当前互联网传播速度极快的特点，公职人员因腐败案件的查处过程及结果的公布而声誉严重受损的案例不断增加。因此，在这种社会氛围中，公职人员可能会为了避免承担这些风险而避免腐败行为的发生。第三，在树立良好的政党形象方面，党的二十大报告强调要建设一支政治过硬、适应新时代要求、具备领导现代化建设能力的干部队伍，要增强党员干部的能力，必须提高其拒腐防变和抵御风险的能力，提高其党性修养，培养其底线意识。在廉洁社会的氛围中，公众会有更强的获得感，不仅会提高对政党的满意度，也有助于使政党以更加清正廉洁的形象呈现在世界舞台上。习近平总书记在十九届中共中央政治局常委同中外记者见面时强调：“中国共产党是世界上最大的政党。大就要有大的样子。”① 更加廉洁的社会氛围能够推动中国共产党持续推进自我革命，消除党面临的各种政治风险，并为其他国家的政党治理提供“中国智慧”。

三、以廉洁文化建设推进廉洁社会建设的现状反思

廉洁文化建设表面上更加集中于思想“育廉”、制度“强廉”、监督“护廉”，本质是在树信仰、立价值、画红线的过程中让人民群众的幸福感更可持续、更有保障。② 以廉洁文化建设推进廉洁社会建设对于反腐败斗争具有重要指导意义，是促进公民个人、社会及国家发展的重要举措，需要各个主体联动，共同营造良好的发展环境。但当前仍面临着公众对腐败认知不足以及人情社会对廉洁文化氛围建设所造成的负面影响，廉洁文化宣传的引导性以及与制度措施衔接不善所导致的公众对腐败形势的错误判断，以及互联网所产生的舆论对反腐效能感和廉洁文化建设内生动力的消极影响等困境。

---

① 《习近平谈治国理政》第3卷，外文出版社2020年版，第436页。

② 南日：《政策框架视角下反腐倡廉增进公众幸福感的实证研究》，《浙江大学学报（人文社会科学版）》2024年第4期。

（一）腐败认知偏差有待纠正

党的十八大以来，中国开展了反腐败斗争并取得了一定的成果，社会公众对腐败的感知虽变化缓慢，但相较而言也有一定的变化，公众逐渐意识到腐败问题及其所带来的严重后果，也对当前的反腐败绩效较为认同。但是，要增强反腐败斗争的持续性和深入性，应注重反腐败过程中公众的参与度，引领公众从“旁观者”转化为“参与者”，而非将反腐败斗争当作反腐败机构的“独角戏”。当前我国反腐败的公众参与度还相对较低，官方廉洁文化宣传模式以及工作方法仍有待改善，主要体现在对腐败的认知以及与自身利益相关的腐败行为两个方面。在对腐败的认知方面，巴内特的研究证明，人们的认知判断会影响个体的态度和意愿，进而影响其行为。[①] 公众所处的社会环境会影响其对腐败的认知，由于当前我国经济发展仍存在地区间发展不平衡的问题，所处地区及经济发展程度不同，公众对腐败的认知可能也存在着较大的差异，如果所处地区将腐败看作普遍存在和流行的攫取私利的有效方式，公众对腐败的容忍度可能相对较高。且在这种社会条件下，公众可能被裹挟在腐败普遍存在的环境中，被迫提高其腐败容忍度甚至进行腐败行为。在与自身利益相关的腐败行为方面，一般来说亲身经历腐败且深受其害的人以及向官员行贿但未达到其目的的人，主动参与腐败举报的意愿更高。[②] 反之，那些从腐败行为中得到收益的人则不愿意揭露腐败现象。[③] 当前我国在经济社会的发展过程中，这种受到“人情社会”关系影响的地区依然存在，尤其是在经济发展程度相对较低的偏远地区，公众在办事的过程中将“送礼”当作疏通关系的重要手段，而非严格遵守规章程序办事，久而久之，公众会将这种行贿和官员的受贿当作正当流程，形成了不良的社会风气。在官方廉洁文化的宣传方面，其宣传模式以及工作方法的认知有待改善，间接影响到了公众的腐败认知。在宣传模式方面，互联网的影响可能会使有关腐败的案例发酵，公众情绪化的扩张使感性表达让位

---

① Tim Barnett, “The Moderating Effect of Individuals' Perceptions of Ethical Work Climate on Ethical Judgments and Behavioral Intentions,” *Journal of Business Ethics*, Vol. 27 (2000), pp. 351-362.

② 孔璋、孔儒：《中欧反腐败比较研究》，《法学杂志》2009 年第 7 期。

③ 杜治洲：《公众参与反腐倡廉的影响因素及其挑战》，《理论视野》2013 年第 3 期。

于理性判断，并通过公众的腐败认知间接影响到廉洁文化的宣传效果。在工作方法方面，廉洁文化和廉洁教育工作的专业性有待提升，侧重于强调腐败的危害，而非廉洁的重要性。这种警示教育的基本逻辑效果有限，即使有效果，也会衰减殆尽。[①] 因此，要加大反腐力度，提升公众反腐败的参与率，去除糟粕人情关系的影响，必须从营造廉洁的社会文化入手，增强反腐败的宣传力度，并根据不同地区的特点制定宣传方案与模式，选择正确的工作方法，缩小地区间对腐败认知的差异，增加腐败的法律风险和道德成本，铲除腐败滋生的土壤，形成廉洁的文化氛围。

（二）廉洁文化宣传受众视野有待拓宽

加强廉洁文化建设是新时代党的建设新的伟大工程的重大项目，是马克思主义政党推动自我革命的重要举措。面对形势依然严峻的反腐败斗争，我国在反腐倡廉的法规制度建设以及机构设置等方面采取了多项举措，其主要针对的是公职人员的腐败行为，对于社会公众的腐败感知及腐败行为的打击则相对关注较少。虽然当前多个城市都在全域范围内推进清廉文化建设，但许多面向社会公众的相关清廉文化宣传仍存在着流于形式、覆盖率不高等问题。主要表现在廉洁文化的道德判断的主客观把握以及由于制度措施不完善引发的错误偏向两个方面。第一，在道德判断的主客观把握方面，公众在社会发展的过程中以主观的道德标准对腐败行为和现象进行衡量，相对于严谨客观的制度建设而言，道德判断很少有校验和修正的机会，忽视判断过程中的理性维度，忽视其背后的本质原因与具体情境，这种不稳定的判断方式可能会削弱廉洁文化的建设成效甚至将其推向错误的方向。除此之外，在党的十八大召开之后，我国持续加大反腐败的力度，也在2015年左右出现反腐的峰值，公众感受到前所未有的反腐强度。在廉洁拐点出现之前，部分公众可能会根据单纯的反腐数据和细节报道而对我党的表现有些失望。且根据香港廉政公署总结的腐败规律，大概20年会出现一个循环，即反腐败斗争的提出、白热化、平淡期和大量的腐

① 任建明、胡光飞：《文化反腐：历史反思、特点分析及手段策略》，《理论视野》2008年第9期。

败行为卷土重来，公众在廉洁文化宣传不到位的情况下，可能会将我国的反腐形势和其他国家或地区的规律进行简单的对比和套用。第二，在制度措施所带来的后果方面，当前我国更强调对受贿者的查处与惩罚，对“受贿行贿一起查”的落实仍不到位。在法治实践中，一些办案机关倾向于将重点放在对受贿的惩治上，这也契合了当下的公共舆论与心理，忽视了对行贿主体的处罚。在这种制度偏向的影响下，社会公众作为非公职人员可能会放松对自己的要求，将行贿行为看作是达到自身目的的“合理手段”。因此，必须扩大廉洁文化宣传的受众范围，增强宣传的效果，纠正社会公众对腐败行为认知的偏差，在整个社会形成对腐败零容忍的氛围。

（三）腐败定义的易变性有待降低

腐败的定义具有易变性的特征，在同一社会背景的不同时间以及在不同的历史阶段都会产生差异，且不同的研究视角也会对腐败定义的理解存在一定的差异，加之当前互联网的影响，公众对腐败定义的理解可能会受到舆论的影响，舆论的快速变化会使群众被裹挟其中，形成盲目从众的心理，甚至会被有心之人利用，产生消极影响。互联网加剧腐败定义的易变性对廉洁文化建设的影响主要表现在对腐败行为监督效能感的削弱以及内生动力积累不足方面。在对腐败行为监督的效能感方面，互联网环境中大量情绪化的言论表达以及真假混杂的信息产生的导向性使得社会公众在短时间内多次转变对事件的看法，错误的引导下形成的错误观点与最终的事实相违背，即使在这个过程中有疑问，也不敢与舆论相违背，公众成为了推动舆论的工具，形成了异化。且当前许多人为了赚取流量，采取不实信息举报腐败行为，在网络上形成轩然大波以达到吸睛的目的，公众会在这种虚假信息不断产生的过程中降低信任度与参与腐败行为监督的意愿，认为自己的参与并不能推动政治社会的发展。在廉洁文化建设的内生动力方面，互联网加速了公众对腐败定义的认知变化，且当前许多媒体为了增加曝光度会通过摘取关键段落以及重复着重报道的形式对腐败行为进行播报，媒体对相关行为的曝光度增加虽然在一定程度上增强了公众对腐败严重后果的认知，但媒体不同的表述方式会影响到公众的腐败感知，如采用诸如

“腐败严峻形势”的表述会提高公众的腐败感知，采用“反腐败决心”“腐败案件查处情况”则会降低公众的腐败感知。[①] 因此，应注重引领网络舆论机制的正向发展，削弱腐败定义易变性的影响，助力廉洁文化和廉洁社会建设，增强公众参与反腐败监督的效能感。

四、以廉洁文化建设推进廉洁社会建设的路径选择

为解决当前廉洁文化建设的困境，更好地促进廉洁社会建设，应以推动廉洁政治文化向廉洁社会文化的转化、扩大廉洁文化宣传受众以及建立具有中国特色的廉洁文化理论体系三个路径入手，将内生动力与外部环节联合起来加以考虑，提高廉洁文化建设的质量。

（一）推动廉洁政治文化向廉洁社会文化的转化，提升廉洁文化的影响力

纠正腐败的认知偏差不仅对廉洁文化的宣传模式提出了新要求，也应从公众所处的廉洁文化环境的塑造入手，使其意识到自己不仅是廉洁社会的受益者，更应该是参与者和建设者，推动廉洁政治文化向廉洁社会文化的转化。公众对腐败的了解主要通过直接信息和间接信息，就直接信息而言，公众主要从亲身的行贿或索贿经历获得，间接信息则主要分为小道消息和官方通报。中国民众清廉感知的研究表明，官方信息会提高民众的清廉感知水平，而小道消息则会降低民众的清廉感知水平。[②] 因此，要纠正公众对腐败认知的偏差，就应从宣传渠道和反腐参与激励两个方面入手，扩大廉洁文化的影响。第一，在宣传渠道方面，主流媒体在宣传廉洁文化时，要注重信息和知识的引导，引用的贪腐案例应强调其工作进程和成效，而非仅强调当前腐败的存量和增量情况。根据反腐败宣传工作的框架效应，反腐败宣传应当适度增加并配套使用关于“反腐败决心”等主题内容的表述，从而减弱单一腐败案件查处框架对受众腐

---

① 李论、过勇：《媒体报道内容如何影响腐败感知？——基于调查实验的实证发现》，《公共管理评论》2024年第1期。

② 薛可、余来辉、余明阳：《媒体使用、政治信任与腐败感知》，《吉首大学学报（社会科学版）》2018年第11期。

败感知的不利影响。除此之外，应以社区、学校、工作单位为平台依托，加强法治教育以及腐败消极后果宣传，减少小道消息传播所带来的负面影响，并运用新宣传手段扩大廉洁文化优质产品和服务供给，将廉洁教育深入社会发展和治理的各方面，使廉洁文化宣传效果应用到公众的日常生活中，铲除腐败滋生的土壤。除此之外，还应该注重廉洁文化与本地特色的结合，挖掘本土特色资源，树立廉洁典型榜样，依托当地优秀传统文化与红色文化资源等唱好廉洁文化宣传的“地方戏”。第二，在直接信息渠道方面，在廉洁文化宣传初期阶段，可以通过物质激励引领民众主动参与到反腐败斗争中，敢于主动举报身边的腐败行为，可以推广学习广州市纪委监委机关的经验，针对实名举报开启“绿色通道”，且对于主动举报的会给予一定比例的物质奖励。通过前期的激励引导在区域内营造敢于举报的良好氛围，将公众的“弱信号”变为“强信息”。这种主动举报氛围不仅可以加快腐败行为的查处，也会使公众主动放弃行贿或受贿行为。除此之外，廉洁文化的宣传也需要相关的制度配套措施，比如，对于私营企业的廉洁文化宣传而言，需要在制度设计方面适当赋予其查处腐败案件的合法性和合理性，或是加快建立私营企业反腐败组织，使其反腐的积极性有落实的依据。在以上宣传方式创新和制度完善的基础上，廉洁文化的宣传能够改变民众在思想认识上对一些腐败行为的认同，纠正其腐败认知的偏差，降低其腐败容忍度，逐步破除腐败文化的广泛性和顽固性，促进廉洁社会的建设。

（二）扩大廉洁文化宣传受众，增强廉洁文化的渗透力

廉洁文化受众范围的扩大需要根据主体的身份特点针对性地开展廉洁文化宣传，使廉洁文化宣传的转变方式和转变渠道与公众对廉洁社会的需求相适应，增强廉洁文化的宣传效果。当前，腐败正从公共部门向私营部门乃至全社会蔓延的事实逐渐被官方、学术界和社会大众所认知，廉洁文化建设已经不再只是政治文化建设，而是覆盖全社会各个领域的社会文化建设。[①] 推动拓展廉洁文化的宣传受众能够增加接触机会，扩大宣传范围，增强公众的理解力与认

---

① 杜治洲：《廉洁文化的基本内涵、形成机理与建设策略》，《理论探索》2023 年第 4 期。

同感，从而推动相关制度政策的执行和落实。因此，应从转变方式和转变渠道两个方面对廉洁文化进行改造。第一，在转变方式方面，当前廉洁文化的宣传效果停留在政治文化宣传的原因之一就是现有的宣传方案是针对特定职业和年龄，尤其是针对党政机关、国有企事业单位的公职人员，但每个人在不同的岗位、年龄段都有可能经历腐败，受到腐败的诱惑。因此，应该建立完善廉洁文化教育体系，使每一位公民在学校学习阶段就能明晰腐败的危害以及反腐败斗争对个人、社会以及国家发展的重大意义，将清廉做事品格的培养融入三观的养成中。第二，在转变渠道方面，应该将党政部门的宣传引领和社会公众的问题回应相结合，党政部门是良好社会风气的引领者和维护者，应该发挥榜样引领作用，以自身的清廉品格影响私营企业和社会公众，以政治清明带动社会清廉。党政机关不仅应该颂扬历史上全心全意为人民服务的党员干部，更应该加快树立新时代榜样，为廉洁文化宣传营造良好的舆论氛围。对于社会公众的问题回应，应该更加关注与人民群众利益密切相关的腐败案件，并加大相关问题的解决力度，消灭公众生活中的腐败痛点。清廉数据调查显示，公众认为与自己“距离”较远的高层机关单位更加清廉，对于自己身边的党政机关的清廉表现的满意度则相对较低。因此，使廉洁也深入到公共服务的“最后一公里”能够在很大程度上为廉洁文化的宣传提供现实基础，同时也能增进公众对党的反腐工作的理解，提高满意度，将廉洁行事作为日常行为规范，推动廉洁行为的常态化。廉洁文化的改造能够使公众将清廉的意识根植于内心，规范自身行为，并使廉洁文化与其他健康文化的发展相结合，完成由政治文化向社会文化的转化，为建设廉洁社会奠定坚实的基础。

（三）构建具有中国特色的廉洁文化理论体系，发挥廉洁文化的引领力

要发挥廉洁文化对廉洁社会的推动作用，就应该探索建立符合中国国情的具有中国特色的廉洁文化理论以及腐败测评体系。建立系统的廉洁文化理论能够降低社会公众对腐败定义的不确定性，使公众的判断有理可依，因此，应从廉洁文化理论建设的理论起点、重要源泉、国际视野以及技术和人才应用四个

方面入手。在建立具有中国特色的廉洁文化理论体系的过程中，第一，应以马克思主义廉政观作为理论起点，马克思主义廉政观强调要将权力交给对社会负责的公仆，强调“公仆”应为社会公众服务，应对国家公职人员进行正确有效的管理、教育和引导，以保证其工作能力和水平的提高。因此，应该将为人民服务作为出发点和落脚点，以维护人民的利益为目标追求。第二，应从中华优秀传统文化中汲取营养，将中华优秀传统文化作为廉政文化理论建设的重要源泉。中华优秀传统文化中十分强调廉洁自律、廉政为民和廉洁从政的重要性，如于谦的“清风两袖朝天去，免得闾阎话短长”就描述了其作为一个清正廉明的官吏，拒绝“惯例思维”行贿送礼。因此，在廉洁文化建设的过程中应对中华传统廉洁文化进行创造性转化、创新性发展，尤其是要注意辨别其精华和糟粕，以其中精华的部分为基础，从新的视角挖掘符合当前社会发展的新价值。第三，具有中国特色的廉洁文化理论体系建设要注重民族性和国际性的结合，当前中国以一个负责任的大国形象出现在世界舞台，承担了更多的责任和义务。因此，可以在符合我国发展方向的基础上加强廉洁文化交流与合作，学习和借鉴其他国家在廉洁文化建设方面的成功经验，提升我国廉洁文化建设理论水平，加强各个国家之间有关廉洁文化信息的交流和平台建设。在对外交流的过程中也可以为其他国家提供经验借鉴，促进世界反腐败水平共同提高。第四，应进一步推进廉洁文化的智库建设，及时更新库内案例数据，并根据廉洁文化建设遇到的新问题提出相应的政策建议，推进廉洁文化理论建设与实际反腐斗争相结合，增强其应用能力。在推动智库建设的过程中应该及时吸纳创新型人才，将人工智能和数据分析等手段应用其中，以数据为廉洁文化理论建设提供支撑，加快建立具有中国特色的腐败指标和测评体系，推动廉洁文化建设与廉洁社会建设的衔接。

总之，只有重视廉洁社会建设，明晰廉洁文化在其中的作用路径和内在关系，才能把握廉洁文化建设的关键和要害，总结基本规律，避免片面发展，以促进中国廉政建设的高质量发展与反腐败水平的进一步提高。

廉政制度研究

JOURNAL OF CLEAN GOVERNANCE

新时代中国特色巡视监督制度的法理分析

郭　哲　黄芳妮　刘心怡

摘　要　巡视制度是具有中国特色的一项政治制度，历经中国几千年的漫长历史至今仍然焕发着强大的制度生命力。对新时代中国特色巡视监督制度进行法理分析，体现了全面推进依法治国的需要和依法治国与依规治党之间有机统一，也是实现党内监督法治化的需要。作为党内监督的重要方式，巡视制度是社会主义法治体系的重要组成部分，具有党内法规和国家权力监督制度的双重属性，体现了权力制衡与民主监督的法治理念。巡视监督与纪律监督、监察监督、派驻监督等三种党内监督及其他党外监督形式相比较，有着充分的独立性、极大的权威性、广泛的公开性、强大的实效性等独特优势。同时，该制度的作用主要体现为威慑与约束、遏制与矫正、促进治本、自我净化四个方面，而作为党内法规的一种，其也体现了法律的指引、评价、教育、预测和强制五个方面的具体功能。

关键词　巡视监督；巡视职权；巡视程序；权力制衡；反腐败

基金项目：长沙市法学会研究课题“监察体制改革后法法衔接实践新问题研究”（24CSFX-YB-001）。

作者简介：郭哲，法学博士，湖南大学法学院教授，湖南大学廉政研究中心特聘研究员，主要研究领域为法理学、法治反腐；黄芳妮，张家界市纪委监委驻市检察院纪检监察组副组长、一级主任科员，主要研究领域为监察理论与实务；刘心怡，湖南大学2023级法律硕士，主要研究领域为法律方法。

《中国共产党章程》第 14 条规定，党的中央和省、自治区、直辖市委员会实行巡视制度，党的市和县委员会建立巡察制度。[①] 《中国共产党党内监督条例》第 19 条规定，巡视是党内监督的重要方式。[②] 十八大以后，新一届党中央于 2015 年 8 月对《中国共产党巡视工作条例（试行）》进行了修订，修订后的《中国共产党巡视工作条例》，成为中央修订的第一部关于党内监督的规则，作为巡视制度的基础性文件为新时期党的巡视工作提供了基本遵循。为推动政治巡视向纵深发展，更好地发挥巡视监督在全面从严治党战略布局中的关键作用，中央于 2017 年 7 月与 2024 年 2 月两度修订完善《中国共产党巡视工作条例》。根据现行《中国共产党巡视工作条例》第 6 条、第 8 条、第 12 条的规定，[③] 巡视监督制度是在党章的授权下，党的中央和省、自治区、直辖市委员会设立巡视机构，依据相关党纪党规和法律法规对被巡视对象开展巡视监督的一种党内监督制度。[④] 党的二十大报告提出："推进政治监督具体化、精准化、常态化，增强对'一把手'和领导班子监督实效。发挥政治巡视利剑作用，加强巡视整改和成果运用。"对新时代中国特色巡视监督制度进行法理分析，是依法治国与依规治党有机统一的理论根基，也是实现党内监督法治化的需要。

① 《中国共产党章程》第 14 条："党的中央和省、自治区、直辖市委员会实行巡视制度，在一届任期内，对所管理的地方、部门、企事业单位党组织实现巡视全覆盖。中央有关部委和国家机关部门党组（党委）根据工作需要，开展巡视工作。党的市（地、州、盟）和县（市、区、旗）委员会建立巡察制度。"

② 《中国共产党党内监督条例》第 19 条："巡视是党内监督的重要方式。中央和省、自治区、直辖市党委一届任期内，对所管理的地方、部门、企事业单位党组织全面巡视。巡视党的组织和党的领导干部尊崇党章、党的领导、党的建设和党的路线方针政策落实情况，履行全面从严治党责任、执行党的纪律、落实中央八项规定精神、党风廉政建设和反腐败工作以及选人用人情况。发现问题、形成震慑，推动改革、促进发展，发挥从严治党利剑作用。"

③ 《中国共产党巡视工作条例》，中国方正出版社 2024 年版，第 29 页。

④ 目前，我国除了巡视监督制度，其他监督制度还有纪律监督、监察监督、派驻监督、国家机关的监督和社会监督。

一、巡视监督制度的法律要素

1. 巡视权的属性

巡视权的本质是一种监督权，从类型上来看属于党内监督权、自上而下的监督权。与之相比，纪律监督同样属于党内监督，但更侧重于同级监督；监察监督属于国家法律监督；国家机关监督、社会监督都是国家监督体系的组成部分，都属于党外监督。《中国共产党党内监督条例》第19条和第4条明确了巡视监督的定位和属性，[①] 指出巡视监督是党内监督的重要方式，巡视监督是上级党组织对下级党组织的监督，集中体现了党内领导原则和党组织上下级领导关系。[②]

与此同时，巡视监督的权力来源于党章的授权。《中国共产党章程》（以下简称“党章”）作为党内根本大法，是全党必须共同遵守的根本行为准则，集中体现了全体党员的意志，具有最高效力。由于党章在党内法规体系中居于最高层次，在制定其他涉及党章某一方面内容的准则、条例、规则、规定、办法、细则等党内法规时，都需要以党章为依据。党章第14条对建立巡视制度作出了原则性规定，并且明确了在一届任期内完成巡视全覆盖和在市、县建立巡察制度的要求。党章第14条的规定是制定巡视监督制度相关党内法规的根本依据，表明了巡视监督的权力来源即是党章的规定。根据《中国共产党巡视工作条例》第12条的规定，巡视组组长人选是根据每次巡视任务来确定，并在一定范围内进行授权。[③] 在巡视工作中，巡视组组长与副组长不固定，每一

---

① 《中国共产党党内监督条例》第4条：“党内监督必须贯彻民主集中制，依规依纪进行，强化自上而下的组织监督，改进自下而上的民主监督，发挥同级相互监督作用。坚持惩前毖后、治病救人，抓早抓小、防微杜渐。”

② 苏永胜：《法治视角下巡视工作制度机制的完善》，《湖北师范大学学报（哲学社会科学版）》2019年第3期，第53页。

③ 《中国共产党巡视工作条例》第12条：“开展巡视工作的党组织设立巡视组。巡视组分别设组长、副组长、巡视专员和其他职位。巡视组组长、副组长的具体人选根据每次巡视任务确定并授权。巡视组应当按照民主集中制原则研究讨论决定重大事项。组长全面负责本组工作，副组长协助组长开展工作。”

轮巡视之前都要根据具体情况确定巡视组组长与副组长人选，每一轮巡视行使的巡视监督权都严格遵循“一次一授权”原则，[①] 并实行严格的回避制度。由此可见，巡视主体享有巡视监督权也不是长期性的、固定的，而是来源于每一轮开展具体巡视工作之前党中央依据党章、《中国共产党党内监督条例》和《中国共产党巡视工作条例》的授权。

2. 巡视的主体

党章第 14 条，授予了党的中央和省、自治区、直辖市委员会巡视监督权，明确了党的中央和省、自治区、直辖市委员会是巡视监督权的主体之一。《中国共产党巡视工作条例》第 8 条规定，开展巡视工作的党组织设立巡视工作领导小组。巡视工作领导小组向同级党组织负责并报告工作。[②] 可见，巡视工作领导小组可作为巡视监督权的主体之一，其巡视监督权来源于同级党组织的授权。《中国共产党巡视工作条例》第 12 条与第 13 条规定，开展巡视工作的党组织设立巡视组，承担具体巡视任务。巡视组向巡视工作领导小组负责并报告工作。[③] 由此可见，巡视组也是巡视监督权的主体之一，其行使的具体巡视监督权，来源于同级党组织授权下的巡视工作领导小组的再授权。这表明在党章的授权下，党的中央和省、自治区、直辖市委员会对其享有的巡视监督权进行层层授权和合理分工，使巡视工作领导小组和巡视组层层享有巡视监督权（巡

① 王建芹、范家皓：《法治视野下的党内巡视制度建设问题研究》，《上海政法学院学报（法治论丛）》2019 年第 5 期，第 130 页。

② 《中国共产党巡视工作条例》第 8 条：“开展巡视工作的党组织设立巡视工作领导小组。巡视工作领导小组向同级党组织负责并报告工作。中央巡视工作领导小组组长由中央纪律检查委员会书记担任，副组长一般由中央组织部部长和中央纪律检查委员会分管日常工作的副书记担任。省、自治区、直辖市党委巡视工作领导小组组长由同级党的纪律检查委员会书记担任，副组长一般由同级党委组织部部长担任。中央有关部委、中央国家机关部门党组（党委）和中管金融企业、中管企业、中管高校等党委（党组）巡视工作领导小组组长一般由党组、党委书记（包括不设党组、党委的单位领导班子主要负责人）担任，副组长一般由党组、党委分管有关工作的领导班子成员和纪检监察机构主要负责人担任。”

③ 《中国共产党巡视工作条例》第 13 条：“巡视组的主要职责是：（一）根据同级党组织及其巡视工作领导小组的部署要求开展巡视；（二）向巡视工作领导小组报告巡视情况，提出意见建议；（三）向被巡视党组织反馈巡视意见，向纪检监察机关、组织部门和有关单位移交巡视发现的问题和问题线索，参与推动巡视整改和成果运用；（四）对巡视组干部进行日常教育、管理和监督；（五）办理巡视工作领导小组交办的其他事项。”

视工作领导小组履行巡视监督权的领导责任、巡视组负责巡视监督的具体执行)，[①] 党的中央和省、自治区、直辖市委员会，各级巡视工作领导小组和巡视组三者都成为了党章授权下的巡视主体。

3. 巡视的职能职权

根据《中国共产党巡视工作条例》的规定，现阶段规定的巡视监督权有6种具体的职能职权表现形式。一是具有开展巡视了解工作的职能职权。《中国共产党巡视工作条例》第21条、[②] 第22条、[③] 第26条[④]等对开展巡视了解工作的程序作出了相应规定，在履行该项职能职权时，要以深入了解、找准问题为原则，全面收集相关信息线索、筛选重点信息线索、精准发现问题线索，确保巡视结论能够经得起历史的检验。二是具有请求有关部门协助的职能职权。根据《中国共产党巡视工作条例》第23条规定，巡视组可以提请有关单位予以协助。[⑤] 根据《中国共产党巡视工作条例》第44条规定，有关机关、部门和单位有支持配合、协助巡视工作的职责。[⑥] 工作中，如巡视组需要跨部门跨领域了解相关问题时，可以请求这些机关和部门予以协助。对于专业性强的问题，也可以要求专业机构予以协助。对于巡视组提请予以协助的要求，有关部

---

① 苏永胜：《法治视角下巡视工作制度机制的完善》，《湖北师范大学学报（哲学社会科学版）》2019年第3期，第50页。

② 《中国共产党巡视工作条例》第21条："巡视组开展巡视前，根据工作需要，应当听取同级纪检监察机关和组织、宣传、统战、政法、保密、审计、财政、统计、信访等部门和单位关于被巡视党组织领导班子及其成员的有关情况通报。"

③ 《中国共产党巡视工作条例》第22条："巡视组进驻后，应当向被巡视党组织通报巡视任务，按照规定的工作方式和权限，开展巡视了解工作。巡视组对反映被巡视党组织领导班子及其成员的重要问题和问题线索，应当进行深入了解。"

④ 《中国共产党巡视工作条例》第26条："巡视组对了解的重要情况和问题，应当形成巡视报告；对普遍性、倾向性问题和体制机制等方面的重大问题，可以形成专题报告。巡视组对巡视报告、专题报告等反映的问题，应当制作底稿。巡视组对巡视报告反映的重要问题、提出的整改建议，应当按规定与被巡视党组织主要负责人进行沟通、听取其意见；对巡视报告反映的重要政策性问题，可以与有关职能部门进行沟通、听取其意见。"

⑤ 《中国共产党巡视工作条例》第23条第12项："巡视组采取下列方式了解情况：……（十二）提请有关单位予以协助；……"

⑥ 《中国共产党巡视工作条例》第44条："有关机关、部门和单位违反规定不协助、支持巡视工作，造成严重后果的，依据有关规定追究有关责任人员的责任。"

门和单位应当积极配合，不得推诿拖延。三是具有对被巡对象给予评价的职能职权。《中国共产党巡视工作条例》第 18 条规定了巡视组进行政治巡视的主要内容，重点是监督巡视对象执行党中央重大决策、遵守党规党纪、落实全面从严治党责任等情况。[①] 在现实工作中，巡视组依据该条款对被巡视对象在坚持党的领导、加强党的建设、落实党中央重大决策部署、自身政治生态等方面的情况以及领导班子运行情况进行综合评价形成结论。四是具有报告重大事项的职能职权。《中国共产党巡视工作条例》第 24 条规定明确了巡视组特殊情况下，对重要情况和重大问题的请示报告职能职权。[②] 同时，也包括《中国共产党巡视工作条例》第 26 条中规定的巡视了解工作结束后的常规巡视报告，以及第 29 条中规定的巡视工作领导小组办公室将巡视有关情况向有关职能部门及其分管领导通报的职能职权。[③] 五是具有提出建议的职能职权。根据《中国共产党巡视工作条例》第 25 条、[④] 第 29 条的规定，巡视组有权对巡视期间发现的干部群众反映强烈、明显违反政策规定、属于被巡视党组织职权范围且能及时解决的问题，按程序督促被巡视党组织立行立改；对巡视发现的问题和线索及时移交处置；同时，巡视工作领导小组在向被巡视党组织反馈问题时，提出落实整改建议。六是具有开展督导的职能职权。根据《中国共产党巡视工作条例》第 38 条规定，巡视机构有权对巡视整改和成果运用进行统筹督促，推

① 《中国共产党巡视工作条例》第 18 条："巡视工作应当紧盯权力和责任加强政治监督，严明政治纪律和政治规矩，重点检查下列情况：（一）落实党的理论和路线方针政策、党中央重大决策部署特别是贯彻习近平总书记重要讲话和重要指示批示精神的情况，执行党章和其他党内法规、履行职能责任的情况，落实意识形态工作责任制的情况；……（五）开展巡视工作的党组织要求了解的其他情况。"

② 《中国共产党巡视工作条例》第 24 条："巡视组应当严格执行请示报告制度，对巡视工作中的重要情况和重大问题及时向巡视工作领导小组请示报告。巡视组依靠被巡视党组织开展工作，不干预被巡视党组织的正常工作，不履行执纪审查的职责。"

③ 《中国共产党巡视工作条例》第 29 条："经同级党组织同意后，巡视工作领导小组应当及时组织向被巡视党组织领导班子及其主要负责人分别反馈巡视情况，指出问题，有针对性地提出整改意见。根据同级党组织及其巡视工作领导小组要求，巡视工作领导小组办公室将巡视的有关情况通报有关职能部门及其分管领导。"

④ 《中国共产党巡视工作条例》第 25 条："巡视期间，对干部群众反映强烈、明显违反政策规定并属于被巡视党组织职权范围、能够及时解决的问题，巡视组应当按程序督促被巡视党组织立行立改。巡视期间，对反映集中的党员、干部涉嫌违纪违法的问题线索，巡视组可以按程序移交有关纪检监察机关及时处置。"

动建立巡视整改会商、评估、问责等机制。[①]

4. 巡视的权限

根据“法无授权不可为”的基本法治原则，巡视工作必须在党章的授权范围内，严格按照相关的法律法规开展。具体而言，根据《中国共产党巡视工作条例》第24条规定，可将巡视权限概括为“两不一靠”，即不干预被巡视党组织的正常工作，不履行执纪审查的职责，以及依靠被巡视党组织开展工作。[②]这条规定明确了巡视组开展巡视监督工作的主要任务是发现问题、反映问题、推动问题的解决，其充当的是“千里眼”“顺风耳”的角色，不是“指挥员”、也不是“运动员”。不当“指挥员”即开展巡视工作，不指指点点、指手画脚，不指挥被巡视对象开展工作、不干预巡视对象具体工作、不影响被巡视对象正常办公秩序。不当“运动员”，即对发现的问题线索不包办处理、不亲自处置，巡视组不具备执纪执法的职权，对巡视中发现的问题线索没有初核权，没有查办案件的权力，需要向纪检监察、政法机关等具有执纪执法职能的相关部门移交问题线索。“一靠”，指的是巡视工作必须依靠被巡视党组织的积极支持和大力配合，也要主动与被巡视党组织做好沟通衔接，在重要敏感的问题上也要与被巡视党组织事前做好协商协调，防止在巡视工作中独断专行，凌驾于被巡视党组织之上。《中国共产党巡视工作条例》第24条规定了巡视组必须严格遵守请示报告制度。该项规定，既体现了巡视组具有特殊情况下直接向巡视领导小组报告的职能职权，又体现了巡视主体遇到重大问题和情况不能私自做主，需要执行请示报告的责任和义务，体现了其行使巡视监督权的权限是严格依法依规的，不能超越权限，更不能滥用职权。

5. 巡视的程序

在巡视工作中体现程序正义，是遵循法治精神的具体要求。《中国共产党

---

① 《中国共产党巡视工作条例》第38条：“巡视机构应当加强对巡视整改和成果运用的统筹督促，推动建立巡视整改会商、评估、问责等机制。巡视机构应当向同级党组织报告巡视整改和成果运用的综合情况，对整改不到位的突出问题，推动有关机关、部门对有关党组织和责任人严肃问责。”

② 田良富：《国家治理现代化视域下的巡视制度研究》，湘潭大学博士学位论文，2019年，第80页。

巡视工作条例》的制定是将实体性内容和程序性规定整合于同一部党内法规之中，并未对巡视工作的程序单独制定党内法规。《中国共产党巡视工作条例》的第四章“工作程序、方式和权限”对巡视工作的相关程序作出了相应的规定，具体包括巡视准备阶段的程序、巡视开始进驻的程序、巡视完成形成巡视报告的程序、将巡视结果进行反馈移交的程序、对巡视反馈的问题进行落实整改的程序等等，这些基本程序环环相扣，按照巡视工作开展的时间先后顺序依次作出规定，明确和规范了各个程序和环节的操作要求，体现了程序的正当性，遵循程序正义的法治精神。如，在巡视准备阶段，需要巡视人员对巡视对象的领导班子尤其是“一把手”的有关情况及相关问题线索进行重点搜集和了解，除了要严格按照“两不一靠”原则开展工作，同时必须遵循实事求是的基本原则，以事实为依据，以党纪国法为准绳，根据发现问题的具体情况采取适当的方式行使巡视监督权，① 尤其对于涉及的关键人物、重大事项，巡视人员应当认真核实其问题线索，客观审慎作出评价认定，不得因为个人亲疏好恶任意放大问题，也不得私自隐瞒问题，要经得起历史和实践的检验。

二、巡视监督制度的法理依据

1. 党内法规是社会主义法治体系的重要组成部分

从法学角度来认识，党内法规是特定主体依据相关程序制定的，反映党的意志和要求，调整党务关系，规范党的工作、活动和党员行为，体现确定性、规范性、强制性特征，并具有特定形式的规则体系的总称。② 从党的发展历史来看，首次提出党内法规是在 1938 年党的六届六中全会上，当时毛泽东对张国焘分裂党和红军的错误进行了彻底反思和批判，他明确指出党的四大纪律（个人服从组织，少数服从多数，下级服从上级，全党服从中央）作为原则性规定还比较笼统抽象，不够具体和明确，在党内需要制定“一部比较详细的党

① 田良富：《国家治理现代化视域下的巡视制度研究》，湘潭大学博士学位论文，2019 年，第 87 页。
② 欧爱民、李丹：《党内法规法定概念之评述与重构》，《湘潭大学学报（哲学社会科学版）》2018 年第 1 期。

内法规”来确保全党在思想和行动上高度统一，防止叛党、反党、破坏党内团结的情况发生。[①] 党内法规再次被提出是在1978年12月的中央工作会议上，邓小平将党内法规放在治国治党的高度进行强调，“国要有国法，党要有党规党法。党章是最根本的党规党法。没有党规党法，国法就很难保障。”[②]

党内法规体系建设正式被列入依法治国的国家方略是在党的十八届四中全会上，“形成完善的党内法规体系”作为全面推进依法治国的总目标之一被首次提出。此后，“加快形成覆盖党的领导和党的建设各方面的党内法规制度体系”，由习近平总书记在十九大报告里再次提出。党的二十大报告强调：“加强政治巡视，形成比较完善的党内法规体系，推动全党坚定理想信念、严密组织体系、严明纪律规矩。”中国特色社会主义法治体系的主要内容涉及法律和党内法规两个方面。法律是国家维护社会秩序稳定的重要工具，党内法规是调整党务关系、管理党员干部、调节党群关系的重要工具，两者从不同层面对推进国家治理现代化发挥重要作用，同时都是党领导全国人民推进全面依法治国、在党内推进全面从严治党、最终实现国家治理现代化的重要制度保障。[③] 其中，在国家法律层面是坚持依法治国，在党内法规层面是坚持依规治党，两者相辅相成、相互促进，有机统一的结合点是坚持党的领导，在党的集中统一领导下统筹推进依法治国与依规治党同向发力、相向而行。[④]

巡视制度是党内监督制度的重要内容。巡视制度建设属于党内法规体系建设的重要内容，其重要性体现在党中央将其作为一项党内监督的战略性制度。由于党内法规体系建设是社会主义法治体系建设的重要组成部分，因此，在党内法规体系建设中占重要地位的巡视制度，也必将是推进社会主义法治体系建设、全面推进依法治国的题中应有之义，是提升国家治理能力水平的必然要求。[⑤]

---

① 田良富：《国家治理现代化视域下的巡视制度研究》，湘潭大学博士学位论文，2019年，第31页。
② 中共中央文献编辑委员会：《邓小平文选》第2卷，人民出版社1994年版，第147页。
③ 田良富：《国家治理现代化视域下的巡视制度研究》，湘潭大学博士学位论文，2019年，第32页。
④ 张文显：《坚持依法治国和依规治党有机统一》，《政治与法律》2021年第5期，第9页。
⑤ 郭世杰：《党内法规与国家法律衔接和协调的保障机制》，《党内法规理论研究》2019年第2期，第187页。

2. 具有党内监督和国家权力监督的双重属性

在不同的历史时期，巡视制度都有不同的性质属性、不同的创设目的。我国古代，巡视制度作为维护和巩固封建君主专制统治的重要工具和手段，创设的主要目的是确保皇权和王朝的稳定，维护其政治统治秩序。

中国共产党自成立初期就开始探索巡视工作，并在实践中不断完善、发展巡视制度，形成了一套较为完整的巡视制度体系。① 最初颁布的巡视条例是在1928年和1931年，条例制定的初衷是强化党中央对地方党组织的政治领导，主要任务是加强党对革命运动的指导，巡视主要采取的方式是中央派驻中央特派员，代表中央组织各地党组织召开和参加各种临时会议。从1990年党的十三届六中全会到2009年《中国共产党巡视工作条例（试行）》正式颁布，党的巡视制度不断规范化、常态化，主要包括设立专门的巡视机构、丰富巡视监督的工作内容、提高巡视对象的级别。党的十八大以来，党中央基于对严峻复杂的反腐败斗争形势的判断，从全面从严治党的战略高度出发，把加强党内规范制度建设、依规治党的理念注入巡视工作，先后两次修订《中国共产党巡视工作条例》，使之成为党内监督制度建设的重要成果。

党的十九大以来，随着纪检监察体制改革的深入推进，巡视监督与派驻监督、国家监察一同被确定为党和国家监督体系的重要组成部分，并明确了巡视监督与派驻监督和国家监察在深化纪检监察体制改革过程中要全覆盖的要求，此时，巡视监督不仅仅是管党治党、加强党内监督的利器，更体现出了国家权力监督的属性。最明显的体现是在2018年成立国家监察委员会、开启纪检监察体制改革、实现纪检和监察合署办公以后，党的领导权和执政权从某种程度上显示出国家公权力的属性。与此同时，作为党内监督重要制度的巡视制度不仅仅承担党内监督的重要职责，尤其是在承担反腐败工作任务的同时，一定程度上还履行了国家监察遏制公权力腐败的职责，体现了国家权力监督的属性。由此可见，新的时代赋予巡视制度新的使命和新的属性，使巡视监督制度同时具备了党内监督和国家权力监督的双重属性，其内涵也从党内的监督制度丰富

① 钟稳：《中国共产党巡视制度研究》，东北师范大学硕士学位论文，2018年，第53页。

和扩展为国家的巡视制度，这必然也会对国家权力体系产生重大影响。[①]

3. 体现权力制衡与民主监督的法治理念

早在古希腊、古罗马时期，西方就产生了以亚里士多德、西塞罗等人为代表的权力制约和监督的理论。亚里士多德认为任何人都不能任性行事，需要通过法律和制度控制个人言行。[②] 西塞罗的理论真正触及了权力制衡的核心，相比其他政体，他认为共和制更加具有控制权力的功能和价值，在权力配置方面更好地体现了权力制衡的作用，实现以权力控制权力，在各种权力的制衡过程中实现限制权力的目的。此后以卢梭、洛克、孟德斯鸠等为代表的思想家和政治家，为西方权力监督制度的建立奠定了坚实有力的思想理论基础。[③] 洛克最早提出"三权分立"的思想，此后，洛克的分权制衡思想得到了孟德斯鸠的继承和发扬，孟德斯鸠在《论法的精神》一书中阐述了权力本身的强烈腐蚀性，权力容易被有权力人滥用的普遍规律性，以权制权控制权力滥用的必要性。[④]

西方权力制约和监督理论是人类政治法律思想宝库的重要组成部分。巡视监督的本质也是对权力运行的监督和制约，体现了权力制衡、民主监督的法治理念。监督权是一项重要的权力。在监督权的配置和运行中，必须遵循法治精神，把法治贯穿于巡视工作的全过程。其价值取向要符合法律原则、法律精神和法律逻辑。[⑤]《中国共产党巡视工作条例》第4条规定的巡视工作必须坚持的原则之一即"坚持人民立场、贯彻群众路线"，要求巡视制度应当发挥密切联系群众、民主监督的职能和功效。[⑥] 通过开展巡视工作，把党的监督制度与国家的人民民主制度有机结合，把组织监督与民主监督、自上而下与自下而上有

---

① 李广德、王晨光：《党内权力监督法治化的法理论证》，《马克思主义与现实》2018年第1期，第168页。

② 亚里士多德：《政治学》，吴寿彭译，商务印书馆1983年版，第169页。

③ 钟稳：《中国共产党巡视制度研究》，东北师范大学硕士学位论文，2018年，第22页。

④ 孟德斯鸠：《论法的精神》，张雁深译，商务印书馆1982年版，第78页。

⑤ 苏永胜：《法治视角下巡视工作制度机制的完善》，《湖北师范大学学报（哲学社会科学版）》2019年第3期，第53页。

⑥《中国共产党巡视工作条例》第4条："巡视工作遵循下列原则：（一）坚持党中央集中统一领导、分级负责；（二）坚持围绕中心、服务大局；（三）坚持人民立场、贯彻群众路线；（四）坚持问题导向、发扬斗争精神；（五）坚持实事求是、依规依纪依法。"

机结合起来，不断推动监督形式和内容的丰富和创新，不仅使党员干部主动接受监督，而且让人民群众充分了解监督权、积极主动参与监督，进一步增强了监督的质效，体现了党的领导与人民当家作主的有机统一，体现了中国特色民主监督的法治理念。①

三、巡视监督制度的法律功能

党的十八大以来的巡视实践证明，巡视制度作为一项重要的党内监督制度，有着较强的科学性、规范性和有效性，且是非常符合我国国情和党情的。作为党内法规的一种，其发挥的威慑约束、遏制矫正、促进治本、自我净化的四大作用，② 在一定程度上从不同角度体现了法的引导、评价、教育、预测和强制五个方面的具体功能。

1. 震慑约束作用体现了法的强制和指引功能

震慑约束是巡视制度最直接和最重要的一项作用，体现了法的强制、指引功能。一直以来，腐败与反腐败的斗争就从未停止，在整个过程中呈现出此消彼长的特点。当巡视工作受到高度重视，巡视程序越规范越严格、巡视发现问题越精准、巡视成果的运用越有效，巡视发挥的利剑的作用就越显著，其产生的震慑和约束作用就越强有力。巡视在发现贪腐线索尤其是对“大老虎”案件线索的搜集和掌握方面发挥了巨大作用。在巡视成果的运用过程中，按照对巡视发现问题的处置程序，巡视组在发现问题线索后，及时将问题线索分类处置，其中涉及官员贪污腐败、严重违纪违法的问题线索，立即交由纪委案件监督管理部门，再经纪委审查调查部门重点查办，对查实的官员给予严肃查处和严厉惩治。以上的事例都体现了巡视监督制度发挥了震慑和约束作用，尤其发挥了对问题官员的惩处和制裁作用，对所有党员领导干部形成不敢腐的心理震

---

① 雷浩伟、廖秀健：《新时代党内巡视制度法治化的路径创新研究》，《齐齐哈尔大学学报（哲学社会科学版）》2021 年第 11 期，第 7 页。

② 钟稳：《中国共产党巡视制度研究》，东北师范大学硕士学位论文，2018 年，第 19 页。

慑，发挥了法的指引功能和强制功能。①

2. 遏制纠偏作用体现了法的评价和教育功能

纠偏作用主要体现在全国“一盘棋”的工作格局方面。一方面，根据巡视巡察全覆盖的要求，中央、省市区巡视与地方巡察工作要实现上下联动，同向发力、同频共振，形成全国上下巡视巡察“一盘棋”的工作格局，充分确保党中央集中统一领导，中央对于巡视工作的部署和要求在各级得到贯彻，内容、形式和目标都保持上下一致，不产生偏差。另一方面，巡视整改的推动和巡视成果的运用有效地实现了反腐败工作的“减存量、遏增量”的总体目标。② 其中，“减存量”侧重于对贪腐官员的查处和惩治，在全体党员干部和所有公职人员中形成不敢腐的震慑，体现了上一部分中法的强制作用；而“遏增量”则侧重于通过宣传教育、建章立制，从源头上预防纠偏、抓早抓小，形成不能腐的机制和不想腐的自觉。具体来看，在巡视成果运用过程中，巡视组对于巡视发现的被巡对象在廉政建设机制、机关管理制度等方面的问题时，及时提出健全完善机制和相关管理制度的建议，堵住漏洞、扎紧扎密制度的“笼子”，有效地防控廉政风险的发生；对于巡视发现的大多数倾向性、苗头性、潜在性、一般性问题，坚持“惩前毖后、治病救人”的方针，通过“四种形态”的第一、二种形态中的提醒谈话、批评教育、诫勉谈话等组织处理及轻处分的方式抓早抓小、及时纠偏和遏制，以防小问题变大问题，一般违纪违法恶化成严重违纪违法，有效实现“遏增量”。以上这些具体的做法都切实体现了巡视监督制度有效发挥了法的评价和教育功能。③

3. 推动治本和自我净化体现了法的教育和预测功能

从巡视制度的设计目的和取得的实效来看，现阶段在全面从严治党和反腐败斗争工作中，巡视监督制度切实发挥着发现问题、倒逼改革、促进治本的重要作用。自我净化，是党内监督的初衷和目标，侧重于通过党内监督主体自身

---

① 张薇薇：《党内法治的法理证成》，《法制与社会发展》2019年第4期，第17页。

② 王宏哲：《党和国家监督：体系、要素与融合》，《治理现代化研究》2021年第5期，第33页。

③ 马雪松、王慧：《党和国家监督体系中的有效监督机制构建》，《理论探索》2020年第3期，第63页。

的力量发现党内存在的问题并依靠党内自身力量推动问题解决。党的十八大以后，习近平总书记在多个场合多次提出“自我净化”的要求，不断深化了治党管党的规律认识，对进一步健全和完善党内监督制度提供了理论支持。作为党内监督重要制度之一的巡视制度，在推动治本、不断进行自我净化方面发挥着不可替代的作用，尤其在巩固反腐败斗争成果、净化政治生态、维护和加强党的领导方面功效显著。巡视推动治本和自我净化的重要作用，主要体现在巡视成果运用上，整改效果和巡视成果运用效果越好，巡视推动治本和自我净化的作用越明显，这就需要在推动巡视监督的各项体制机制的健全完善方面和加强党性教育、廉政法治教育、思想道德教育方面下功夫，最终从不敢腐、不能腐实现不想腐的思想自觉，从而最大程度地发挥法的教育、预测功能。

四、巡视监督在党和国家监督体系中的独特优势

党的十九届四中全会通过的《中共中央关于坚持和完善中国特色社会主义制度 推进国家治理体系和治理能力现代化若干重大问题的决定》对完善党和国家监督体系，强化对权力运行的监督，推进党内“四个监督”的统筹衔接，健全国家监督和社会监督，推动各类监督有机贯通、相互协调作出统一部署。①在党和国家监督体系中的众多监督方式中，巡视监督是党内监督极为重要的一环，它与党外监督以及纪律监督、监察监督和派驻监督三种党内监督方式相比较，有着自身的独特优势和显著特点，发挥着其他监督方式不可替代的作用。

1. 充分的独立性

巡视监督最明显的优势，就是具有相对充分的独立性。其中，“异体监督”是巡视监督制度独立性的突出体现。根据《中国共产党巡视工作条例》的规定，巡视对象由开展巡视工作的党组织按照相关规定确定，巡视组向巡视工作

① 《中共中央关于坚持和完善中国特色社会主义制度 推进国家治理体系和治理能力现代化若干重大问题的决定》指出：“坚持和完善党和国家监督体系，强化对权力运行的制约和监督……推进纪律监督、监察监督、派驻监督、巡视监督统筹衔接，健全人大监督、民主监督、行政监督、司法监督、群众监督、舆论监督制度，发挥审计监督、统计监督职能作用。以党内监督为主导，推动各类监督有机贯通、相互协调。”

领导小组负责并报告工作，而巡视工作领导小组向同级党组织负责并报告工作。其组织关系不隶属于所巡视监督对象党委（党组），其开展工作不受被巡视地方和单位党组织领导。这样的规定设置，体现了“异体监督”的设计思路，较为有效地保证了巡视监督工作的独立性，有利于克服隶属性带来的权力因素、人情因素的干扰等。[①] 除此之外，根据“一次一授权”，参与每轮巡视的巡视组组长都不是固定的，而是根据工作需要确定人选，一般都是由离开一线工作的公道正派的高级别领导干部来担任，他们经验丰富，履行职责时没有太多的顾虑和牵挂，具有相对独立性，能进一步确保巡视工作的客观公正；同时，参加巡视工作的人员也不是固定的，而是根据工作任务的要求从巡视人才库中选取的，这些人员事先并不知道巡视的对象和巡视的任务，临时抽选的人员与被巡视对象存在利益关联、人情关系的概率非常小，这样可以较好地避免受到相关因素的影响，相对确保了独立性。

2. 极大的权威性

党内监督可分为自上而下的组织监督、自下而上的民主监督和同级的平行监督三种。其中，自上而下的组织监督是最权威的，党内巡视属于这种自上而下最权威的形式。党内巡视的权威性主要体现在领导主体上。从权力制衡的角度看，监督有没有权力，关键在于监督者是谁或由谁组织，监督者与监督对象之间的权力关系如何，显然巡视监督的监督权是来自党中央，其权威性极大。从政权性质看，中国共产党是执政党，是最高的政治领导力量，显而易见，在党的领导下的党内监督，成为各类监督中最具权威性和优势的监督。[②]

因此，与党外监督相比，在党和国家的监督体系中，由于我国政权性质和执政党的因素，决定了党内监督是占主导地位的，也是最权威的。与党内纪律监督、派驻监督和监察监督相比，巡视监督监督主体的权力来源于党中央和省（区、市）党委的直接授权，更具权威性。[③]

---

① 张庆元：《全面从严治党背景下完善党内巡视制度路径研究》，《法治论坛》2018 年第 3 期，第 110 页。

② 于学强：《论党内巡视的制度优势及其治理效能的转化》，《探索》2020 年第 3 期，第 93 页。

③ 刘诗林、蔡志强：《论巡视在党和国家监督体系中的统合功能》，《中共中央党校（国家行政学院）学报》2022 年第 2 期，第 57 页。

3. 广泛的公开性

巡视监督的一个基本原则就是发扬民主，依靠群众，让人民监督权力，让权力在阳光下运行，把权力关进制度的“笼子”里。巡视工作坚持的主要原则之一就是“坚持人民立场、贯彻群众路线”，这意味着巡视工作必然要走群众路线、密切联系群众，充分调动群众积极性和发扬群众的力量，不仅上接“天线”还要下接“地气”，而且这种接“地气”要体现更加广泛的公开性。在巡视工作的准备阶段，巡视工作人员要通过各种渠道搜集有关信息，通常是向纪检监察部门、公检法等政法机关、信访部门了解和收集群众的举报信息，做好巡视工作开展前的准备功课；根据《中国共产党巡视工作条例》第 31 条，在巡视组进驻以后，应当以适当的方式公开，① 实践中通常采取“开门工作”的方式，把巡视组的成员名单、联系方式、电子邮箱地址、办公场所等信息通过网络、报纸以官方消息向公众公开，为群众向巡视组举报和反映相关信息提供最大的便利，广泛受理关于被巡视对象的所有群众来访、举报材料。在调查和了解情况的阶段，巡视组还通过“下访”主动向有关知情的群众了解情况，通过民主测评、问卷调查的方式向一定范围内的群众了解情况，广泛听取群众的意见建议，多方搜集和掌握有关信息，广泛依靠群众发现问题线索。巡视工作结束后，被巡视对象的一般性、倾向性问题及其整改情况也及时向社会公开，接受社会监督。同时，由于每一轮的巡视时限较长且相对集中，一般巡视为 2 个月左右，专项巡视为 1 个月左右，这就在时间上为群众向巡视组反映情况提供了充足的保障。巡视监督较好地解决了监督渠道不畅通、信息不对称、举报办结效果差、害怕因举报遭打击报复等“群众监督难”的问题，真正发挥了“千里眼”的作用。②

4. 强大的实效性

在党内监督中，自上而下的组织监督体系是最具推动力、最有效的监督类

① 《中国共产党巡视工作条例》第 31 条：“巡视进驻、反馈、整改等情况，应当以适当方式公开，接受党员、干部和人民群众监督。”

② 侯继虎：《新时代党内法规体系化的法理逻辑与发展路径》，《政治与法律》2019 年第 4 期，第 78 页。

型，集中体现在对巡视成果的有效运用方面。一项制度的实效性体现在它究竟解决了多少实际问题、发挥了多大功效，巡视较其他监督方式的优势之一就是监督的相对刚性确保了巡视成果的相对有效运用。《中国共产党巡视工作条例》第33条第二款与第34条规定了巡视集中整改的时限，明确了整改责任人；① 第30条规定了对巡视发现的普遍性、倾向性问题和体制机制等方面的重大问题可采取制发巡视建议书等方式进行监督；② 第37条规定了有关部门在被通报和收到移交的工作建议后，应当完成办理的时限；③ 第七章"责任追究"的第46条又规定了不按要求整改的纪律和法律责任。④ 这些相对刚性的规定在一定程度上确保了巡视成果的运用，体现了巡视制度相对强大的实效性。如，巡视发现的问题线索，如果是纪委监委职权范围内的违纪违法问题，交由其处理后，纪委监委必须在6个月内向巡视工作领导小组办公室反馈情况；如果是组织人事方面的问题，交由组织部门处理后，组织部门应当将巡视反馈的问题作

① 《中国共产党巡视工作条例》第33条第二款："党组织主要负责人承担巡视整改第一责任人责任，领导班子其他成员承担'一岗双责'。"《中国共产党巡视工作条例》第34条："被巡视党组织应当自收到巡视反馈意见之日起，组织开展为期6个月的集中整改：（一）研究制定巡视整改方案，建立问题清单、任务清单、责任清单，明确责任人、整改措施和时限；（二）召开领导班子巡视整改专题民主生活会；（三）全面抓好巡视反馈问题的整改落实；（四）认真处置巡视移交的问题线索以及群众反映的信访事项；（五）对巡视反馈的问题举一反三，健全制度、补齐短板、堵塞漏洞；（六）向开展巡视工作的党组织的同级纪检监察机关、组织部门、巡视工作领导小组办公室报送集中整改进展情况报告。集中整改结束后，被巡视党组织应当建立常态化、长效化整改工作机制，对尚未解决的问题持续抓好整改落实，根据工作实际适时报告后续整改情况。"

② 《中国共产党巡视工作条例》第30条："对巡视发现的问题和反映党员、干部涉嫌违纪违法的问题线索，巡视工作领导小组办公室和巡视组依据干部管理权限和职责分工，按程序分别移交纪检监察机关、组织部门或者有关单位。对巡视发现的普遍性、倾向性问题和体制机制等方面的重大问题，可以采取制发巡视建议书或者其他适当方式，向有关职能部门提出加强监管、健全制度、深化改革等意见建议。"

③ 《中国共产党巡视工作条例》第37条："有关职能部门应当结合职责运用巡视成果，针对巡视通报的问题和移交的工作建议，加强调查研究，提出改进措施，推动改革、完善制度、深化治理，并自通报和移交之日起6个月内，向巡视工作领导小组办公室反馈办理进展情况。"

④ 《中国共产党巡视工作条例》第46条："被巡视党组织及其工作人员有下列情形之一的，视情节轻重，依据有关规定对该党组织领导班子主要负责人或者其他有关责任人员，给予批评教育、责令检查、诫勉、组织处理或者党纪、政务处分；构成犯罪的，依法追究刑事责任：（一）隐瞒不报或者故意向巡视组提供虚假情况；（二）拒绝或者不按照要求向巡视组提供有关文件资料；（三）指使、强令有关单位或者人员干扰、阻挠巡视工作，或者诬告、陷害他人；（四）组织领导巡视整改不力，落实巡视整改要求不到位，敷衍应付、虚假整改；（五）对反映问题的干部群众进行威胁、打击、报复、陷害；（六）其他不配合或者干扰巡视工作的情形。"

为干部考核评价和选拔任用的重要依据；如果是其他涉及被巡视单位体制机制漏洞以及管理中存在的问题等方面的情况，及时向被巡视对象反馈，并提出限时整改、建章立制的处理意见，充分利用巡视所形成的震慑效应，对全面推进被巡视地区和单位党风廉政建设提出整改意见，起到了标本兼治的作用。党的十八大以来巡视工作取得了重大成效，尤其是在促进党风廉政建设和反腐败斗争方面，“打虎拍蝇”取得的成效十分显著。据有关方面统计，被查处的中管干部中，有超过一半的人员的问题线索来自巡视移交，共查处了 200 多名省部级及以上官员，起到了强大的威慑作用，反腐败斗争成效卓著，赢得了群众的支持和认同。

五、结语

党的十八届四中全会把推进社会主义法治体系建设作为全面推进依法治国的总目标，其中，形成完善的党内法规体系被列为社会主义法治体系建设的重要内容。党的二十大强调完善党的自我革命制度规范体系。坚持制度治党、依规治党，以党章为根本，以民主集中制为核心，完善党内法规制度体系，增强党内法规权威性和执行力。巡视监督制度作为党内法规体系不可或缺的重要部分，不仅是纵深推进全面从严治党、管党兴党的“党之利器”，更是全面依法治国进程中的“国之利器”，在健全和完善党和国家监督体系、推动中国社会主义法治体系的建设、促进国家治理体系和治理能力现代化方面，都发挥了举足轻重的作用。对新时代中国特色巡视监督制度进行法理分析在理论上不仅是实现党内监督法治化和全面推进依法治国的需要，更是在实践中推动巡视工作创新发展，实现巡视工作的规范化、制度化、法治化，运用法治思维、系统思维，探索构建更加科学合理的巡视监督制度的现实需要。

完善全面从严治党体系中的党内法规体系研究

陈旻媛 刘怡达

摘 要 鉴于管党治党任务繁重、涉及面广、参与者多，全面从严治党应体系化推进。党内法规的内部性、权威性和稳定性，与全面从严治党的党内性、强力性和长期性高度契合，这使得党内法规成为全面从严治党的重要依据。在全面从严治党实践中，党内法规体系建设取得重大成效，集中表现为全面从严治党载入党内根本法，全面从严治党职责主体法定化，加强党对全面从严治党的领导，党的建设新的伟大工程法治化，以及全面从严治党的法治保障。全面从严治党永远在路上，制度治党和依规治党也须永远在路上，应持续完善党内法规制度体系和增强党内法规的执行力，不断健全全面从严治党体系中的党内法规体系。

关键词 党的自我革命；全面从严治党体系；党内法规体系；依规治党

习近平总书记在党的二十大报告中指出，“我们要落实新时代党的建设总

基金项目：国家社会科学基金青年项目“中国特色社会主义法律体系中的监察法规研究”（21CFX061）。
作者简介：陈旻媛，湖南金州律师事务所律师，主要研究领域为法律实施问题；刘怡达，法学博士，湖南大学法学院副教授，主要研究领域为监察法和党内法规。

要求，健全全面从严治党体系”[①]。在二十届中央纪委二次全会上，习近平总书记再次强调，“构建全面从严治党体系是一项具有全局性、开创性的工作”，并认为“全面从严治党体系应是一个内涵丰富、功能完备、科学规范、运行高效的动态系统”。[②] 依规治党是全面从严治党的重要方法论，党内法规体系由此成为全面从严治党体系的重要组成部分。

一、全面从严治党的体系化推进

作为一个全新的概念，全面从严治党体系“是强化管党治党全面系统布局、协同高效推进的重大举措”[③]。党的二十大作出的“健全全面从严治党体系”战略部署要求我们在新时代新征程上实现全面从严治党的体系化推进。

（一）体系化：新时代治国理政的关键词

党的十八大以来，以习近平同志为核心的党中央高度重视改革发展的全局性、整体性和协同性。如此一来，对于改革发展中的重大问题，自然应坚持一种体系化的思维，这是因为“体系”乃“若干有关事物或某些意识互相联系而构成的一个整体”。[④] 正是缘于此，诸如“国家治理体系”“哲学社会科学体系”和“公共卫生体系”等重大概念相继被提出。可以说，“体系化”已成为新时代治国理政的关键词之一。

需注意的是，作为整体的“体系”由各个有机联系的部分构成，而这些部分也有可能以“体系”的形式存在。或者说，“体系”有“大体系”和“小体系”之分，一个“大体系”由若干“小体系”组成，较为典型的是中国特色社会主义法治体系。党的十八届四中全会把“建设中国特色社会主义法治体

① 习近平：《高举中国特色社会主义伟大旗帜 为全面建设社会主义现代化国家而团结奋斗——在中国共产党第二十次全国代表大会上的报告》，人民出版社 2022 年版，第 64 页。

② 习近平：《健全全面从严治党体系 推动新时代党的建设新的伟大工程向纵深发展》，《求是》2023 年第 12 期。

③ 唐方裕：《健全全面从严治党体系》，载《党的二十大报告辅导读本》编写组编著《党的二十大报告辅导读本》，人民出版社 2022 年版，第 552 页。

④ 中国社会科学院语言研究所词典编辑室编《现代汉语词典》，商务印书馆 2016 年版，第 1288 页。

系”确立为全面依法治国总目标，而这要求“形成完备的法律规范体系、高效的法治实施体系、严密的法治监督体系、有力的法治保障体系，形成完善的党内法规体系”①。由此可见，“中国特色社会主义法治体系”是一个“大体系”，在此之下包括多个“小体系”。之所以出现此种“大体系”与“小体系”环环相扣的局面，缘于全面依法治国是一项系统工程，涉及方方面面的事务，需要各个“小体系”的共同参与。

（二）全面从严治党及其体系化推进

全面从严治党同样是一项事关全局的系统工程，“全面”一词已充分说明了这一点，此即习近平总书记指出的“‘全面’就是管全党、治全党”②。为此，须以体系化的思维去推进这项重要工作。

第一，全面从严治党任务繁重。党的十九大报告指出：“中华民族伟大复兴，绝不是轻轻松松、敲锣打鼓就能实现的。”③ 这是因为在中华民族伟大复兴征程中，仍有众多繁重的任务有待完成。事实上，在推进全面从严治党的过程中，同样存在任务繁重的问题。即便自党的十八大以来，全面从严治党取得重大成就，但依然有不少难啃的“硬骨头”。这便是习近平总书记强调的，“党的十八大以来，我们推进全面从严治党取得了显著成效，但还远未到大功告成的时候。”④

第二，全面从严治党涉及面广。全面从严治党并非某一方面的工作，而是有着极为宽广的涉及面，这客观上要求建立健全全面从严治党体系。例如，全面从严治党既需要思想建党和理论强党，亦离不开制度治党和依规治党。对此，习近平总书记指出：“推进全面从严治党，既要解决思想问题，也要解决制度问题。”⑤ 鉴于思想问题和制度问题均是全面从严治党必须解决的，那便要

① 《中国共产党第十八届中央委员会第四次全体会议公报》，人民出版社2014年版，第5页。

② 习近平：《论坚持党对一切工作的领导》，中央文献出版社2019年版，第122页。

③ 习近平：《决胜全面建成小康社会 夺取新时代中国特色社会主义伟大胜利——在中国共产党第十九次全国代表大会上的报告》，人民网，2017年10月18日。

④ 《习近平谈治国理政》第3卷，外文出版社2020年版，第515页。

⑤ 习近平：《深刻把握党的十八大以来全面从严治党的重要经验》，载中共中央党史和文献研究院编《十九大以来重要文献选编》上册，中央文献出版社2019年版，第188页。

同时健全思想道德体系和法规制度体系，二者并存于全面从严治党体系中。

第三，全面从严治党参与者多。作为一项系统工程，全面从严治党需多方主体共同参与。除了各级党组织，以监察机关为代表的国家机关同样是全面从严治党的重要参与者。深化国家监察体制改革，一个很重要的考虑便是“为新时代完善和发展中国特色社会主义制度、推进全面从严治党提供重要制度保障”①。此时，以纪委为代表的党的组织参与全面从严治党，自然需要完善的党内法规体系；而监察机关通过行使监察权参与全面从严治党，则需健全以《中华人民共和国监察法》为基础的国家监察法律体系。

二、全面从严治党与依规治党的关系

中共中央 2017 年 6 月印发的《关于加强党内法规制度建设的意见》要求，“治国必先治党，治党务必从严，从严必依法度”。这指明了中国共产党治国理政与全面从严治党的关系，以及全面从严治党与依规治党的关系。

（一）如何“治”：全面从严治党的“工具箱”

如何理解“全面从严治党”的内涵，习近平总书记指出：“全面从严治党，核心是加强党的领导，基础在全面，关键在严，要害在治。”② 作为“要害”的“治”，是全面从严治党的中心词，而全面从严治党的“全面”和“从严”都是对“治”的修饰，都统一于“治”党的实践中。③ 随之而来的问题是，全面从严治党应如何“治”，或者说全面从严治党的“工具箱”问题。习近平总书记对此指出：“要坚持思想建党和制度治党紧密结合，既从思想教育上严起来，又从制度上严起来。”④ 可见思想建党和制度治党是全面从严治党的两大“抓手”。

---

① 习近平：《在新的起点上深化国家监察体制改革》，《求是》2019 年第 5 期。

② 习近平：《在第十八届中央纪律检查委员会第六次全体会议上的讲话》，人民出版社 2016 年版，第 16 页。

③ 刘先春主编：《全面从严治党》，人民出版社 2017 年版，第 22 页。

④ 中共中央文献研究室编：《习近平关于协调推进“四个全面”战略布局论述摘编》，中央文献出版社 2015 年版，第 149 页。

一方面，全面从严治党须坚持思想建党。加强思想建设是中国共产党的优良传统。如果说全面从严治党是党永葆生机活力的必由之路，那思想建党则是为了使党在精神层面充满生机。另一方面，全面从严治党须坚持制度治党。单纯靠党的思想建设，无法解决管党治党涉及的各种问题，特别是思想有“柔”的属性，缺乏强制力和刚性。具有刚性的制度恰可弥补思想建设的不足。此外，作为全面从严治党的两大“工具”，思想与制度并非彼此割裂的，而是有着非常紧密的关联，特别是思想建党需借助于制度的力量。例如中共中央2019年5月印发《中国共产党党员教育管理工作条例》，这便是借由制度来落实党的思想建设。

（二）党内法规是制度治党的重要依据

党的十八大以来，我们把制度建设摆在更加突出的位置，特别是十九届四中全会对“坚持和完善中国特色社会主义制度”进行专题研究和部署。

首先，在现代汉语中，“制度”一词指的是“在一定历史条件下形成的政治、经济、文化等方面的体系”，以及“要求大家共同遵守的办事规程或行动准则”。[①] 可以说，制度指向的是人们的行为规范，既可以是个体的行为准则，也可以是集体的行为规矩。在这个意义上来说，制度治党中的“制度”，便是规范党员和党组织的行为准则。例如，习近平总书记谈及《中国共产党章程》时，认为其“规定了党的重要制度和体制机制，是全党必须共同遵守的根本行为规范”[②]，这便是将“制度”视作“行为规范”的重要载体。

其次，制度既可以以成文的形式呈现，亦可以以不成文的形式呈现。制度治党所运用的“制度”由成文的制度和不成文的制度同构而成。习近平总书记指出：“纪律是成文的规矩，一些未明文列入纪律的规矩是不成文的纪律；纪律是刚性的规矩，一些未明文列入纪律的规矩是自我约束的纪律。”[③] 需要说明的是，那些不成文的制度并非不重要，只是受制度建设的周期和成本、制度的

① 夏征农、陈至立主编：《辞海》，上海辞书出版社2009年版，第2949页。

② 习近平：《认真学习党章 严格遵守党章》，《人民日报》2012年11月20日，第1版。

③ 习近平：《加强纪律建设，把守纪律讲规矩摆在更加重要的位置》，载中共中央文献研究室编《十八大以来重要文献选编》（中），中央文献出版社2016年版，第348页。

成熟度等因素的影响，尚未转化为成文制度。

最后，对于一个现代法治国家，法律法规是制度最为重要的表现形式。在很多语境中，“法律”与“制度”两个词语常被组合成“法律制度”这一词组。严格来说，“法律”与“制度”并非同一层次的概念，“制度”一词的外延要更加宽广，“法律”则是“制度”的表现形态之一。申言之，诸如“红头文件”、政治惯例乃至领导人指示，均可纳入制度的范围，但相较而言，法律法规的优势自不待言，比如法律更具权威性和稳定性。

（三）依规治党是全面从严治党的重要方式

当代中国有着一套双轨法治体系，即国家法律体系和党内法规体系的协同。对此，党的十八届四中全会有明确部署，即“中国特色社会主义法治体系”包括“完备的法律规范体系”和“完善的党内法规体系”。基于中国特色社会主义政党制度的特点和中国共产党管党治党的特色，作为制度治党依托的“法”主要是党内法规，相应地，依规治党成为了全面从严治党的重要方式。

第一，党内法规的内部性契合全面从严治党的党内性。政党治理需形成内外合力，国家机关制定的法律是一种外部力量，但其并非对政党行为作出事无巨细的规定，更多是划定边界。相较而言，政党治理主要借助于内部的力量，在制度治党的语境下便是“政党组织主要依靠内部规章制度加强自身建设”。①对中国共产党而言，党内法规构成其进行内部治理的重要工具。事实上，党内法规名称中的“党内”一词便充分表明了这一点。同时，考虑到中国共产党的先锋队属性，因而在管党治党的过程中，可在党内法规中对党员和党组织提出更高的要求，以此区别于国家法律对国民的一般性要求。此即习近平总书记指出的：“法律是对全体公民的要求，党内法规制度是对全体党员的要求，而且很多地方比法律的要求更严格。”②

第二，党内法规的权威性契合全面从严治党的强力性。强力性是新时代管党治党的重要特征，以雷霆万钧之势推进全面从严治党。在这个意义上来说，

① 宋功德：《党规之治：党内法规一般原理》，法律出版社 2021 年版，第 55 页。
② 习近平：《论坚持全面依法治国》，中央文献出版社 2020 年版，第 96 页。

全面从严治党是一道“必答题”而非“选做题”，相应地，作为全面从严治党重要方面的制度治党，也需有相当的权威性。党内法规虽非传统意义上的法律，但也不是一种单纯的“软法”，而是可以借由一定的强制力保障实施的“硬制度”。可以说，“权威性是党内法规的重要特征”①。正缘于此，强力推进全面从严治党，必然离不开具有权威性的党内法规加持。

第三，党内法规的稳定性契合全面从严治党的长期性。全面从严治党绝非一朝一夕的工作，而是一项具有长期性和艰巨性的重大工程。此时，党内法规的功用得以显现，即以法治为内核的党内法规具有稳定性的特征，即“党内法规一经制定发布，其规定不得随意和频繁变更”②。这恰好契合了全面从严治党的长期性要求，亦即通过党内法规构建起全面从严治党的体制机制，从而确保全面从严治党做到永远在路上。对此，习近平总书记强调：“加强党内法规制度建设是全面从严治党的长远之策、根本之策。”③

三、全面从严治党实践中党内法规体系的建设成效

在全面从严治党过程中，加强党内法规制度建设始终被当作一项重大任务。通常来说，党内法规体系以“1+4”为基本框架，即在《中国共产党章程》之下分为党的组织法规、党的领导法规、党的自身建设法规、党的监督保障法规四大板块。④ 相应地，全面从严治党实践中党内法规体系的建设成效也集中体现在以下五方面。

（一）《中国共产党章程》：全面从严治党载入党内根本法

在所有党内法规中，《中国共产党章程》是党内根本法，依规治党首先是依据《中国共产党章程》治党，制度治党首先是把管党治党的重要制度规定在《中国共产党章程》当中。对此，习近平总书记要求，“必须依据党章

---

① 宋功德、张文显主编：《党内法规学》，高等教育出版社 2020 年版，第 27 页。

② 姜明安：《论中国共产党党内法规的性质与作用》，《北京大学学报（哲学社会科学版）》2012 年第 3 期。

③ 习近平：《论坚持全面依法治国》，中央文献出版社 2020 年版，第 169 页。

④ 中共中央办公厅法规局：《中国共产党党内法规体系》，人民出版社 2021 年版，第 24 页。

从严治党”[①]。

自中国共产党成立以来，《中国共产党章程》经历了多次修改完善，管党治党和从严治党的思想在党内根本法中早有体现且一脉相承，比如《中国共产党第一个纲领》即明确要求，“地方委员会的财务、活动和政策，应受中央执行委员会的监督。”[②] 至于“从严治党”一词明确写入《中国共产党章程》，则是在1992年10月召开的党的十四大。此次党的全国代表大会对《中国共产党章程》作出部分修改，在“总纲”的“党的建设”部分明确规定“坚持从严治党”。随着从严治党事业的不断推进，特别是党的十八大以来，以习近平同志为核心的党中央把全面从严治党纳入“四个全面”战略布局，《中国共产党章程》中体现的“全面从严治党”元素不仅有了量的改变，更是有了质的提升。

就量的改变而言，自党的十四大把“从严治党”写入《中国共产党章程》以来，而后《中国共产党章程》虽经数次修改，但都只有一处提及了“从严治党”，待到党的十九大对《中国共产党章程》作出部分修改后，“全面从严治党”一词在《中国共产党章程》中共出现5次。这些新增的内容，集中表现为“把党的十八大以来党中央推进全面从严治党一系列重大创新成果和行之有效的成功经验写入党章”[③]，比如在“党的纪律检查机关”一章中规定纪委“协助党的委员会推进全面从严治党”。随着党的二十大再次对《中国共产党章程》作出部分修改，“全面从严治党”一词在《中国共产党章程》中更是多达6次。

就质的提升而言，党的十四大修改后的《中国共产党章程》规定的是“从严治党”，而在党的十九大及党的二十大修改后的《中国共产党章程》中，相关表述则是“全面从严治党”。看似只增加了“全面”一词，但实质意涵却有

---

① 习近平：《在首都各界纪念现行宪法公布施行30周年大会上的讲话》，人民出版社2012年版，第11页。
② 中央档案馆编：《中国共产党第一次全国代表大会档案资料》，人民出版社1984年版，第7页。
③ 《中国共产党第十九次全国代表大会秘书处负责人就党的十九大通过〈中国共产党章程（修正案）〉答新华社记者问》，载《中国共产党第十九次全国代表大会文件汇编》，人民出版社2017年版，第111页。

了根本性提升。例如，“全面”一词指向管党治党对象的全面，全面就是全覆盖，要求一个也不能少，在全面从严治党实践中不能有死角和盲区，更不能有禁区。再如，“全面”一词还可以指向管党治党主体的全面，即“从党中央到省市县党委，从中央部委、国家机关部门党组（党委）到基层党支部，都要肩负起主体责任”①。

（二）党的组织法规：全面从严治党职责主体法定化

作为一项实实在在的工作，全面从严治党有赖于特定的主体去推进，且必须明确不同主体的职责分工。此时，党内法规体系中的党的组织法规可以发挥相应的功用，因为党的组织法规，是调整党的各级各类组织产生、组成、职权职责等的党内法规。整体而言，全面从严治党中最为重要的职责主体有二，分别是承担主体责任的党委以及履行监督职责的纪委，党的组织法规对其职责作出了明确规定。

一方面，在党的组织法规中落实全面从严治党主体责任。既包括在党的组织法规中明确主体责任的内容，比如《中国共产党党组工作条例》第4条在对党组工作的原则作出规定时，在第二项要求“坚持全面从严治党，担当管党治党主体责任，贯彻新时代党的建设总要求，贯彻新时代党的组织路线，推动全面从严治党向纵深发展”。亦包括实现全面从严治党主体责任向基层延伸，比如《中国共产党支部工作条例（试行）》第1条要求，党支部要落实“全面从严治党要求”。

另一方面，在党的组织法规中落实全面从严治党监督责任。在全面从严治党过程中，各级纪委是监督责任的承担主体，《中国共产党章程》亦专设“党的纪律检查机关”一章。由此可见，纪委是全面从严治党实践中的重要组织，不过在很长一段时期内，除却《中国共产党章程》的专章规定，以及其他党内法规中的零散规定之外，并没有一部专门围绕纪委的党的组织法规。待到中央政治局会议2021年12月审议批准《中国共产党纪律检查委员会工作条例》，

---

① 习近平：《在第十八届中央纪律检查委员会第六次全体会议上的讲话》，人民出版社2016年版，第16页。

对纪委工作作出全面规范,[①] 通过党的组织法规落实全面从严治党监督责任的任务基本完成。

（三）党的领导法规：加强党对全面从严治党的领导

全面从严治党与加强党的领导是两个相互关联的概念，一则加强党的领导是全面从严治党的重要目标，“全面从严治党，核心是加强党的领导”[②]。二则在全面从严治党过程中，须始终坚持和加强党的领导，此即习近平总书记指出的，“全面从严治党，必须坚持和加强党的全面领导”[③]。应借由完善的党的领导法规，加强党对全面从严治党的领导。

一方面，在党的领导法规中贯彻落实全面从严治党要求。事实上，管党治党和全面从严治党是“领导”的应有之义。我们常说党管干部，但如果这个“管”只体现在选拔和任用，那肯定是不全面的。正如习近平总书记指出的，“要把从严管理干部贯彻落实到干部队伍建设全过程”[④]。这就包括对党员领导干部的监督。如此一来，虽然党的领导法规的核心功用在于实现党的领导的制度化、法治化，但亦应在其中体现和贯彻全面从严治党的要求。

另一方面，借由党的领导法规加强党对全面从严治党工作的领导。全面从严治党工作可分解为各项具体的事务，围绕这些事务制定党的领导法规，彰显了党对全面从严治党工作的领导。国家监察工作是全面从严治党的重要方面，自然应坚持和加强党的领导，此种“领导”很多情况下借由“请示报告制度”实现，比如《中华人民共和国监察法》第 42 条规定：“对调查过程中的重要事项，应当集体研究后按程序请示报告。”作为一部重要的党的领导法规，《中国共产党重大事项请示报告条例》也有相应的规定。

---

① 孙少龙、张研：《首部全面规范纪委工作的基础性党内法规》，《新华每日电讯》2022 年 1 月 6 日，第 3 版。

② 习近平：《论坚持党对一切工作的领导》，中央文献出版社 2019 年版，第 121 页。

③ 习近平：《论坚持党对一切工作的领导》，中央文献出版社 2019 年版，第 222 页。

④ 习近平：《在全国组织工作会议上的讲话》，载中共中央文献研究室编《十八大以来重要文献选编》（上），中央文献出版社 2014 年版，第 350 页。

（四）党的自身建设法规：党的建设新的伟大工程法治化

党的建设有着极为宽广的外延，全面从严治党便属于党的建设范畴，“全面从严治党是推进党的建设新的伟大工程的必然要求”。[①] 正缘于此，于党的自身建设法规而言，绝大多数都与全面从严治党息息相关。通常来说，党的自身建设法规是调整党的政治建设、思想建设、组织建设、作风建设、纪律建设等的党内法规，无论其中哪一板块，均与全面从严治党紧密相连。

第一，党的政治建设方面的法规如何助力全面从严治党。在全面从严治党的过程中，政治问题是首要的。依此逻辑，通过制定和完善党的政治建设方面的法规，自然于全面从严治党有重大裨益。例如，党的十八届六中全会通过了《关于新形势下党内政治生活的若干准则》，该准则开篇就规定：“党要管党必须从党内政治生活管起，从严治党必须从党内政治生活严起。”事实上，出台这部准则，一个很重要的因素便是考虑到规范党内政治生活，乃是“我们推进全面从严治党的重要抓手”[②]。

第二，党的思想建设方面的法规如何助力全面从严治党。习近平总书记指出，“对党员、干部来说，思想上的滑坡是最严重的病变”[③]。全面从严治党须加强党的思想建设，这就要求完善相应领域的党内法规。例如，2019 年 5 月印发《中国共产党党员教育管理工作条例》，背后的考量便是“推动各级党组织把全面从严治党的要求落实到党员教育管理工作全过程和各方面”[④]。在《中国共产党党员教育管理工作条例》第 4 条规定的党员教育管理工作遵循的原则中，首要原则即是“坚持党要管党、全面从严治党”。

第三，党的组织建设方面的法规如何助力全面从严治党。加强党的组织建

---

① 中共中央文献研究室编：《习近平关于协调推进“四个全面”战略布局论述摘编》，中央文献出版社 2015 年版，第 144 页。

② 习近平：《关于〈关于新形势下党内政治生活的若干准则〉和〈中国共产党党内监督条例〉的说明》，载中共中央党史和文献研究院编《十八大以来重要文献选编》（下），中央文献出版社 2018 年版，第 407 页。

③ 习近平：《在党的群众路线教育实践活动总结大会上的讲话》，载中共中央文献研究室编《十八大以来重要文献选编》（中），中央文献出版社 2016 年版，第 94 页。

④ 本报评论员：《奋力开创新时代党员教育管理工作新局面》，《人民日报》2019 年 5 月 22 日，第 1 版。

设是全面从严治党的重要方面，组织建设同样离不开制度的加持。习近平总书记提出了“抓好党的组织制度建设”的要求，并指出“把党的组织法规和党中央提出的要求具体化，建立健全包括组织设置、组织生活、组织运行、组织管理、组织监督等在内的完整组织制度体系”①。例如，《党政领导干部选拔任用工作条例》是一部重要的党的组织建设方面的法规，中共中央 2019 年 3 月对该条例进行修订，一个很重要的原因便是“适应全面从严治党向纵深发展的要求”②。

第四，党的作风建设方面的法规如何助力全面从严治党。改进作风是从严治党的重要内容。对于作风建设在从严治党中的突破性意义与系统性要求，习近平总书记强调，“抓作风是推进党的建设新的伟大工程的重要切入点和着力点”。③ 在作风建设方面，“以上率下”尤为关键，为此出台了《十八届中央政治局关于改进工作作风、密切联系群众的八项规定》等党的作风建设方面的法规。

第五，党的纪律建设方面的法规如何助力全面从严治党。习近平总书记指出，“加强纪律建设是全面从严治党的治本之策”，“全面从严治党，重在加强纪律建设”。④ 有鉴于此，一系列党的纪律建设方面的法规出台，比如《中国共产党廉洁自律准则》《国有企业领导人员廉洁从业若干规定》和《农村基层干部廉洁履行职责若干规定（试行）》等。

（五）党的监督保障法规：全面从严治党的法治保障

全面从严治党归根结底是一个监督权力的问题，因此，党内法规体系中的党的监督保障法规，在全面从严治党和制度治党中扮演着颇为关键的角色。

其一，党的监督保障法规把“全面从严治党”作为制定目的。通常来说，

---

① 习近平：《贯彻落实新时代党的组织路线 不断把党建设得更加坚强有力》，《求是》2020 年第 15 期。

② 盛若蔚、赵兵：《新思想指引干部队伍建设阔步前行——写在新修订的〈党政领导干部选拔任用工作条例〉颁布实施之际》，《人民日报》2019 年 3 月 18 日，第 1 版。

③ 习近平：《抓作风是推进党的建设新的伟大工程的重要切入点和着力点》，《党建》2014 年第 8 期。

④ 中共中央党史和文献研究院编：《习近平关于全面从严治党论述摘编（2021 年版）》，中央文献出版社 2021 年版，第 326 页。

党内法规第1条规定了立规目的，解说为什么制定党内法规。考虑到全面从严治党与党的监督保障法规的紧密联系，甚至可以说党的监督保障法规就是为全面从严治党而生的，因此相当一部分党的监督保障法规，均在开篇第1条把“全面从严治党”作为立规目的。例如，《中国共产党党内监督条例》第1条规定的“全面从严治党”。需要说明的是，即便某些党的监督保障法规未将“全面从严治党”载入立规目的，但“全面从严治党”依然构成制定相关党内法规的初衷。

其二，党的监督保障法规促进“全面从严治党”有效实现。此种促进包括正面的奖励，比如《中国共产党党内功勋荣誉表彰条例》对党内功勋荣誉表彰作出了规定，党中央据此授予纪检监察干部“全国优秀共产党员”称号，原因即在于其“恪尽职守、认真负责，从事纪检监察工作，敢于较真碰硬”①。再者，反面的惩戒亦可发挥促进的功能，例如，根据《中国共产党纪律处分条例》第74条的规定，“不履行全面从严治党主体责任、监督责任”，或者“履行全面从严治党主体责任、监督责任不力”，且“给党组织造成严重损害或者严重不良影响”的，相关的责任者将受到纪律处分。

其三，党的监督保障法规明确“全面从严治党”责任主体。考虑到在全面从严治党的具体实践中，“纪检监察机关是推进全面从严治党的重要力量”②，因此在党的监督保障法规当中，有相当一部分是规定纪检监察机关履行监督执纪问责职责的，以此将“全面从严治党”转化为具体的工作实际。这些党的监督保障法规主要有《中国共产党纪律检查机关监督执纪工作规则》《纪检监察机关处理检举控告工作规则》和《中国共产党纪律检查机关案件检查工作条例》等。

---

① 《中共中央关于授予周永开、张桂梅同志和追授于海俊、李夏、卢永根、张小娟、加思来提·麻合苏提同志“全国优秀共产党员”称号的决定》，《人民日报》2020年12月4日，第1版。

② 李希：《深入学习贯彻党的二十大精神 在新征程上坚定不移推进全面从严治党——在中国共产党第二十届中央纪律检查委员会第二次全体会议上的工作报告》，《中国纪检监察》2023年第5期。

四、健全全面从严治党体系的党内法规路径

在新时代新征程推进全面从严治党过程中，应当注重发挥党内法规的功用，以此促进全面从严治党体系不断健全和完善。

（一）完善党内法规制度体系

党内法规制度体系建设只有进行时、没有完成时，当然，建设党内法规制度体系不应是单纯的“遍地开花”，而应是有重点、分阶段地建设。易言之，党的建设和党的事业推进到哪里，党内法规制度体系建设就应当跟进到哪里。当前，全面从严治党是党的建设和党的事业的重要方面。如此一来，必须通过完善党内法规制度体系来健全全面从严治党体系。

一方面，完善党内法规制度体系应注重“立新规”。诚然，与全面从严治党相关的党内法规已初具规模，但远未到“尽善尽美”的程度。此时，尤为重要的是将行之有效的措施制度化、法规化，在党内法规中固化全面从严治党的成果。特别是十九届六中全会对党的百年奋斗重大成就和历史经验进行了系统性总结，其中“在全面从严治党上”是作为专门的一部分加以展开的。对于其中提及的成熟经验，便可以借由党内法规加以固化和确认。例如，《中共中央关于党的百年奋斗重大成就和历史经验的决议》把“开展批评和自我批评”列入“在全面从严治党上”的经验之一。开展批评和自我批评是我们党的优良传统，但仅在《中国共产党章程》等中有原则性规定，为此可制定专门的党内法规。

另一方面，完善党内法规制度体系应注重“修旧规”。在全面从严治党过程中，新经验、新做法、新样态和新问题可谓是不断出现，这要求在“立新规”之余还应注重“修旧规”。事实上，随着全面从严治党事业的不断推进，相关的党内法规一直在与时俱进，比如中央政治局会议 2016 年 6 月审议通过《中国共产党问责条例》，待到 2019 年 9 月又发布了修订后的《中国共产党问责条例》。与此同时，尚有一部分党内法规略显陈旧、亟待修改，比如 1991 年 7 月印发的《关于审理党员违纪案件工作程序的规定》，1987 年 7 月印发的

《党的纪律检查机关案件审理工作条例》，等等。

（二）增强党内法规的执行力

在很大程度上来说，党内法规的生命在于实施和执行。然而在实践中，尚存在象征性执行、选择性执行、机械性执行等现象。如果党内法规得不到有效执行，全面从严治党很容易停留在制度文本层面，无法转化为现实的实践活动。为提高党内法规的执行力，中共中央于2019年9月发布了《中国共产党党内法规执行责任制规定（试行）》。概言之，增强党内法规的执行力应从以下三方面协同发力。

一是党规意识的增强。习近平总书记曾援引卢梭的名言，即“一切法律中最重要的法律，既不是刻在大理石上，也不是刻在铜表上，而是铭刻在公民的内心里”，认为“法律要发挥作用，需要全社会信仰法律”。① 相应地，党内法规的执行同样需要不断增强党员的党规意识，提升所有党员对党内法规的内心信仰。学习可谓是形塑信仰的重要方式，党内法规信仰的培育同样可通过党内法规的学习来达成。例如，中共中央办公厅、国务院办公厅印发《关于建立领导干部应知应会党内法规和国家法律清单制度的意见》，并把《中国共产党章程》和一系列主要党内法规列为学习重点。

二是违规责任的追究。“制度的生命力在执行，有了制度没有严格执行就会形成‘破窗效应’。”② 为此，还应在出现违规事件或行为时，及时追究相应的违规责任，避免出现“破窗效应”。例如，《十八届中央政治局关于改进工作作风、密切联系群众的八项规定》是中共中央政治局制定的一部重要党内法规，属于党的自身建设法规之范畴，在实践上被简称为中央八项规定。党的十八大以来，中央纪委国家监委和地方各级纪委监委，定期对违反中央八项规定精神的案例进行公开通报，充分彰显了追究违规责任的决心。

三是执规情况的检查。特别是各级纪律检查委员会作为党内监督的专责机关，应当承担起执规情况检查的重任。对此《中国共产党党内法规执行责任制

---

① 习近平：《论坚持全面依法治国》，中央文献出版社2020年版，第50页。

② 中共中央文献研究室编：《习近平关于全面依法治国论述摘编》，中央文献出版社2015年版，第72页。

规定（试行）》第 10 条有明确规定，即“党的纪律检查机关应当带头严格执行党内法规，并对其他党组织和党员领导干部履行执规责任进行监督检查”。例如，《中国共产党发展党员工作细则》是一部由中共中央办公厅印发的中央党内法规，各级党组织在发展党员时应当严格执行该党内法规。此时，党组织执行党内法规的情况，须接受纪律检查机关的监督检查。假若相关党组织存在违规发展党员的问题，则属于执行《中国共产党发展党员工作细则》不力，纪律检查机关有权进行问责。

五、结语

党的自我革命是我们党找到的跳出治乱兴衰历史周期率“第二个答案”。在 2024 年 1 月召开的二十届中央纪委三次全会上，习近平总书记明确了党的自我革命的“九个以”实践要求，其中就包括“以健全全面从严治党体系为有效途径”。全面从严治党体系的健全是一项系统工程，不断完善党内法规体系应是其主攻方向之一，这是因为党内法规乃管党治党的重要依据。正是缘于此，中共中央印发的《中央党内法规制定工作规划纲要（2023—2027 年）》明确提出，“健全全面从严治党体系，充分发挥党内法规制度建设作为全面从严治党长远之策、根本之策的治本作用”。可以预见，随着党内法规制度建设不断推向深入，全面从严治党体系也将愈加完善。

党的纪律建设的历史演进及实践要求

——以党章纪律条款的变迁为视角

刘梦池　刘长秋

摘　要　党章是党的根本大法，是管党治党的总章程，党章修订的历程中体现着党的纪律建设的变迁发展。在党章纪律条款的修订过程中，中国共产党始终把政治纪律放在首位、不断增强对党员干部的约束和纪律检查机关的作用。新时期，党的纪律建设面临全新挑战，党纪建设的强化必须对党纪历史演进规律进行科学总结并从中获取经验与启示以明晰党的纪律建设的实践要求。应始终以政治纪律建设为统领，加强纪律教育及发挥纪检机关监督作用，在遵循党章的基础上不断推进党的纪律建设深入发展。

关键词　纪律建设；党章；中国共产党

引言

党的纪律，即中国共产党的纪律，简称党纪，是用以约束党员和各级党组织的具有一定强制性的要求，是以一定形式体现出来的、目的在于确保全党一

作者简介：刘梦池，上海政法学院马克思主义学院硕士研究生，主要研究领域为党的建设与纪检监察；刘长秋，法学博士，上海政法学院纪检监察学院教授，党内法规研究中心主任，主要研究领域为党内法规与纪检监察。

致行动的党的规则或制度，是党的统一意志的体现。①拥有严明的纪律是党的重要优势和法宝。为了永葆党的纯洁性与先进性，不断提高党在百年未有之大变局中永葆自身战斗力的能力，中国共产党必须不断推进全面从严治党事业，通过各种途径与方式加强对各级党组织和全体党员的纪律约束。习近平总书记指出："党面临的形势越复杂、肩负的任务越艰巨，就越要保持党的团结统一。党的团结统一靠什么来保证？要靠共同的理想信念，靠严密的组织体系，靠全党同志的高度自觉，还要靠严明的纪律与规矩。"②加强党的纪律建设是确保全党统一意志、统一行动，步调一致前进的必然要求和重要保障，也是确保党拒腐防变、深入推进反腐败斗争的必然选择。作为党的自身建设的重要组成部分，党的纪律建设在全面从严治党以及党的自我革命中起着至关重要的作用。《中国共产党章程》作为党的根本大法，是中国共产党为实现党的纲领、规定党内事务的根本法规，是党赖以建立和活动的法规体系的基础，具有最高党法的效力，其修订和完善与党的纪律建设密不可分。党的纪律最初是被明确规定在党章之中，并适应党的自身建设的需要而一步步发展和成熟起来的，党章发展的历史实际上就是一部党的纪律建设的历史。基于此，本文拟立足党章纪律条款变迁，对党章修订历程中党的纪律建设的历史演进进行分析，并在此基础上总结党章修订历程中党的纪律建设变迁的基本经验，以期能为强化新时期党的纪律建设提出一些有价值的参考建议。

一、党章修订历程中党的纪律建设的历史演进

（一）新民主主义革命时期党的纪律建设

自 1921 年中国共产党成立至 1949 年新中国成立的 28 年间，中国的时代主题始终是推翻帝国主义、封建主义、官僚资本主义三座大山的革命武装斗争。

① 刘长秋、潘牧天：《全面从严治党视野下的党内规矩建设与纪检监察》，法律出版社 2023 年版，第 77 页。

② 中共中央纪律检查委员会、中共中央文献研究室编：《习近平关于严明党的纪律和规矩论述摘编》，中央文献出版社 2016 年版，第 6 页。

列宁曾深刻指出，在尖锐的阶级战争的时代，共产党必须有最集中的组织方式，必须有铁的纪律——这纪律是近于军事纪律的——的维系，他的中央必须有一个权威的机关，具有广泛的权力，获得全党的信任，只有这样，共产党才能实现他的任务。[①] 这说明实行严格的纪律，是在战争环境下保证党的战斗力、完成党的任务的基本条件之一。在长期的斗争实践中，中国共产党逐步总结出了符合中国国情和新兴政党建设的纪律体系，搭建了党的纪律建设的基本框架和核心规范。

就纪律建设的地位而言，中国共产党自建党伊始就高度重视自身纪律建设，在1921年通过的《中国共产党第一个纲领》中规定了包括保密纪律、财经纪律等在内的多项纪律。1922年，中共二大通过了党的第一个正式章程，其中纪律作为一个完整章节出现在章程第四章中，此后一直到中共六大党章的五部党章都延续了这一章节设置。中共七大党章虽然没有专设“纪律”一章，但在首次出现的总纲中增加了大量纪律内容。这表明了党自诞生以来就极为重视自身纪律建设。中共五大指出“严格党的纪律是全体党员及全体党部最初的最重要的义务”。这是党章中首次就纪律建设的重要性进行阐述，表明中国共产党此时对纪律建设重要性的认识达到了新高度。中共六大党章延续了五大党章对纪律的强调，认为“严格的遵守党纪为所有党员及各级党部之最高责任”。中共七大党章将执行纪律写入总纲，将自觉履行纪律看作中国共产党的特征之一。就党的二大至七大有关党纪的论述来看，党的纪律建设始终是党的重要任务，其历史地位不言而喻。

就纪律建设的内容而言，这一时期，党内纪律建设的重点是强调阶级斗争，培养对党忠诚的共产主义战士。其典型表现是确立了以“四个服从”为核心的民主集中制制度。中共一大党纲中就写明了地方执行委员会的各项工作必须受中央执行委员会的监督，各执行委员会的诞生方式是民主选举。中共二大党章不仅对入党条件、党员处分规则等进行了具体规定，还确立了“全国大会

① 中共江西省委党史研究室等编：《中央革命根据地历史资料文库·党的系统》，中央文献出版社2011年版，第935页。

及中央执行委员会之议决，本党党员皆须绝对服从之”，“下级机关须完全执行上级机关之命令”，“少数绝对服从多数”等原则，这标志着以“四个服从”为核心的组织纪律开始形成。中共五大正式将民主集中制作为党部指导原则写入五大党章。中共六大在吸取大革命失败教训后将恢复民主集中制建设列为了党的建设重点，党章中明确规定“中国共产党与共产国际的其他支部一样，其组织原则为民主集中制”。中共七大党章在总纲中指出了中国共产党进行纪律建设的态度和方式，“中国共产党必须用不调和的但是适当的斗争对待内部的机会主义者、投降主义者、冒险主义者，并将其中坚持错误的人清除出党，以保持自己队伍的统一。”

（二）社会主义革命和建设时期党的纪律建设

随着中国共产党从革命党到执政党的方位转换，党的纪律建设也呈现出了新的历史特征。这一时期党的纪律建设主要是围绕增强党的执政能力和维护党群关系两个重点进行。这表明党将执行纪律与社会主义现代化建设相结合，将自身纪律建设看作是社会主义现代化建设事业的保障。

就执纪实践来说，正风肃纪成为了这一时期的实践重点。为克服社会主义建设时期一部分党员干部出现的官僚主义、享乐主义思想和“托关系”“拍马屁”“走后门”等不正之风，党中央制定了新纪律，细化对党员干部的纪律要求。这一时期党中央在延续以往对政治纪律、组织纪律等的推进外，还着重强调群众纪律、廉洁纪律。中共八大党章总纲中指出“党必须防止和抵制资产阶级的、小资产阶级的思想作风的侵蚀”，旗帜鲜明地要求广大党员警惕各种不良作风。在抵制恶劣风气的同时，党中央还多次大力宣传中华优秀传统文化，尤其是呼吁广大党员干部厉行节约、艰苦奋斗，培育廉洁文化。

这一时期，党的纪律建设出现了许多新特点。一是设立了专门的监察机关。中共八大党章将“党的监察机关”写入党章。党章不仅延续以往传统，将监察委员会的任务定为检查党内纪律，决定和取消对党员的处分，还更改了以往纪律检查机关的述职原则，提出监察委员会具有“自下而上”反映党员问题的职权。二是党的纪律建设突出了维护党群关系的内容。中共八大党章指出：

“没有纪律，党决不能领导国家和人民战胜强大的敌人而实现社会主义和共产主义。”这表明中国共产党将自身纪律建设和人民进行社会主义现代化建设联系在一起，因此党的纪律建设在这一时期与人民群众运动相联系，细化了群众工作纪律。

这一时期，党的纪律建设出现了严重挫折。1966年5月至1976年10月的“文化大革命”，是一场由领导人错误发动，被反革命集团利用，给党、国家和人民带来严重灾难的内乱。[①]“文化大革命”期间的九大党章与中共十大党章颠覆了以往党章“社会主义现代化建设”的核心转而强调“以阶级斗争为纲”“继续革命”等左倾错误思想。党的纪律建设受此影响自然也遭受了极大破坏。两部党章都取消了纪律和监察委员会的专章，使党的纪律和监察机关丧失了其正当性和合法地位，这直接导致党的执纪机关在“文化大革命”期间遭受破坏乃至撤销，执纪效果微乎其微，党的纪律建设近乎“无纪律”地推进。中共九大党章规定党员违反党的纪律要由“党的各级组织”进行处分，这使得党的执纪工作无法正确开展，甚至造成了大量冤假错案。

这一时期，党的纪律建设取得了许多新成就，但也受当时环境影响产生了挫折。这是党在长期纪律建设探索中给我们留下的宝贵经验教训。

（三）改革开放和社会主义现代化建设新时期党的纪律建设

党的十一届三中全会后，党开始进行对党的各项事业的拨乱反正。改革开放新时期下，党的纪律建设同社会主义现代化建设事业一道开始逐渐走上正轨，中国共产党积极探索，走出了一条中国特色社会主义的党纪建设道路。

党的纪律建设随着改革开放中遇到的新问题不断完善。改革开放初期，为尽快扭转“文化大革命”带来的不良影响，严肃党的纪律，中共十二大党章将“四项基本原则”写入总纲，从根本上确定了“四项基本原则”在党内的地位。此后我们党始终强调“四项基本原则”，将“四项基本原则”作为我们的立党立国之本，作为改革开放进程坚定的政治纪律底线。随着改革开放的深

① 《〈关于若干历史问题的决议〉和〈关于建国以来党的若干历史问题的决议〉》，中共党史出版社2010年版，第82页。

入，市场经济发展带来的利益关系复杂化给党员干部保持先进性与纯洁性带来了巨大挑战，党的纪律建设遭受严峻考验。中共十四大党章中增加了“加强党风建设和廉政建设”的要求，为党深入开展廉政建设奠定了制度基础。面对20世纪末国际形势的变化与21世纪的新挑战，中共十五大党章提出党要管党，从严治党，将党的纪律建设作为解决国内外风险挑战的钥匙。“全党纪律严明，朝气蓬勃，我们党就能够从胜利走向新的胜利。”① 在全面建设小康社会的新征程上，中共十六大党章将完善党内监督制度作为党的纪律建设的工作重点，并在“党员”和“党的干部”两章中对党员干部提出了许多新要求。

社会主义建设新时期，党的纪律建设工作重点在于监督体系建设和党纪体系建设。党的纪律建设取得了诸多成效，在坚持党的领导，纠正各种不良风气等问题上实现重大理论突破，为后续党的纪律建设发展提供了宝贵经验和重要借鉴。

（四）中国特色社会主义新时代党的纪律建设

新时代以来，以习近平同志为核心的党中央以巨大的政治勇气和高度责任担当的自我革命精神，毫不动摇地纵深推进全面从严治党，并把全面加强纪律建设作为推进新时代管党治党的关键举措和治本之策，开启新时代党的纪律建设全面加强的新阶段。

新时代，党的纪律建设实现了一系列理论创新。一是党的政治纪律不断深化。中共十九大党章在党的指导思想中增加了习近平新时代中国特色社会主义思想，并首次将纪律建设纳入总纲中党的整体建设，中共二十大党章将“坚持和加强党的全面领导”作为实现中华民族伟大复兴的必然要求。二是不断加深对党员的要求，中共十九大党章将选拔干部的标准从“政绩突出、群众信任”改为“党和人民需要”，拓宽了干部选拔的范围，让更多党和人民信任的党员干部能够发挥自身价值。党章还在总纲部分增加了全面从严治党，领导干部自觉接受监督的要求，对党员干部的纪律要求更加严格。中共二十大党章在总纲

---

① 中共中央文献研究室编：《十五大以来重要文献选编》（上），人民出版社2000年版，第50页。

中集中阐述了新时代国家事业对党员干部的新要求。要求以组织体系建设为重点，培养高素质干部和爱国奉献的优秀人才，要求党员干部“提高政治判断力、政治领悟力、政治执行力，增强贯彻落实党的理论和路线方针政策的自觉性和坚定性”。

这一时期，党的纪律建设不断厘清过往建设中的遗留问题。习近平总书记对党纪与国法的关系问题作出了解释，为新时代党纪国法同向发力指明了方向。习近平总书记认为：一方面，党纪要严于国法，党纪是全体党员及各级党组织必须遵守的行为准则，国法是全国人民必须遵守的行为规定。中国共产党的先锋队性质决定了全体党员与党组织需要遵守的纪律比普通公民所遵守的国家法律更加严苛。若是党纪的底线低于法律的底线，会导致党员干部的身份易位，损害党的威望和人民对党的拥护。党纪之于国法有更深刻的政治属性与更高的道德要求。另一方面，党纪与国法具有共性。二者都派生于崇尚规则的规则性思维。党纪可以保障国法的有效执行；国法为党纪补充处分程序，可以强化党纪的惩治效能。党纪可以与国法一道构筑中国特色社会主义法治防线。因此，党纪与国法辩证统一，纪法协同方可从严治党。党的十八届四中全会变“法制”为“法治”，这是在全面依法治国的时代背景下对依规治党提出的新要求。“全面从严治党必须要坚持纪法协作、纪法协同、双向互动，既发挥纪律的刚性作用，也坚持法律的底线思维，实现两条‘红线’的‘双保险’。”①

新时代，党的纪律建设稳中求进，解决了一些长期没有厘清的问题，实现了一系列理论创新。中国共产党用更严格的纪律要求自己，以党的自我革命引导社会革命，反腐败斗争和全面从严治党事业实现历史性胜利，党和国家的建设事业沿着更加风清气正的道路前进。

① 周强：《习近平党的纪律建设思想研究》，《社会主义研究》2018年第4期。

二、党章修订历程中党的纪律建设的基本经验

（一）政治纪律的规范性不断提高

1. 党章修订历程中政治纪律的核心地位始终不变

党的政治纪律，是党的纪律中最核心的内容，是维护党的政治原则、政治方向和政治路线，规范党组织和党员的政治言论、政治行动、政治立场的行为规则，是党最重要的纪律，是党的全部纪律的基础。“政治纪律”这一概念的正式提出尽管是在中共五大之后，但实际上自党成立伊始政治纪律就始终作为党最重要的纪律存在。中共五大指出“严格党的纪律是全体党员及全体党部最初的最重要的义务”，而党的各项纪律中最需要重视的就是政治纪律，中共五大详细规定了党的决议的执行流程，要求本党各机关和党员必须绝对服从“全国大会及中央执行委员会之议决”。这说明在具有极为重要作用的党的纪律中，党的政治纪律是最关键的核心。中共八大党章又时刻强调“党部的指导原则为民主集中制”，维护党内团结和统一，维护党阶级最高组织的地位。面对改革开放带来的新挑战，中国共产党始终通过严明政治纪律来确保党的政治性与纪律性。中共十二大党章将“四项基本原则”写入党章，从此“四项基本原则”成为了党的核心纪律，中共十七大党章把“四项基本原则”提高到立国之本的高度。党的十八大以来，党中央高度重视党的政治纪律建设，习近平总书记在多个重要讲话中不断明确政治纪律的核心地位，“政治纪律是最重要、最根本、最关键的纪律，遵守党的政治纪律是遵守党的全部纪律的重要基础。”① 中共十九大党章以政治建设统领六大建设，中共二十大党章要求广大党员不断提高政治领悟力与判断力，这表明党的政治纪律自建党以来始终处在我们党自身建设的核心。

2. 政治纪律随历史任务的变化呈现出不同侧重点

在新民主主义时期，党的政治纪律是为了构建一支有凝聚力、战斗力，可

① 中共中央文献研究室编：《十八大以来重要文献选编》（上），中央文献出版社2014年版，第131-132页。

以指挥人民军队、领导全国人民夺取国家政权、实现民族独立的先锋队。新中国成立以后，党的任务已经由领导人民进行阶级斗争转为逐步完成三大改造，变落后的农业国为先进的工业国，中国共产党作为执政党的建设方针也与过去不同。中共八大党章着重强调了党的各个组织的运行规范，要求在民主集中制的基础上推动党的基层组织。党的十一届三中全会后，党的政治纪律建设重新走上正轨，中共十二大党章将“四项基本原则”写进总纲，确定了整个改革开放时期最根本的政治纪律。这是党的政治纪律科学化规范化发展的重大标志，为后续国家在正确轨道上发展与党的凝聚力战斗力提高提供了坚实保障。中共十九大党章不仅将政治纪律建设作为中共六大纪律建设之首，还在总纲中增加了树立“四个意识”、做到“两个维护”等内容，对党员干部坚决维护政治纪律的核心地位作出新要求。中共二十大党章将“坚持和加强党的领导”作为实现第二个百年奋斗目标的必然要求，再次印证了党的政治纪律的关键地位。“回顾百年征程，正是党紧紧扭住政治纪律、狠抓‘少数关键’，推动了党的队伍不断发展壮大，迎来中华民族从‘站起来’，到‘富起来’和‘强起来’的伟大转变。”①

3. 政治纪律的具体要求在党章历次修订后逐渐规范

政治纪律最核心的内容就是坚持党的领导，中共二大党章在“党的纪律”一章阐述了少数服从多数、下级服从上级、党员服从全国大会和中央执行委员会等“四个服从”，初步规定了党的政治纪律的基本框架。对于政治纪律的运行问题，党章规定了六项开除党籍的情形，为政治纪律的实施制定了相匹配的惩罚措施。这为后续政治纪律的规范化提供了有益遵循。实际上就是以坚持党的领导、拥护党的纲领，维护党的权威为目的的党的政治纪律初步形成。中共五大提出了开除党员党籍的六种情况，通过对违背党的意志和权威，即违背党的政治纪律的情况作出处分，补充了强化政治纪律的具体要求。综上，党的政治纪律首次被正式提出时，党对政治纪律的贯彻执行就已经作出了详细部署。

① 吴大兵、张思璐：《从党章的历次修改看党加强纪律建设的历程与基本经验》，《观察与思考》2022年第8期。

中共七大党章明确党对政治纪律的强调极大地提升了党的凝聚力与战斗力。新时代“加强党的政治建设，目的是坚定政治信仰，强化政治领导，提高政治能力，净化政治生态，实现全党团结统一、行动一致”①。因此，当今政治纪律建设的重点就是让广大党员自觉增强“四个意识”、坚定“四个自信”、做到“两个维护”，在实现“第二个百年”奋斗目标的伟大事业中发挥先锋队与排头兵作用。

（二）对党员及党员干部的要求不断深化

1. 党员的入党要求不断提高

在中国共产党成立之初，为了尽快扩大党组织的影响力，中国共产党对党员入党的要求较为宽松。一大党纲将入党要求定为“承认本党党纲和政策”“愿成为忠实的党员”“经党员一人介绍”“与我们的纲领背道而驰的党派和集团断绝一切联系”。一言以蔽之，一大时只要接受党的领导并不再参加别的党派就可以入党，对于国籍、年龄等其他条件没有过多要求。但由于建党初期中国共产党的社会影响力较小，在共产国际的号召下，中共二大、三大与四大党章在“党员”一章中删除了与其他党派划清界限的规定，虽然在其后“纪律”一章中又对这一要求作出加入其他党派必须获得特许的要求，但这实际上为降低入党门槛和国共合作的统一战线奠定了基础。然而，入党门槛不断降低必然导致党的凝聚力建设后继乏力、党员理想信念不坚定等问题。大革命失败后，中国共产党开始思考自身在发展党员工作上存在的问题。中共五大党章不仅将“承认本党党纲和政策”这一要求深化为“承认本党党纲及章程，服从党的决议，参加在党的一定组织中工作”，更是作出了两个“首次”，一是首次将“缴纳党费”列入入党的硬性要求中，二是首次规定了党员入党的年龄须在18岁以上。中共六大党章之前的几部党章中都不乏共产国际的影响，作为中共独立自主制定的第一部党章，中共七大党章在党员入党要求中删除了以往有关共产国际的内容，并对不同社会成分的群众提出了差异化的入党要求。新中国成

① 《中共中央关于加强党的政治建设的意见》，人民出版社2019年版，第34页。

立后，入党条件变得更加严格，中共八大党章首次将党员国籍限制为中国公民，并要求党员不能为剥削阶级，这是对党员纯洁性的更高要求。党的十一届三中全会后，党的各项工作都开始走向正轨，中共十二大党章将知识分子阶层也纳入党员的预备军之列，并将以往的“可以成为党员”改为“可以申请加入中国共产党”，入党要求的表述更加科学化规范化。在党的十八大以来的全面从严治党实践新要求下，入党要求迎来了新变化，中共十九大党章要求在入党审查时将“政治标准”摆在首位。

2. 党员处分制度逐渐科学化

中国共产党在成立之初就重视对党员的纪律要求，对于党员违反纪律的行为予以坚决处分，对党员的处分程度和程序随着党章修订而逐渐科学化。中共二大党章中首次制定对党员的处罚，这是党章中党员处分条文的开端，但明确写在党章中的只有开除党籍一种处分方式，对于党员所犯错误的性质并没有进行细化区分。中共三大党章修正案丰富了党章中纪律处分的种类，将单一的开除党籍处分扩充为警告、党内公开警告、临时取消工作、留党察看、开除党籍五种处分方式。中共五大党章首次设立了党的监察委员会，对党员的监督与处分从此有专门机构负责。中共七大党章第64条首次将对于党员个人的警告处分细分为公开与非公开两种，但这种尝试在实际中有诸多不便，中共八大党章又删除了这一内容，并将党员处分方式固定为警告、严重警告、撤销党内职务、留党察看、开除党籍五种。“文化大革命”期间，党的各级纪律机关遭到了破坏，党员处分工作发生曲折。为使纪律处分工作迅速回到正轨，中共十二大党章详细规定了党员处分的程序，为不同层级党员规定了差异化的处分流程。为改变“文化大革命”时期留下的不良影响，党章第41条规定“所要作出的处分决定和所依据的事实材料必须同本人见面”，保障了党员的知情权和申诉权，这是党员处分制度科学化的新标志。中共十七大将“严格禁止用违反党章和国家法律的手段对待党员”写入党章，将党员处分严格约束在法制轨道内。新时代以来，党员处分制度沿着科学化的方向持续推进，中共十九大党章对党员的纪律要求继续提升，要求通过严格化党员处分程序，“运用监督执纪

‘四种形态’，让‘红红脸、出出汗’成为常态”等，使党员筑牢理想信念、自觉遵守党的纪律的目的。中共二十大新增了责令检查与诫勉两种方式，同批评教育方式一道作为正式采取党员纪律处分程序前的警告手段，党员处分流程从此迈入了科学化规范化的新台阶。

3. 对党员干部的约束不断加深

建党之初，党章中并没有对遵守党纪的党员群体作出区分。随着革命实践的不断推进，中国共产党逐渐发现了抓住“关键少数”在执纪实践中的重要性，从此对干部的约束成了党纪规范与执行的重中之重。中共七大党章第65条规定了对党的中央委员或候补中央委员的违纪处分，这是党章中首次专门指出对干部的纪律约束。中共十一大党章再次提及了对领导干部的处分程序，对于在不同机关内工作的领导干部制定了不同的纪律处分程序。中共十二大党章将党对领导干部的约束推向新高度，其首次设立“党的干部”专章，在普通党员义务的基础上增加了党的领导干部的其他义务，并首次明确规定了党的领导干部的退休制度，解决了以往规定模糊导致的部分领导“终身制”问题。中共十六大党章将对领导干部的监督问题写入总纲，指出要“加强对党的领导机关和党员领导干部的监督，不断完善党内监督制度”。党的十八大以来，党对“关键少数”的约束力度前所未有，中共十八大党章在总纲中增加对主要领导干部监督和完善党内监督制度的论述，为深入推进反腐败斗争奠定了纪律基础。中共十九大党章不仅进一步在总纲中强调反腐倡廉建设的重要性，还在“党的干部”一章中增加大批对干部的理想信念要求。中共二十大党章在“党的干部”一章中增加了“反对特权思想和特权现象”的论述，这表明中国共产党在社会发展的实践中时刻关注干部群体中没有根除的旧问题或刚刚萌芽的新问题，并对纪律给予及时完善，党章对广大领导干部的纪律约束作用不断加深。

（三）纪律检查机关的职能不断优化

1. 党的执纪机构在反复试验中固定下来

在中共五大修订的党章中正式增加了“监察委员会”一章。监察委员会的设立是深化党的纪律执行，巩固党内团结与党中央权威的必然要求，为党内执纪与监督机构的设立与发展作出了良好开端。尽管五大对监察委员会的设立作出了积极尝试，但迫于当时政治形势的恶化和中央监察委员的相继损失，中共六大根据当时大革命失败后中央监察委员会已经名存实亡的实际情况，提出以中央审查委员会取代中央监察委员会。中央审查委员会虽然承担了部分党内监督职责，但其实质仍是以财务审查为主的党内财务监督机构。对于党员违纪问题等纪律监督问题，则由党的六届五中全会设立的中央党务委员会和此前重新设立的地方各级监察委员会履行。党的七大重新增加了“党的监察机关”一章，该规定未能真正实施。新中国成立后，成为执政党的中国共产党更需要保持清醒头脑，更需要不断强化自身纪律建设，对于党内纪律检查机关的要求也更加迫切。党更加注重纪检监察机构建设，先是设立了纪律检查委员会，后又以监察委员会取代党的纪律检查委员会，并在八大党章中将“党的监督机关”变更为“党的监察机关”。这些都体现了党对自身内部监督机关的高度重视。“文化大革命”开始后党的纪律机构遭到破坏，中共九大、十大党章直接取消了党的监察机关的相关条款。中共十一大党章重新恢复了纪律检查委员会条款，要求设立纪律检查委员会。在此基础上，党的十一届三中全会选举产生了中央纪律检查委员会，党的纪检监察工作重新回到正轨。党的十六大在党章中首次明确了纪委承担的组织协调任务。

2. 纪律检查机关内部体制逐步成熟

中共五大党章设立监察委员会要求“中央及省监察委员，不得以中央委员及省委员兼任”，这一规定赋予了监察委员会独立行使职权的能力。党章第63条规定监察委员会有权参与本级党组织会议，第64条规定监察委员会的决议，中央及省委员会无权取消，这些规定使得监察委员会职权的行使得到落实。然而，此时党的监察委员会制度仍然有其缺陷，如五大党章第64条规定：“中央及省监察委员会之决议，必须得中央及省委员会之同意，方能生效与执行。”这一规定无疑使监察委员会在决议方面受中央委员管辖，从而弱化了监察委员会的独立监督权力。党的七大重新增加了“党的监察机关”一章，虽然在实际中七大关于党的监察机构的规定未能真正实施，但其规定对纪律检查机关的建设发展和职权规范仍具有重要意义。中共八大党章明晰了监察委员会的职权，但相较于中共五大党章，此时监察委员会由同级委员会选举产生，并对同级委员会负责。党的纪律检查机关被剥夺了自身独立性，成为了同级委员会的附庸。中共十二大党章将纪检监察机关的任务归纳为三项主要任务，明晰了纪检监察机关的使命；规定纪检监察机关由同级代表大会产生，实行双重领导制，并对纪委与同级委员会的关系及纪委与上下级纪委的关系作出了调整，这些调整前所未有地拓宽了纪委的权限。纪检监察机关的职权得以适应社会主义现代化建设而顺利实施。中共十三大党章删除了“党的中央纪律检查委员会的第一书记必须从中央政治局常务委员会委员中产生”这一要求，并改变了中央纪委部分成员的增补方式，在强化中央纪委权威的基础上保障了纪委职权的顺利运行。新时代，各级纪委的相对独立性与权威性继续增强，在双重领导制这一制度基础上，中共十九大党章明确规定纪委的立案审查可以直接报告给上级纪委而无需同级党委批准，若涉及同级党委的常务委员则由上级纪委报送它的同级党委批准。这有助于纪委独立执行自身监督权，推动党的自我革命的有效开展。

三、新时代党的纪律建设的实践要求

（一）始终以政治纪律为统领

1. 稳固政治纪律的核心地位，维护党中央权威和集中统一领导

党在百年实践中的基本经验告诉我们：政治纪律关乎党的生死存亡，推进党的纪律建设纵深发展，必须始终稳固政治纪律的核心地位。遵守政治纪律，最关键的就是坚决维护党中央集中统一领导。广大党员干部要时刻坚定政治方向、坚守政治立场、注重政治言论、规范政治行为。坚决响应和拥护党中央决策部署，有令必行，绝不允许倒行逆施。党中央要对党的政治纪律建设指明方向，加强党的政治纪律顶层设计谋划。党中央要及时将党内出现的问题反映到纪律条例的修订中，持续强化政治纪律的执行力，为政治纪律建设增强思想引

领力。要加强政治巡视，严肃处理不服从党中央领导，违背党统一意志的违纪现象。将政治道德、政治意识纳入党的纪律建设各项环节，将鲜明的政治纪律作为纪律建设的统领和底色。

2. 用政治纪律规范党内生活

“我们党作为马克思主义政党，讲政治是突出的特点和优势。”① 政治纪律的核心地位不仅要体现在党章中，更要体现在党内生活的全过程。一是要将政治纪律作为对党员和党组织的首要要求，以政治纪律建设推进党内政治生活质量提升。领导干部要带头开展批评与自我批评，规范征求意见、落实整改等党内政治生活各个环节，打消党员批评他人怕伤和气、自我批评怕伤自尊的思想顾虑。二是要在党内生活中培育健康的政治文化，同“攀人情”“划圈子”等各种长期败坏党内风气的现象作斗争，在全党大力弘扬廉政文化，用政治纪律培育风清气正的党内文化生活。三是要用政治纪律规定严肃的党内民主底线。习近平总书记指出：“我们要求党员、干部不能妄议中央，不是说不能提意见和建议甚至批评性意见，而是不能在重大政治原则问题上、在大是大非问题上同党中央唱反调、搞政治上的自由主义。”② 党内生活的民主性需要以严明的政治性为底线，党员在党内生活中的言论不能信口开河，百无禁忌。在大是大非的根本问题上，党员干部必须用政治纪律武装头脑，具有高度的政治警惕性和辨别力。在坚决做到“两个维护”、坚持和完善民主集中制的前提下开展党内政治生活。

（二）加强对党员尤其是领导干部的纪律教育

1. 正面教育与警示教育相结合

从思想上建党是我们党在长期革命建设实践中形成的优良传统和鲜明特征。各级党组织要加大对党员干部的理想信念和马克思主义价值观教育，将党

① 中共中央纪律检查委员会、中共中央文献研究室编：《习近平关于严明党的纪律和规矩论述摘编》，中央文献出版社2016年版，第23页。

② 习近平：《在第十八届中央纪律检查委员会第六次全体会议上的讲话》，《人民日报》2016年5月13日，第1版。

中央的指导思想和理论创新与时俱进地纳入党员干部的思想政治教育中，组织党员不断加强马克思主义理论学习，加强党内法规条款学习，将党的理论优势与政治优势转化为党员干部勇于进行自我创新、自我完善，实现自我革命的不竭动力。要在坚持原有以党校教育为中心的纪律教育形式的基础上积极拓宽教育渠道，利用好互联网这个新阵地，实现党纪学习教育信息化发展。要在全党树立起遵守党规党纪、自觉为民服务的先锋模范，以榜样的优秀品格实现对广大党员的正面教育。同时要增强纪律处分的执行力度，坚决做到有纪必依、违纪必究。严惩违纪分子既是维护党风党纪的必然要求，也是对广大党员进行警示教育的重要手段。党的十八大以来，我们查处了一大批违反党规党纪的党员干部，其中不乏党中央的高级干部，这些大案要案充分表明了党正风肃纪的决心，鼓舞了全党士气。纪检委在日常执纪监督中要抓早抓小，早发现早处置，对有问题的党员干部进行谈话诫勉，让其在反思自身过错后及时在组织生活会上开展自我批评，为其他党员敲响警钟，充分发挥纪律的正面教育作用和警示约束作用。

2. 拓宽纪律教育的群体，入党积极分子和发展对象也需要开展纪律教育

入党积极分子与发展对象作为正式党员的预备军，与普通群众不能等同，在纪律要求上应当同正式党员看齐。当前，党纪学习教育群体主要集中在正式党员上，对于党章或者《中国共产党纪律处分条例》的学习通常是以党委组织为单位，对入党积极分子与发展对象的党纪学习教育还主要依赖于积极分子培训课或发展对象培训课中的学习内容，这可能使得积极分子与发展对象无法及时了解最近更新的党纪要求。加强对积极分子和发展对象的纪律教育，有助于积极分子和发展对象坚定理想信念，端正入党动机，也可以为后续正式党员的党纪学习教育减轻压力。拓宽纪律教育的群体，一是要拓宽教育的载体。党纪宣传部门要有效利用公园、商场、社区等公共场所的宣传栏和报纸、网页、电视、广播等传媒宣传板块推送党的纪律，使积极分子和发展对象有更多的渠道接触和了解党的纪律。二是要组织积极分子与发展对象进行党纪集中学习。在党章和党纪进行修订后，基层党委应当积极组织单位中的积极分子与发展对象

进行党纪理论学习，使积极分子和发展对象群体理解当前的社会实践背景变化为党纪带来的挑战与新要求，对集中学习后的理论水平可以较正式党员要求适当放低。三是在集中培训中加强对党纪的考核，发展对象在培训时主要学习党章、《关于新形势下党内政治生活的若干准则》等文件。在此基础上，应当加强对《中国共产党纪律处分条例》等纪律的学习，并在合格考核中适当增加党纪的比重。坚决守好党员入口，使理想信念不坚定的同志无法混入党员队伍之中。对于积极分子的培训学习也要将上述章程的基本思想纳入培训内容中，入党联系人在定期谈话中要考察积极分子对党纪制度的理解并予以指导。

3. 培养具有先锋模范作用的干部群体

“子帅以正，孰敢不正?”在中国共产党这支先锋队中，领导干部应当是最先进的排头兵，培育带头执纪的领导干部群体对于加强党的纪律建设具有关键性作用。培育具有模范作用的领导干部，首先要从党章这一党的根本纪律入手。“各级领导干部要把学习党章作为必修课，走上新的领导岗位的同志要把学习党章作为第一课，带头遵守党章各项规定。”① 领导干部要按照党章中对党的干部的要求不断修身律己，查漏补缺，将党章中的干部要求从自身目标转化为自觉行动。其次要筑牢领导干部理想信念，培育领导干部良好的政德观。“立政德，就要明大德、守公德、严私德。”② 各级党组织要加强对领导干部的政治纪律教育，使干部成为“政治上的明白人”，培育干部“明大德”的政治观；强调群众纪律，抓好党的宗旨教育和廉洁纪律教育，培育干部“守公德”的权力观；鼓励干部修身自省，加强共产主义信仰教育，培育干部“严私德”的道德观。最后是要用好干部选拔制度和监督问责制度。领导干部筑牢理想信念不仅要内化于心，更要外化于行，理想信念要求应当体现在干部选拔任用的全过程。要充分落实“以德为先，德才兼备”的干部选拔制度，完善树德扬善的干部考评制度，通过干部选拔制度形成“德才兼备者得其位”的用人导向。

---

① 习近平：《认真学习党章 严格遵守党章》，《人民日报》2012年11月20日，第1版。

② 《习近平李克强栗战书赵乐际分别参加全国人大会议一些代表团审议》，《人民日报》2018年3月18日，第1版。

运用好党内监督、政协监督、社会监督、媒体监督等多种监督主体的力量，形成对领导干部上下一贯、内外联合的监督体系，对于违反党的纪律要求的领导干部要立刻问责并严肃追责。

（三）进一步发挥纪律检查机关的作用

1. 要坚持党的纪律建设和党内法规制度建设有机结合

党的纪律以党内具体的规章制度作为载体，加强党的纪律建设，光靠思想教育的作用是不够的，加强党的纪律建设必须与党的制度建设相结合。要充分发挥制度根本性、全局性的硬性约束作用，推动建成系统完备的党内法规体系。党规制定者要以党章为本，围绕执纪实践中遇到的重点难点制定和完善党内法规，在把握党的百年奋斗历史经验下坚持与时俱进、开拓创新，提升党内法规制定质量，提高党内法规的科学性与实操性，既要建成覆盖党内各个基础性领域的党内法规体系，又要及时出台与基础法规相配套的实施细则，为纪律检查机关在执纪实践中提供制度利器。要定期了解党规实施情况，对党规执行中出现的问题进行评估，保障党内法规在执行过程中的效果。

2. 要强化纪委队伍建设

首先要强化纪委队伍的责任意识。纪律检查委员会作为纪检工作的执行主体，应当时刻牢记自身初心使命，坚定自身纪检工作政治立场，坚决与违反党纪党规的责任主体作斗争。纪委干部要不断增强执纪问责的主动性与创造性，始终勇挑将全面从严治党引向深入的伟大责任。其次要深化纪委队伍的理论建设。纪委队伍应当与党中央步调一致，及时学习领会党中央决策和党内法规最新成果，不断培养灵活运用党内法规知识的能力，使广大纪委人员可以在执纪实践中准确分析工作形势，掌握纪检审查的程序与手段。纪委队伍不仅要学习自身工作内容，更要树立终生学习的理念，学习一切可能对工作产生帮助的知识，还要坚持知行合一，将学习运用到实践中去。再次要加强纪委队伍的作风建设。“打铁还需自身硬”，纪委队伍作为执纪部门，必须用比普通党员更高的纪律标准规范自身，纪委队伍要带头遵守党的纪律，坚决抓好纪委队伍内部工作作风。纪委队伍要依照中央八项规定精神，严格规范自身内部管理，谨防

“执纪者带头违纪”的局面，维护纪检队伍的先进性与纯洁性。此外，还要主动接受外部监督，纪委队伍要树立先锋模范意识，自觉接受党组织监督、人民监督、社会监督和媒体监督。要进一步完善对纪委队伍的监督体制改革，及时发现并裁撤纪委队伍中理想信念缺失、履职能力不足的干部，剔除违反党规党纪的干部，将违反国家法律的干部交由司法机关处理。

3. 继续深化纪检监察体制改革

新时代，我们要继续坚持纪检工作双重领导制这一基本制度，推动其具体化、制度化、规范化。为此，一是需要划清党委和纪委在党内监督中的执纪责任，“进一步明晰党委和纪委的责任边界，完善规范责任追究的范围、方式和程序。对违反党的政治纪律和政治规矩的地方、部门和单位，既追究主体责任、监督责任，又严肃追究领导责任。”① 纪委要自觉接受上级纪委的监督与人事任命，和同级党委对纪委关于下级党委反腐倡廉工作的指导与帮助，完善党风廉政建设和反腐败斗争的纪律工作。二是需要建立高效的党内监督与国家监察体系，使党的纪律机关监督和国家纪律机关监督有机统一，实现纪委和监委同向发力，共同推进我国国家治理体系与治理能力现代化建设。三是需要发挥纪委巡视监督的作用。纪委机关要坚持巡视监督，防止纪委的威慑功能弱化。巡视监督要做到又广又专。广是要扩大巡查范围、增加巡查频次，做到巡查监督全覆盖无死角；专是指巡视监督要找到重点，针对不同巡查对象要采取专项治理原则，在归纳共性的基础上针对其个性逐个击破。要加大对重点领域和重要时间节点的检查力度，对巡视监督中出现的重大违纪案件及时予以公示。

① 王平：《十八大以来党的政治纪律建设发展历程和基本经验》，《北京交通大学学报（社会科学版）》2022年第3期。

中国共产党纪律检查体制的变迁

——基于历次党章的考察

余珊珊

摘　要　党的纪律检查体制是围绕党的纪律检查机关形成的制度体系，是不断推进全面从严治党、党风廉政建设和反腐败斗争的重要保障。通过对党的五大以来历次党章的分析，揭示党的纪律检查体制在各个历史时期的变化情况，总结党的纪律检查体制整体变迁规律。党的纪律检查体制变迁主要呈现出党内监督机关的领导体制不断优化，职责任务逐渐明确，组织结构不断完善和工作机制日趋健全等特征。党的纪律检查体制变迁的动力因素包括：党的使命型政党本色提供了根本动力；党在不同时期面临的环境和任务提供了直接动力；党员规模的急剧增长提供了重要动力。

关键词　中国共产党；纪律检查体制；制度变迁；党章

中国共产党纪律检查体制是围绕党的纪律检查机关形成的制度体系，包括纪律检查机关的领导体制、职能职责、监督范围、权限程序、自我监督等方面的机制制度。①党的纪律检查体制不仅事关党的纪律检查机关的履职尽责，而且还在很大程度上影响着全面从严治党、党风廉政建设和反腐败斗争的成效。从

作者简介：余珊珊，湖南涉外经济学院马克思主义学院讲师，主要研究领域为党的建设。

① 肖培：《推进党的纪律检查体制和国家监察体制改革》，《中国纪检监察》2018 年第 6 期。

历史上看，最早的党内监督和执纪机关为党的五大设立的中央监察委员会，之后虽然名称经历多次更改，且除在少数时期停止工作外，一直得到延续和发展，而新时代党的纪律检查体制又发生了深刻的变革，使得党的纪律检查体制已有近百年的变迁历史。为此，系统考察党的纪律检查体制变迁过程，全面总结党的纪律检查体制变迁规律，对于不断深化党的纪律检查体制改革，深入推进新时代党的自我革命具有重要意义。

党的纪律检查体制实质上表现为一系列的规则和程序，而这些规则和程序通常以党内法规的形式公之于众，而其中最重要的、最严谨的，也是最权威的，无疑是党的章程，即党章。党章是各级党组织和全体党员必须遵守的根本性规范，正如习近平总书记指出："党章是党的总章程，集中体现了党的性质和宗旨、党的理论和路线方针政策、党的重要主张，规定了党的重要制度和体制机制，是全党必须共同遵守的根本行为规范。"① 由于历次党的纪律检查体制重大调整均会在党章的修订中有所反映，而从中共五大党章开始，除去中共九大党章、中共十大党章外，历次党章中均有关于党内监督专责机关的条款。因此，党章可以成为观察党的纪律检查体制变迁的合适"窗口"。

一、党的纪律检查体制的变迁历程

事实上，党内监督专责机关的名称经历了数次变化，中共五大党章称为监察委员会，中共六大党章则改为审查委员会，中共七大和八大党章又改为监察委员会，而从中共十一大党章开始，纪律检查委员会的名称才被正式确定下来。从表1可知，中共十二大党章之前，党章对党内监督专责机关的规定变动较大，且内容比较简略；从中共十二大党章到中共十八大党章，纪律检查机关相关规定所在党章的位置被固定下来，且内容得到详细阐释；而中共十九大党章对纪律检查机关的规定又作出了重大调整，不仅改变了其原属的条目，而且也大幅增加了其内容。因此，党的纪律检查体制变迁经历了四个历史时期，分

① 习近平：《认真学习党章 严格遵守党章》，《求是》2012年第23期。

别是新民主主义革命时期（中共五大党章至中共七大党章）、社会主义革命和建设时期（中共八大党章和十一大党章）、改革开放和社会主义现代化建设新时期（中共十二大党章至十八大党章）和中国特色社会主义新时代（中共十九大党章和二十大党章）。

表 1　历次党章中有关纪律检查机关的条款

时间	党章名称	纪律检查机关名称	所在党章的章、条	字数
1927 年	中共五大党章	监察委员会	第八章监察委员会：第六十一条至第六十四条	289
1928 年	中共六大党章	审查委员会	第十一章审查委员会：第四十三条	65
1945 年	中共七大党章	监察委员会	第八章党的监督机关：第五十六条至第五十九条	185
1956 年	中共八大党章	监察委员会	第七章党的监察机关：第五十二条至第五十四条	319
1977 年	中共十一大党章	纪律检查委员会	第二章党的组织制度：第十三条	126
1982 年	中共十二大党章	纪律检查委员会	第八章党的纪律检查机关：第四十三条至第四十五条	994
1987 年	中共十三大党章	纪律检查委员会	第八章党的纪律检查机关：第四十三条至第四十五条	959
1992 年	中共十四大党章	纪律检查委员会	第八章党的纪律检查机关：第四十三条至第四十五条	1004
1997 年	中共十五大党章	纪律检查委员会	第八章党的纪律检查机关：第四十三条至第四十五条	1004
2002 年	中共十六大党章	纪律检查委员会	第八章党的纪律检查机关：第四十三条至第四十五条	1038
2007 年	中共十七大党章	纪律检查委员会	第八章党的纪律检查机关：第四十三条至第四十五条	1038
2012 年	中共十八大党章	纪律检查委员会	第八章党的纪律检查机关：第四十三条至第四十五条	1038
2017 年	中共十九大党章	纪律检查委员会	第八章党的纪律检查机关：第四十五条至第四十七条	1182

续表

时间	党章名称	纪律检查机关名称	所在党章的章、条	字数
2022年	中共二十大党章	纪律检查委员会	第八章党的纪律检查机关：第四十五条至第四十七条	1221

注：党的五大没有修改党章，会后由中央政治局通过了《中国共产党第三次修正章程决案》；中共九大党章、中共十大党章取消了有关纪律检查机关的条款。

（一）新民主主义革命时期党的纪律检查体制

从中共五大党章到中共七大党章，前后共十八年时间，历经土地革命战争和抗日战争两个时期，其中关于党内监督专责机关的规定，反映了中国共产党在新民主主义革命时期对纪律检查体制进行的思考和探索。

中共五大党章对监察委员会所作的规定包括三个方面：一是监察委员会的层级，包括中央和省两个层级，如第61条规定："为巩固党的一致及权威起见，在全国代表大会及省代表大会选举中央及省监察委员会。"① 二是监察委员会与党的委员会的关系，中共五大党章设计的是"一套以两委基本平行、互相制约，党内专门监督机构比较独立完整地行使监督权为主要内容的监督模式"②。如第62条规定："中央及省监察委员，不得以中央委员及省委员兼任。"③ 第64条规定："中央及省委员会，不得取消中央及省监察委员会之决议；但中央及省监察委员会之决议，必须得中央及省委员会之同意，方能生效与执行。"④ 中共五大党章还规定，当监察委员会与党的委员会意见不一致时，由二者的联席会议进行解决；如果还不能解决，则由党的代表大会或高级监察委员会进行解决。三是监察委员会的职责，即纪律审查，如第70条规定："对于违反党的纪律的行为，须经党的委员会，党员大会，或监察委员会，依合法手续审查之。"⑤ 中共五大党章关于监察委员会的规定明显是受到联共（布）

① 《中国共产党历次党章汇编（1921—2017）》，中国方正出版社2018年版，第93页。
② 汤涛：《民主革命时期中共党内监督的历史沿革及其特点》，《中共党史研究》2006年第6期。
③ 《中国共产党历次党章汇编（1921—2017）》，中国方正出版社2018年版，第93页。
④ 《中国共产党历次党章汇编（1921—2017）》，中国方正出版社2018年版，第93页。
⑤ 《中国共产党历次党章汇编（1921—2017）》，中国方正出版社2018年版，第94页。

监察体制的影响。1920 年列宁最早提出在俄共（布）党内建立“一个同中央委员会平行的监察委员会”① 的建议，随后俄共（布）九大通过了这个建议，并成立了直接向党的代表大会负责的监察机关。而中共五大党章与 1925 年联共（布）十四大党章关于监察委员会的规定基本一致。②

中共六大党章对审查委员会的规定只有一条，即“为监督各级党部之财政，会计及各机关之工作起见，党的全国大会，省县市代表大会，选举中央或省县市审查委员会。”③ 显然，审查委员会的职责不同于监察委员会，其主要负责财政监督、审计监督和工作监督而非纪律监督。至于纪律监督，中共六大党章第四十五条规定：“关于犯纪律的问题由党员大会或各级党部审定之。各级委员会得成立特别委员会以预先审查关于违犯党纪的问题，此种特别委员会之决议，经该级党部批准后，方发生效力。”④ 这表明，党的委员会实际上承担了纪律监督的职责。

中共七大党章是第三国际解体后，中国共产党完全独立制定的第一部党章，因而相比于中共五大和中共六大党章设计的纪律检查体制所带有的浓厚的“苏联色彩”，中共七大党章所设计的纪律检查体制则具有鲜明的“中国特色”，它主要包括两个方面的内容：一是将之前党的委员会与监察委员会独立产生、基本平行的关系变为后者由前者产生、指导与被指导的关系，如中央委员会认为有必要时，可以成立中央和地方监察委员会；监察委员会由党的委员会全体会议选举产生，而下级监察委员会的产生还要得到上级组织的批准；党的各级监察委员会，在各该级党的委员会指导下进行工作。二是明确了监察委员会的职责任务，即决定或取消对党员的处分，受理党员的控诉，这表明当时党已经注意到保障党员权利的问题，符合党在延安整风时期确立的“惩前毖后，治病救人”的方针，是对过去苏维埃时期以“残酷斗争、无情打击”方式处理党内矛盾的纠正。

① 《列宁全集》（第 39 卷），人民出版社 1986 年版，第 288 页。
② 陈自才、陈惠：《党的纪检监察体制演变的历史回顾》，《中州学刊》2014 年第 4 期。
③ 《中国共产党历次党章汇编（1921—2017）》，中国方正出版社 2018 年版，第 108 页。
④ 《中国共产党历次党章汇编（1921—2017）》，中国方正出版社 2018 年版，第 108-109 页。

中共五大党章至七大党章所构想的党的纪律检查体制（表2），由于受到革命战争环境的影响，因而并没能得到完全实施，但这为新中国成立后重建和完善党的纪律检查体制奠定了基础。

表2 中共五大、六大和七大党章所设计的纪律检查体制之比较

	中共五大党章	中共六大党章	中共七大党章
产生程序	党的代表大会选举产生	党的代表大会选举产生	党的委员会选举产生
设置层级	中央、省	中央、省、市、县	中央和各级地方
职责任务	纪律审查	监督各级党部之财政、会计及各机关之工作	决定或取消对党员的处分，受理党员的控诉
与同级党委的关系	基本平行、互相制约	基本平行、互相制约	指导与被指导
与上级党委的关系	无规定	无规定	下级监察委员会产生需得上级党委的批准

（二）社会主义革命和建设时期党的纪律检查体制

新中国成立后，中国共产党成为全国范围的执政党，这使得党的工作重心从农村转移到城市，党的主要任务从夺取政权转变为恢复和发展生产，同时也使党面临许多新的挑战和考验，正如毛泽东同志在1949年3月中共七届二中全会上告诫全党："可能有这样一些共产党人，他们是不曾被拿枪的敌人征服过的，他们在这些敌人面前不愧英雄的称号；但是经不起人们用糖衣裹着的炮弹的攻击，他们在糖弹面前要打败仗。我们必须预防这种情况。"① 于是，加强党内监督被重新提上议事日程。

中共八大党章是新中国成立后党制定的第一部党章。中共八大党章关于党的监察机关的规定包括四个方面：第一，监察委员会的设置层级，即县以上党的委员会都应建立监察委员会。第二，监察委员会的产生程序。中央监察委员

① 《毛泽东选集》（第四卷），人民出版社1991年版，第1438页。

会由党的中央委员会全体会议选举，地方监察委员会由本级党的委员会全体会议选举，并且经过上一级党的委员会的批准。第三，监察委员会的主要任务，即经常检查和处理党员违反党的章程、党的纪律、共产主义道德和国家法律、法令的案件；决定和取消对于党员的处分；受理党员的控诉和申诉。这表明监察委员会的监督内容不仅包括纪律监督，也包括道德监督和法律监督。第四，监察委员会的领导体制。这表现在两个方面：一是各级监察委员会在各级党的委员会领导下进行工作；二是上级监察委员会对下级监察委员会的监督，包括上级监察委员会有权检查下级监察委员会的工作，并且有权批准和改变下级监察委员会对于案件所作的决定，下级监察委员会应当向上级监察委员会报告工作。这是党内监督机关双重领导体制的雏形。因此，中共八大党章关于党的监察机关的规定实际上是对中共七大党章的继承和发展。

中共八大党章所确立的党的纪律检查体制，是对新中国成立以来党的纪律监督检查实践经验的总结，反映了党在整风、整党和“三反”等运动中对发挥监察委员会监督作用的认识。[①] 但由于受到“左”倾错误的影响，这一体制没能得到很好的运转，在“文化大革命”时期则完全被破坏，中共九大党章和中共十大党章都取消了有关党的监察机关的规定。中共十一大党章是“文化大革命”结束后制定的首部党章，它对纪律检查机关的规定只有一条，即“党的中央委员会，地方县和县以上、军队团和团以上各级党的委员会，都设立纪律检查委员会。各级纪律检查委员会由同级党的委员会选举产生，并在同级党委的领导下，加强对党员的纪律教育，负责检查党员和党员干部执行纪律的情况，同各种违反党的纪律的行为作斗争。”[②] 这对于当时思想上的拨乱反正起了很大作用。但相比于中共八大党章，中共十一大党章对纪律检查机关的规定过于简单（表3），一些行之有效的规定也没有得到保留，加之当时并没有完全清除“左”倾错误影响，党的纪律检查机关也没有立即建立起来。

---

① 王峰：《中国共产党纪律检查制度的历史考察》，《中国高校社会科学》2018 年第 2 期。

② 《中国共产党历次党章汇编（1921—2017）》，中国方正出版社 2018 年版，第 322-323 页。

表3 中共八大党章和十一大党章所确立的纪律检查体制之比较

纪律检查机关	中共八大党章	中共十一大党章
产生程序	党的委员会选举产生	党的委员会选举产生
设置层级	县及以上党委	县、军队团及以上党委
职责任务	纪律、道德和法律监督	纪律监督
与同级党委的关系	领导与被领导	领导与被领导
与上级党委的关系	下级监察委员会的产生需经上级党委的批准	无规定
与上级纪检监察机关的关系	监督与被监督	无规定

（三）改革开放和社会主义现代化建设新时期党的纪律检查体制

中共十二大党章是改革开放后制定的第一个党章，也是新中国成立以来最完备的一个党章，它对纪律检查机关所作的规定可以概括为以下几个方面（表4)：第一，纪律检查机关的领导体制，即党的地方各级纪律检查委员会在同级党的委员会和上级纪律检查委员会的双重领导下进行工作。第二，纪律检查机关的产生程序。纪律检查委员会由之前党的委员会选举产生，改为由党的代表大会选举产生。第三，纪律检查机关的组织结构，包括纪律检查委员会全体会议和常务委员会，而常务委员会由书记、副书记和委员构成。第四，纪律检查机关的设置层级，包括党的中央组织、地方组织和基层组织都要设立相应的纪律检查委员会或纪律检查委员，此外中央纪律检查委员会还可以向中央一级党和国家机关派驻党的纪律检查组或纪律检查员。第五，纪律检查机关的职责任务，包括维护党的规章制度，整顿党风党纪，确保党的路线、方针和政策得到有效执行，进行党纪学习教育，处理党员违反党纪国法的案件，受理党员的控告和申诉，以及重大案件处理向同级党委和上级纪律检查机关报告等。第六，上下级纪律检查机关的关系。下级纪律检查委员会受上级纪律检查委员会的领导和监督，表现在上级纪律检查委员会有权检查下级纪律检查委员会的工作，并且有权批准和改变下级纪律检查委员会对于案件所作的决定。此外，中共十二大党章还规定了地方各级纪律检查机关对同级党的委员会处理案件的决定有不同意见时的应对程序。

表 4 中共十二大党章所确立的纪律检查体制

纪律检查机关	中共十二大党章
产生程序	党的代表大会选举产生
设置层级	中央、地方和基层
领导体制	同级党委会和上级纪律检查委员会的双重领导
组织结构	纪律检查委员会全体会议和常务委员会
职责任务	纪律和法律监督

中共十二大党章关于纪律检查机关的规定，与之前的党章相比，大多数内容都具有首创性，如首次提出纪律检查机关的双重领导体制，以及纪律检查机关对同级党委成员的监督等。这些规定有助于保障党的纪律检查机关的相对独立性、权威性，提升其党内监督实效，反映了新中国成立以来尤其是改革开放以来党的纪律检查体制改革与创新的重要成果，奠定了整个新时期党的纪律检查体制的基本框架，因而之后历次党章关于纪律检查机关的规定都是在中共十二大党章的基础上进行修订的，其具体变动情况见表 5。

从表 5 可以发现，中共十三大党章对中共十二大党章有关纪律检查机关的规定的变动只有一处，即删去了“党的中央纪律检查委员会的第一书记必须从中央政治局常务委员会委员中产生”。① 尽管如此，实际上从党的十二大开始，中央纪律检查委员会书记一直都是由中央政治局常委来担任，而地方纪律检查委员会书记也同样是由地方党委常委来担任，这大大提高了纪律检查机关的权威。中共十四大党章在中共十三大党章的基础上，主要对纪律检查机关的主要任务进行了修改，去掉了法律监督的内容，这显然与当时党中央提倡“党政分开”有很大关系。另外的一个重要变化是，中共十四大党章完善了纪律检查机关对同级党委成员违反纪律的处置程序，加强了对党政主要领导干部的监督。中共十五大党章没有对中共十四大党章有关纪律检查机关的规定作出修改。中

① 《中国共产党历次党章汇编（1921—2017）》，中国方正出版社 2018 年版，第 349-350 页。

共十六大党章的修改内容也是集中在纪律检查机关的主要任务上，明确了纪律检查机关的反腐败职责，并提出要加强对党员领导干部行使权力的监督以及保障党员权利。这些修改与当时党和国家面临着日益严峻的反腐败形势有关，如2003年最高人民检察院的工作报告显示，1998—2002年全国检察机关共查处县处级以上干部12830人，是1993—1997年这五年的4倍。因此，将纪律检查机关的反腐败职责写入党章体现了党反腐拒腐的决心。中共十七大党章和中共十八党章沿用了中共十六大党章关于纪律检查机关的规定，体现了党的纪律检查体制的延续性和稳定性。

表5　中共十三大党章至二十大党章有关纪律检查机关规定的变动情况

党章	与前一部党章相比的增减或替换部分
中共十三大党章	第四十三条： 删去“党的中央纪律检查委员会的第一书记必须从中央政治局常务委员会委员中产生”
中共十四大党章	第四十四条： 1. 将“党的中央和地方各级纪律检查委员会的主要任务是：维护党的章程和其他重要的规章制度，协助党的委员会整顿党风……检查和处理党的组织和党员违反党章党纪和国家法律法令的比较重要或复杂的案件”改为“党的各级纪律检查委员会的主要任务是：维护党的章程和其他党内法规，协助党的委员会加强党风建设……检查和处理党的组织和党员违反党的章程和其他党内法规的比较重要或复杂的案件”。 2. 将“党的地方各级纪律检查委员会要同时向上级纪律检查委员会报告”改为“党的地方各级纪律检查委员会和基层纪律检查委员会要同时向上级纪律检查委员会报告”。 3. 删去“中央纪律检查委员会发现中央委员会成员有违犯党的纪律的行为，可以向中央委员会检举，中央委员会应即受理”。 4. 增加“各级纪律检查委员会发现同级党的委员会委员有违犯党的纪律的行为，可以先进行初步核实，如果需要立案检查的，应当报同级党的委员会批准，涉及常务委员的，经报告同级党的委员会后报上一级纪律检查委员会批准”。 第四十五条： 将“如果发现同级党的委员会或它的成员有违犯党的纪律和国家法律法令的情况”改为“如果发现同级党的委员会或它的成员有违犯党的纪律的情况”
中共十五大党章	无

续表1

党章	与前一部党章相比的增减或替换部分
中共十六大党章	第四十四条： 1. 将“党的各级纪律检查委员会的主要任务是：……协助党的委员会加强党风建设，检查党的路线、方针、政策和决议的执行情况”改为“党的各级纪律检查委员会的主要任务是：……检查党的路线、方针、政策和决议的执行情况，协助党的委员会加强党风建设和组织协调反腐败工作”。 2. 增加“对党员领导干部行使权力进行监督”和“保障党员的权利”
中共十七大党章	无
中共十八大党章	无
中共十九大党章	第四十五条： 1. 增加“上级党的纪律检查委员会加强对下级纪律检查委员会的领导”。 2. 将第四十三条“党的中央纪律检查委员会根据工作需要，可以向中央一级党和国家机关派驻党的纪律检查组或纪律检查员。纪律检查组组长或纪律检查员可以列席该机关党的领导组织的有关会议。”改为第四十五条“党的中央和地方纪律检查委员会向同级党和国家机关全面派驻党的纪律检查组。纪律检查组组长参加驻在部门党的领导组织的有关会议。” 第四十六条： 1. 将第四十四条“党的各级纪律检查委员会的主要任务是：……协助党的委员会加强党风建设和组织协调反腐败工作”改为第四十六条“党的各级纪律检查委员会是党内监督专责机关，主要任务是：……协助党的委员会推进全面从严治党、加强党风建设和组织协调反腐败工作”。 2. 增加“党的各级纪律检查委员会的职责是监督、执纪、问责”和“进行问责或提出责任追究的建议”。 3. 将第四十四条“对党员领导干部行使权力进行监督”改为第四十六条“对党的组织和党员领导干部履行职责、行使权力进行监督，受理处置党员群众检举举报，开展谈话提醒、约谈函询”。 4. 将第四十四条“各级纪律检查委员会发现同级党的委员会委员有违犯党的纪律的行为……应当报同级党的委员会批准，涉及常务委员的，经报告同级党的委员会后报上一级纪律检查委员会批准。”改为第四十六条“各级纪律检查委员会发现同级党的委员会委员有违犯党的纪律的行为……应当在向同级党的委员会报告的同时向上一级纪律检查委员会报告；涉及常务委员的，报告上一级纪律检查委员会，由上一级纪律检查委员会进行初步核实，需要审查的，由上一级纪律检查委员会报它的同级党的委员会批准。”

续表2

党章	与前一部党章相比的增减或替换部分
中共二十大党章	第四十五条： 增加“按照规定向有关国有企业、事业单位派驻党的纪律检查组”。 第四十六条： 增加“推动完善党和国家监督体系”

（四）中国特色社会主义新时代党的纪律检查体制

2017年的中共十九大党章是继中共十四大党章之后，对纪律检查机关有关内容所作的最大的一次修改和完善，它反映了自改革开放以来，尤其是党的十八大以来纪律检查体制改革实践、理论和制度创新的重要成果。中共十九大党章有关纪律检查机关规定的重大变化包括（具体变化情况见表5）：第一，在纪律检查机关双重领导体制的基础上，突出了垂直领导，即上级纪律检查委员会加强对下级纪律检查委员会的领导。第二，赋予了地方纪律检查机关向同级党和国家机关派驻党的纪律检查组的权力，使地方纪律检查机关能够对党政机关进行全面、有效的监督。第三，明确了党的纪律检查机关作为党内监督专责机关的地位，以及细化了监督、执纪、问责三类职责。第四，强化了党的纪律检查机关对同级党委委员的监督，尤其是调整了纪律检查机关对同级党委常委违反纪律行为的报告程序，即由之前的先向同级党委报告再向上级纪律检查委员会报告，转变为只向上级纪律检查委员会报告，这有利于使纪律检查机关对同级党委成员的监督真正发挥作用。而中共二十大党章在十九大党章的基础上，对有关纪律检查机关的条款进行了微调，对党的纪律检查体制的主要影响表现为，扩大了党的纪律检查机关派驻纪律检查组的范围，有助于实现对监督对象的全覆盖。

中共十九大党章对党的纪律检查机关所作的规定，奠定了新时代党的纪律检查体制的基本框架，极大地提高了党的纪律检查机关的监督效能。然而，新时代党的纪律检查体制仍处于不断完善和发展当中。2018年2月党的十九届三中全会审议通过《中共中央关于深化党和国家机构改革的决定》和《深化党和国家机构改革方案》（以下简称《决定》和《方案》），对推进党的纪律检查体制改革向纵深发展又作出了重要战略部署，如《决定》要求："深化党的纪律检查体制改革，推进纪检工作双重领导体制具体化、程序化、制度化，强化上级纪委对下级纪委的领导。"[①] 党的纪律检查体制的不断健全和完善，为新时代开展全面从严治党、党风廉政建设和反腐败斗争提供坚实的制度保障。

二、党的纪律检查体制的变迁特征

从党的五大至二十大，党的纪律检查体制经历了从创建到中断，再到恢复、发展的变迁历程，其变迁的主要特征可概括如下。

（一）党内监督机关的领导体制不断优化

党内监督机关的领导体制从与同级党委平行的领导体制，到同级党委的单一领导体制，再到同级党委与上级党内监督机关的双重领导体制，最后到同级党委与上级党内监督机关的双重领导、强化上级党内监督机关的领导体制。党内监督机关的领导体制是整个纪律检查体制中最为关键的方面，它直接影响党内监督机关的监督权威和效能。中共五大党章规定的监察委员会与同级党委实际上是一种基本平行、相互制约的关系。中共六大党章对审查委员会的规定基本上也是遵循了这一模式。从中共七大党章开始，党内监督机关受同级党委领导的体制被确定下来。之所以如此，这与党的"一元化"领导体制在 1942 年的确立是分不开的。1942 年 9 月，党中央通过的《关于统一抗日根据地党的领导及调整各组织间关系的决定》指出："根据地领导的统一与一元化，应当表现在每个根据地有一个统一的领导一切的党的委员会。中央代表机关（中央局、分局）及各级党委（区委会、地委）为各地区的最高领导机关，统一各地区的党政军民工作的领导。"[②] 这种"一元化"的领导体制对于凝聚全党全军力量、赢得抗日战争和解放战争的胜利起了非常重要的作用。中共十二大党章正式提出党的纪律检查机关的双重领导体制，中共十九大党章则在双重领导体

① 《中共中央关于深化党和国家机构改革的决定》，《人民日报》2018 年 3 月 5 日，第 1 版。
② 《建党以来重要文献选编》（第 19 册），中央文献出版社 2011 年版，第 423 页。

制的基础上，突出了党的上级纪律检查机关对下级纪律检查机关的领导。

尽管只受同级党委领导的单一领导体制和以同级党委领导为主的双重领导体制，充分保证了党在纪律检查工作中的领导地位，却使同级党委成员游离于监督之外。另外，党的纪律检查工作的双重领导体制的要求还不够具体、程序还不够完善、制度还不够健全，导致实践中也出现了一些不适应、不协调的问题，特别是查办腐败案件时受到的牵制比较多。① 因此，党的十八大以来，在双重领导体制的基础上，强化上级纪律检查机关对下级纪律检查机关的领导，具体表现为“查办腐败案件以上级纪委领导为主，线索处置和案件查办在向同级党委报告的同时必须向上级纪委报告。各级纪委书记、副书记的提名和考察以上级纪委会同组织部门为主。”② 这有利于党的纪律检查机关更好地履职尽责，并对作为“关键少数”的领导干部实施有效监督。

（二）党内监督机关的职责任务逐渐明确

中共五大党章并没有对党的监察委员会的职责作出明确规定，只是在“纪律”一章中提到了监察委员会可以依法审查党员违反纪律的行为。中央六大党章规定的中央审查委员会的监督事项包括监督财务、会计及各机关工作，这已远超出纪律监督的范畴。从中共七大党章开始，党内监督机关才被明确赋予纪律监督的职责。中共八大党章赋予党内监督机关的职责任务不仅有纪律监督，还包括共产主义道德和法律监督。中共十二大党章和中共十三大党章仍将法律监督作为党的纪律检查机关的重要职责。从中共十四大党章开始，党的纪律检查机关的职责任务被限定为纪律监督，并明确了党的纪律检查机关执纪的依据是党章和其他党内法规。这里的背景是，党中央当时大力提倡“党政分开”，且政府系统的监察机关也得到恢复和建立，因此党的纪律检查机关与政府的监察机关分开行使职权。而在1993年党的纪律检查机关与政府的监察机关实行合署办公后，党的纪律检查机关实际上履行党纪检查和政纪监察两项职能。中

① 张青津：《如何认识党的纪律检查领导体制?》，http://fuwu.12371.cn/2016/08/02/ARTI1470068893707446.shtml。

② 中共中央文献研究室编：《十八大以来重要文献选编》（上），中央文献出版社2014年版，第532页。

共十六大党章则在纪律监督的基础上，突出了党的纪律检查机关反腐败的职责。中共十九大党章则进一步对党的纪律检查机关的纪律监督职责进行了分类和细化，即监督、执纪和问责。党的纪律检查机关的职责任务逐渐明确，使党的纪律检查机关的监督更为集中和有效。这一变化过程反映了党对纪律检查机关认识的不断深化，尤其是从模仿借鉴苏共经验逐渐转变为从自身所处环境和实践出发总结和提炼建党和治党经验。

（三）党内监督机关的组织结构不断完善

党内监督机关的组织结构包括层级结构和内部结构。在层级结构上，中共五大党章规定设立监察委员会的层级为中央和省，而中共六大党章则将审查委员会的设置扩展到市、县层面，但受制于当时的革命环境，地方党内监督机关并未能很好地建立起来。中共八大党章规定县及以上党的委员会设置监察委员会；中共十二大党章则规定党的中央委员会、地方委员会、基层委员会、总支部委员会或支部委员会均要设置纪律检查委员会或纪律检查委员，并规定中央纪律检查委员会可以向中央一级的党和国家机关派驻党的纪律检查组或纪律检查员；中共十九大党章则进一步赋予了地方纪律检查委员会向同级党和国家机关派驻党的纪律检查组的权力。这样，就构筑起了一个包含中央、地方、基层以及派出机关等在内的比较完备的党的纪律检查机关的层级结构体系。在内部结构上，从中共十二大党章起，党的纪律检查机关的内部结构——两种重要的组织形态被确定下来，即纪律检查委员会全体会议和常务委员会，并设置了书记和副书记的职位，这表明党的纪律检查机关正式实行集体领导和个人分工负责相结合的组织制度。党的纪律检查机关的组织结构不断完善，使党的纪律检查机关的监督范围不断扩大，权威地位不断提高，监督效能不断提升。

（四）党内监督机关的工作机制日趋健全

党内监督机关的工作机制主要表现为上下级党内监督机关之间以及各级党内监督机关与同级党委之间具体关系的处理方面。中共八大党章最早规定了上下级监察委员会之间的工作机制，即下级监察委员会向上级监察委员会报告工作，上级监察委员会负责对下级监察委员会进行工作检查；中共十二大党章又规定了上级纪律检查委员会改变下级纪律检查委员会决定时须遵循的程序。从中共十二大党章开始，纪律检查委员会的“报告机制”和对同级党委处理案件的决定有不同意见的“应对机制”得到建立。“报告机制”是指下级纪律检查委员会把处理特别重要或复杂的案件中的问题和处理的结果向同级党委报告，并同时向上级纪律检查委员会报告。而“应对机制”是指下级纪律检查委员会请求上级纪律检查委员会介入对同级党委及其成员开展监督的程序和规定。中共十四大党章进一步对纪律检查委员会的“报告机制”进行了补充，即增加了对同级党委委员或常务委员违反纪律行为的报告，其规定的报告程序为：对于党委委员，向同级党委报告；对于常务委员，先向同级党委后向上级纪委报告。而中共十九大党章则进一步修改了这一报告程序，即对于党委委员，向同级党委报告的同时向上级纪委报告；对于常务委员，向上级纪委报告。党的纪律检查机关的工作机制日益健全，为其切实履行监督职责提供了有力保障。

三、党的纪律检查体制的变迁动力

当前，党的纪律检查体制已历经近百年的变迁，且仍处于不断更新和完善之中，而支撑党的纪律检查体制不断变迁的动力主要包括以下三个方面。

（一）中国共产党使命型政党的本色是促使党的纪律检查体制变迁的根本动力

使命型政党是一个以吸引人们归依并信奉其理念为主要目的，而非以扩大选民支持而赢得公职选举为主要目标的政党。[①] 中国共产党是以马克思主义为指导思想的无产阶级政党，而马克思主义具有鲜明的革命性、实践性、阶级性和科学性，是一种更为强调改造世界，以全世界无产阶级解放和实现共产主义为最终目的的理论和学说，因而这也就使得信奉它的中国共产党具有使命型政党的特质。中国共产党人始终坚持实现共产主义远大理想的最高纲领与实现阶段性目标的最低纲领相统一，用最高纲领指明方向，用最低纲领凝聚力量。使

---

① 杨光斌：《政治学导论》，中国人民大学出版社2000年版，第134页。

命催生责任，落实责任要靠监督。正如毛泽东所指出的："无论任何人，犯了错误都要检讨，都要受党的监督，受各级党委的领导，这是完成党的任务的主要条件。"① 为了牢记使命、完成使命，永葆党的先进性和纯洁性，就必须要始终重视和加强党内监督，而主动变革党的纪律检查体制，正是党在实践中摸索出来的最有效、最可靠的党内监督路径。

（二）中国共产党在不同时期面临的环境和任务是促使党的纪律检查体制变迁的直接动力

民主革命时期，党面临的主要任务是夺取全国政权，由于受战争特殊环境的影响，因而这一时期党的纪律检查体制具有明显的服务于革命战争的特征，如特别强调对党的权威和统一的维护与巩固。新中国成立后，党从局部执政走向全国执政，工作重心从农村转向城市，主要任务也从夺取政权变为恢复和发展生产，这些转变使得党不断调整党的纪律检查体制，以适应新时期党的主要任务的需要。如 1949 年 11 月党中央发布《关于成立中央及各级党的纪律检查委员会的决定》，指出："中国共产党已成为全国范围内执政的党，为了更好地执行党的政治路线和各项具体政策，密切联系群众，克服官僚主义，决定成立中央和各级党的纪律检查委员会。"② 改革开放后，党成为中国特色社会主义事业的领导核心，党的纪律检查体制要服务于经济建设这一党的中心任务，而在发展社会主义市场经济的过程中，党员干部的腐败问题日益突出，因而反腐倡廉逐渐成为党的纪律检查机关的重要职责。而党的十八大以来，在党领导一切和一党长期执政的背景下，为推动全面从严治党，并有效治理"一把手"的腐败问题，因而强化了党的纪律检查机关的垂直领导。

（三）中国共产党党员数量的急剧增长是促使党的纪律检查体制变迁的重要动力

党在 1921 年成立之初，全国只有 50 几名党员，而绝大多数党员都是知识

---

① 《毛泽东选集》（第 5 卷），人民出版社 1977 年版，第 96 页。

② 《中国共产党党风廉政建设文献选编（1921—2000）》（第 8 卷），中国方正出版社 2001 年版，第 44-45 页。

分子。到1925年党的四大时，全国的党员人数增加到994名。[①] 党的四大通过的《对于组织问题之议决案》要求“扩大吾党的数量”[②]，之后党员的数量迅速增加，到1927年4月党的五大召开时，党员人数已达到57963人[③]，是党的四大时党员人数的58.3倍。由于对入党把关不严，党员队伍迅速壮大的同时，党员质量却出现了不少问题，一些投机分子乘机混入党内，使得党内出现了贪污腐败现象。正是在这样的背景下，党的五大决定设立中央监察委员会，以维护党的纯洁，巩固党的一致和权威。新中国成立时，党员数量已达到450万[④]；在1956年党的八大召开前，全党共有党员约1073.4万名，比中共七大时增加8倍[⑤]；而截至2023年12月31日，党员数量已达到9918.5万名[⑥]，已超过大多数国家的人口数量。在这样的背景下，治党就变得越发重要，甚至可以说治国必先治党，而治党则务必从严。党员数量的不断增长，尤其是国家机关中党员干部比例的不断增长，以及由党员数量增长带来的党的基层组织数量的增加和党员身份背景的多样化，对党管党、治党提出了新的要求和挑战，而为了应对这些要求和挑战，也就需要不断调整和完善党的纪律检查体制，因而使党的纪律检查体制呈现出明显的动态变化特征。

① 《中国共产党组织史资料》（第1卷），中共党史出版社2000年版，第7页。
② 《中共中央文件选集》（第1册），中共中央党校出版社1989年版，第380页。
③ 《中国共产党组织史资料》（第1卷），中共党史出版社2000年版，第10页。
④ 《中国共产党组织史资料》（第5卷），中共党史出版社2000年版，第4页。
⑤ 《中国共产党组织史资料》（第5卷），中共党史出版社2000年版，第16页。
⑥ 中共中央组织部：《中国共产党党内统计公报》，https://www.12371.cn/2024/06/30/ARTI1719715269079269.shtml。

党的十八大以来我国构建国际反腐败合作新机制的举措和效果

——基于法律和制度评估的视角

韩 琳 王 瑶

摘 要 党的十八大以来，国内反腐败斗争取得压倒性成就的同时，国际反腐败合作方面也作出诸多努力。本文以国际机制理论为基础构建分析框架，基于法律和制度两个角度对我国自2012年以后如何进行国际反腐败合作进行评估和分析。法律层面，以《联合国反腐败公约》为参照，分析我国为履行该公约在立法和执法方面的举措；制度层面，监察体制改革是对国际反腐机制所要求的构建独立统一的反腐败机构所作出的积极回应。研究方法上，采用文本分析、深度访谈以及专家评估法多种定性分析方法，以保证数据分析的准确性。最后，基于以上分析得出我国正努力从国际反腐机制参与者向国际反腐新秩序构建者进行角色转变，实现路径包括法律、制度以及文化认知等方面。

关键词 国际反腐败合作；国际机制；法律；制度

基金项目：湖南省社会科学基金基地项目“提升国有企业招投标监督合力研究”（21JD004）；湖南大学哲学社会科学青年学术提升计划（531118232030）。

作者简介：韩琳，政治学博士，湖南大学马克思主义学院副教授，主要研究领域为廉政政策；王瑶，湖南大学马克思主义学院硕士研究生，主要研究领域为廉政制度创新。

一、引言

国际社会已经达成共识，腐败已不再是一个地方性和局部性的问题，而是会对所有国家产生影响的全球性现象，因此必须进行国际合作以实现在全球范围内预防和控制腐败的目标。从 1977 年美国颁布的《反海外腐败法》到 2003 年 10 月 31 日联合国大会通过国际上第一个具有普遍约束力的国际公约——《联合国反腐败公约》（以下简称《公约》），世界各国一直在为构建国际反腐机制而努力。一旦一个国家批准加入《公约》，就必须遵守其标准和要求。2009 年在多哈通过了《公约》的履约审议机制。《公约》缔约国会议是对所有缔约国实施公约情况所进行的一项程序或机制，以跟踪公约的执行情况。[①] 中国自 2006 年正式批准《公约》在国内生效以来，积极参与了全球、区域内多边和双边等多个层面的反腐败国际合作，并支持《公约》的履约审议工作。特别是党的十八大以来，“天网行动”、“猎狐”行动的开展，以及《中华人民共和国国际刑事司法协助法》《中华人民共和国监察法》的正式颁布，都极大地提高了我国在国际反腐机制中的地位和作用。

本文以对《公约》第四章“国际合作”中的相关条款（第 43~50 条）进行履约审议为基础，具体分析我国加入《公约》以来尤其是党的十八大以来，为了履行《公约》所倡议的国际反腐合作条款，在立法和执法合作方面所采取的举措。而后基于新自由主义国际机制理论构建分析框架，从法律和制度两个角度对比分析我国反腐机制是如何以及在多大程度上实现与国际反腐机制的融合，以及在此过程中所面临的来自法律、制度以及政治文化方面的阻碍，探讨我国政府在未来的国际反腐合作实践中如何进一步完善。

① 彭云英：《机制设计理论视角下的〈联合国反腐败公约〉履约审议机制研究》，湖南大学博士学位论文，2015 年。

二、文献综述

（一）国际机制理论研究框架

国际机制理论是现代国际关系研究中的一个重要议题，与国际政治、国际经济、国际法以及国际组织等诸多领域相关。利特伯格等在其著作中，划分了国际机制研究的三个学派，即现实主义者侧重研究权力关系；新自由主义以利益的聚合为研究基础；认知主义者侧重于知识动力、传播和认可。① 三者之间的最大差异就在于对“制度主义”（即国际机制作用大小）的认可程度。② 新自由主义机制理论用相互依赖的概念将现实主义和自由主义结合起来，具有重要的理论整合意义，是国际机制理论中最具有影响力的学派之一。因此，本文采用新自由主义对于机制的定义，其代表人物斯蒂芬·克雷斯纳将机制定义为“在某一特定的国际关系领域中，各个行为主体的期望得以汇集的一系列明确的或暗含的原则、规范、规则和决策程序。原则是对事实、因果关系及公正的信念；规范是由权利与义务所确定的行为标准；规则是对行为的特别规定或禁令；决策程序则是作出和执行共同选择时所通行的实践。”③ 该定义强调了国际机制对于国家行为的影响和制约作用，在研究方法上利用系统层次分析和演绎推理的方法，提出以国际系统的进程来解释国家行为的原因。④

将国际机制理论应用于解决全球腐败问题，构建反腐败国际合作机制已经成为国际行为主体在反腐问题上达成的共识，通过签订双方或多方的条约或协议，建立一套缔约国共同遵守的反腐原则、规范、规则和决策程序。⑤ 全球反

---

① Andreas Hasenclever, Peter Mayer and Volker Rittberger, *Theories of International Regimes*, Cambridge: Cambridge University Press, 1997.

② 门洪华：《对西方国际机制理论主要流派的批评》，《国际政治研究》2000 年第 1 期。

③ Stephen D. Krasner, "Structural Causes and Regime Consequences: Regimes as Intervening Variables," *International Organization*, Vol. 36 (1982), pp. 185–205; Stephen D. Krasner, *International Regimes*, New York: Cornell University Press, 1983, pp. 351, 342-343.

④ 秦亚青：《国际制度与国际合作——反思新自由制度主义》，《外交学院学报》1998 年第 1 期。

⑤ 张丽华、王硕：《〈联合国反腐败公约〉视角下国际反腐合作机制分析》，《理论探讨》2018 年第 2 期。

腐机制的发展，既需要各国就打击腐败行为达成共识，也需要各国在国内反腐败立法中逐步与国家多边和双边反腐条约接壤。《公约》作为第一个普遍性的国际反腐公约，要求各缔约国逐渐调整国内反腐法律以实现与其对接。其中《公约》第四章的国际合作机制相关条款，正是本文分析的重点。此外，按照国际反腐机制和《公约》的要求，各缔约国要设立一个或多个独立机构，来有效履行反腐败的职能。我国进行的监察体制改革正是对这一要求的回应。本文基于国际机制理论构建分析框架，以《公约》相关条款为标准，从法律和制度两个层面对我国尤其是党的十八大之后在国际反腐合作方面作出的相关举措进行评估和分析，并以此为基础分析我国在国际反腐平台中所承担的角色以及如何应对所面临的挑战。

（二）《公约》相关研究综述

关于《公约》视角下国际反腐机制的构建，一直是国际政治和国际法领域讨论的热点问题。在相对前沿的研究中，何增科以《公约》及其实施评估为视角，对国际社会反腐败的进展及未来发展趋势进行了全面综述。[①]张丽华和王硕在对《公约》预防机制、定罪和执法机制、资产追回机制、履约监督机制、国际合作机制等5个机制进行评述的基础上，对当前全球化背景下我国如何构建国际反腐合作机制提出相关政策意见。[②]徐行和于亚杰对我国反腐败国际追逃追赃所取得的成效及其存在的问题进行了分析。[③]袁柏顺对党的十八大以后我国在全球腐败治理中的战略定位和选择进行了评述，分析了我国在成为全球腐败治理新秩序引领者的过程中面临的机遇和挑战。[④]

关于《公约》第四章相关条款在我国的实施情况，很多学者进行了研究，其中引渡和司法协助条款是讨论最多的。关于引渡和刑事司法协助条约，黄风教授对其进行了较为全面和系统的研究，就如何提高我国引渡和刑事司法协助

---

① 何增科：《国际社会反腐败的新进展：以〈联合国反腐败公约〉及其实施评估为视角（下）》，《北京行政学院学报》2012年第2期。

② 张丽华、王硕：《〈联合国反腐败公约〉视角下国际反腐合作机制分析》，《理论探讨》2018年第2期。

③ 徐行、于亚杰：《反腐国际追逃追赃之功效及现存问题分析》，《学习与探索》2018年第4期。

④ 袁柏顺：《全球腐败治理与中国的战略选择》，《河南社会科学》2016年第10期。

条约与国际社会的融合程度形成了一系列研究成果。①《公约》第四章中的其他条款，也有很多学者对其进行了研究，包括特殊侦查手段的运用②、联合侦查措施的使用③、被判刑人移交制度④等。

综上所述，区别于既有研究，本文的贡献在于：一是，以往大多数研究仅仅关注《公约》的某一或两个条款，本文对《公约》第四章涉及的条款在我国执行履约情况进行了阐释，特别是对党的十八大以后我国在引渡和司法协助方面作出诸多改进进行了分析；二是，现有研究主要集中在法律层面，根据国际反腐机制提出的制度反腐策略，我国的监察体制改革也为我国更好地对接全球反腐框架消除了部分制度障碍，这也将在本文进行评述；三是，对我国自2012年以来在国际反腐领域作出的贡献，以及如何实现我国在国际反腐新秩序中从参与者到引领者的角色转化进行了阐释。

三、研究方法

本文采用定性研究方法，并通过多种定性数据来源来提高数据信度和效度。具体使用的数据收集方法包括政策法律文本、问卷、访谈和专家评估。

首先，作者收集了与《公约》第四章各条款相关的在我国正式颁布的法律、法规、政策等文件，与其他国家所签订的引渡条约、司法协助条约等国际条约。其次，根据访谈对象设计问卷和访谈问题。访谈对象包括纪委相关部门的工作人员，与本文研究议题相关的部分专家学者。访谈和问卷调查的目的就在于了解政府实践部门人员和专家学者对于我国反腐败国际合作举措的评价。被访问的专家学者的研究领域涵盖法学、政治学、公共管理等相关领域，他们

---

① 黄风：《引渡问题研究》，中国政法大学出版社2006年版；黄风：《向外国请求刑事司法协助的程序问题》，《人民检察》2011年第13期；黄风：《中华人民共和国国际刑事司法协助法立法建议稿及论证》，北京大学出版社2011年版。

② 陈柏新：《论特殊侦查手段在职务犯罪侦查中的运用——以〈联合国反腐败公约〉规定为视角》，《犯罪研究》2008年第2期；尚华：《职务犯罪案件特殊侦查手段研究——兼论〈联合国反腐败公约〉第50条》，《中国刑事法杂志》2009年第7期。

③ 张丽娟、严军：《论惩治跨国腐败犯罪中联合侦查措施的运用》，《公安研究》2009年第1期。

④ 赵秉志、黄芳：《香港特别行政区与外国移交被判刑人制度研究》，《中国法学》2003年第2期。

都具有丰富的研究经验和成果，根据作者提供的表格，对我国履行《公约》相关条款的程度进行评分（见下文表1）。作者结合所有专家的评分，平均后得出最终的评分。由于研究议题有一定的敏感性，作者获得的信息未必是最全面的，这是本文在收集相关数据资料方面遇到的困难。作者所在的廉政中心数据库包括反腐案例和各类法律条文，也为本文提供了一定的数据支持。

四、我国推进国际反腐败合作的相关举措

（一）法律视角

中国自加入《公约》以来，积极参与了全球、区域内多边和双边等多个层面的反腐败国际合作。根据《公约》相关条款要求，在国内法立法方面作出了诸多完善，同时在国际反腐执法实践方面也进行了很多努力。通过逐条对照《公约》，对我国现有反腐败国际合作的相关法律法规进行审视。

1. 第四十四条　引渡

中国自2000年12月28日通过了《中华人民共和国引渡法》（以下简称《引渡法》）以来，经过十多年的立法完善，终于形成了以国际立法、国际条约及国际习惯组成的引渡法律体系。我国《引渡法》对《公约》中规定的引渡条例的相关原则进行了规定，包括双重犯罪原则（《引渡法》第7条第1款第1项）；附带引渡原则（《引渡法》第7条第1款和第2款）；政治犯不引渡原则（《引渡法》第8条第3项）；本国国民不引渡原则（《引渡法》第8条第1项）。除此之外，我国的《中华人民共和国刑法》《中华人民共和国刑事诉讼法》《中华人民共和国缔结条约程序法》对引渡的相关制度做了原则性的规定，如《中华人民共和国刑法》第11条规定“享有外交特权和豁免权的外国人的刑事责任，通过外交途径解决”，从而排除了这类人员的可引渡性；《中华人民共和国刑事诉讼法》第18条规定：“根据中华人民共和国缔结或参加的国际条约，或者按照互惠原则，我国司法机关和外国司法机关可以相互请求刑事司法协助。”国际条约方面，截至2023年9月，我国已与各国缔结双边引渡条约共60项，其中亚洲国家20个、欧洲国家14个、非洲国家14个、拉美国家11

个、大洋洲国家 1 个,[①] 没有引渡条约的，可以援引多边公约来开展引渡。

2. 第四十五条　被判刑人的移管

《公约》第 45 条被判刑人的移管规定：“缔约国可以考虑缔结双边或多边协定或者安排，将因实施根据本公约确立的犯罪而被判监禁或者其他形式剥夺自由的人移交其本国服满刑期。” 2018 年 10 月通过的《中华人民共和国国际国际刑事司法协助法》第八章对被判刑人移管制度进行了正式的法律确认，我国之前以及以后所签订的被判刑人双边移管条约从此有了国内法律制度的支撑。截至 2023 年，中国已经和西班牙、澳大利亚、韩国、俄罗斯等在内的 17 个国家签署了双边移管被判刑人条约。当前，《中华人民共和国国际刑事司法协助法》第八章的规定与我国已签订的条约存在较大的现实障碍，当我国向外“移出”被判刑人时，我国的执法和司法机关缺乏国内程序法上的指导，比如执行机构、执行程序等；而当国外向我国“移入”被判刑人时，对国外判决的转换程序上亦有法律依据不明的问题。整体上，国际移管合作中，我国被判刑人移管制度缺少国内法律规范作为支撑。[②] 我国应当逐步建立和完善被判刑人移管的制度体系，以推动我国被判刑人移管制度的国际化进程。

3. 第四十六条　司法协助

中国的司法协助工作开始于 20 世纪 80 年代改革开放初期，虽然起步较晚，但是发展很快，成绩显著。《中华人民共和国国际刑事司法协助法》的落地使得国际刑事司法协助制度真正有了一套成体系的国内法，不再分散在一个个的刑事司法协助条约中。《中华人民共和国国际刑事司法协助法》将国家监察委员会确定为开展国际刑事司法协助的主管机关之一，赋予了监察机关在腐败犯罪案件调查等活动中与外国有关部门和机构，开展反腐败国际合作与刑事司法协助的职责，明确了监察机关和国内有关机关在刑事司法协助中的职责分工，

① 《中国对外缔结引渡条约 30 年来成绩斐然》，2023 年 9 月 4 日，https://baijiahao.baidu.com/s?id=1776074687130353309&wfr=spider&for=pc。

② 同乌克兰、俄罗斯、西班牙、葡萄牙、韩国、澳大利亚、泰国和吉尔吉斯斯坦等 8 国的被判刑人移管条约已经生效。

与《中华人民共和国监察法》相对接。[①] 截至2023年底，中国已与86个国家签署双边司法协助条约，年均办理国际刑事司法协助请求300多件、民商事请求3000多件。[②]

国际司法协助原则上只能在主权国家之间开展。根据“一国两制”的原则，香港特别行政区和澳门特别行政区拥有与内地不同的法律体系和司法制度，作为特殊处理，特别行政区基本法规定特区可在中央政府的协助和授权下，与外国开展司法协助。港澳特区与外国开展司法协助合作时应维护国家的主权、安全与公共秩序等国家利益。为此，两特区均确立了司法协助请求的通报审查机制，即特区对外开展司法协助个案合作时，须逐案向中央政府通报，中央政府从外交、国防、国家的主权、安全和公共秩序角度审查特区通报的请求，中央政府就此作出的指示对特区有约束力。

4. 第四十七条　刑事诉讼的移交

刑事诉讼移交在某种程度上可以说是引渡的替代措施，当某一国家由于特定的原因而不能接受外国的引渡请求时，请求国可以通过诉讼移交的方式要求被请求国在其本国境内对有关人员进行刑事追诉。在中国，刑事诉讼移交这种刑事司法协助形式最早出现在1989年中国加入的《联合国禁止非法贩运麻醉药品和精神药物公约》中，其后，中国与希腊、土耳其、泰国签订了相关的刑事司法诉讼移交条约。2018年10月，《中华人民共和国刑事诉讼法》修订通过，缺席审判制度正式写入法律。建立缺席审判制度是从反腐败追逃追赃角度提出的，但不仅限于贪污贿赂案件，其他重大案件确有必要及时追究的，在充分保障诉讼权利的前提下，也可以进行缺席审判，为反腐败追逃追赃工作奠定了更加坚实的法律基础。[③]

---

① 孙梦爽：《国际刑事司法协助法落地：加强国际刑事司法合作》，《中国人大》2019年第2期。

② 《司法部部长：中国已与86个国家签署双边司法协助条约》，https://baijiahao.baidu.com/s?id=1783342800641302727&wfr=spider&for=pc。

③ 《公平正义永不缺席——聚焦刑事缺席审判制度》，新华网，http://www.xinhuanet.com//2018-10/26/c_1123620735.htm。

5. 第四十八条　执法合作

多年来，中国积极推动建立与美国、加拿大的双边执法合作机制。中美双方于 1998 年 5 月签署《关于建立中美执法合作联合联络小组的谅解备忘录》，正式设立中美执法合作联合联络小组（JLG）。2014 年 8 月，在北京举办的 APEC 反腐败工作组会议和执法合作网络第一次会议，审议通过了《APEC 反腐败执法合作网络（ACT-NET）职权范围》，有利于推动我国和美国、加拿大、澳大利亚等国在内的 APEC 成员在引渡条约、司法协助、反洗钱等领域的谈判加速。2018 年 12 月签订的《中华人民共和国国家监察委员会与澳大利亚联邦警察反腐败执法合作谅解备忘录》，是国家监委成立后同西方国家签订的首个反腐败国际执法合作文件。

6. 第四十九条　联合侦查

目前中国的刑事诉讼法只对刑事司法协助进行了原则性的规定，对于涉及联合侦查的法律还没有具体的规定，但在司法实践中，中国已与其他国家开展了一些联合侦查活动，主要包括：

第一，依据双边或多边协议开展联合侦查打击跨国腐败犯罪。例如中国与澳大利亚签订的刑事司法协助条约，就承认与本条约目的相符且不违背被请求方法律的其他形式的协助。第二，通过个案合作在跨国腐败犯罪领域进行联合侦查。例如在反洗钱领域，中行广东开平支行原行长余振东等人洗钱案，中美双方互相提供司法协助，余振东最终被定罪并遣返回国。第三，派遣驻外警务联络官。驻外警务联络官，具有“警察”和“外交官”的双重身份。自 1998 年公安部首次向我国驻美使馆派出警务联络官，此后中国已向多国驻外使领馆派驻驻外警务联络官。警务联络官的职责已经扩大到国际执法合作层面，这种制度为中国以后与这些国家建立联合侦查机构奠定了基础。第四，运用国际刑警组织的合作机制。“红色通缉令”是国际刑警组织在打击国际犯罪活动中使用的一种紧急快速通缉令，有助于简化追捕程序，提高追逃和反腐的效率，但是其并没有法律效力，主要起到信息传递的作用。在联合侦查方面的立法缺失，很大程度上制约了中国与其他国家开展这类合作。因此，应当通过立法详细地对联合侦查措施进行规定；同时，从国际合作实践中，积极探索和创新联合侦查方式，建立符合新形势的惩治腐败犯罪合作机制。

7. 第五十条　特殊侦查手段

《公约》第50条关于特殊侦查手段的运用，明确规定了三种特殊侦查手段：控制下交付、特工行动、电子或其他监视形式。中国的司法实践对于这些侦查手段虽已经有所采用，但却缺乏明确的授权和有效的程序制约，导致了实践中的混乱。因此，为了与《公约》的规定相协调，应将特殊侦查手段纳入刑事诉讼法中。

综上所述，结合各位专家对于相关条款在我国履约程度的评价（评分表见表1）可以看出，《公约》大部分条款都在我国得到了部分履行，都有相应的国内立法文件。但是立法的完善需要很长的过程，例如《中华人民共和国国际刑事司法协助法》，以及《中华人民共和国监察法》中的“反腐败国际合作”一章，都是我国在国际反腐败立法方面不断寻求与《公约》对接的表现，同时也反映出国际反腐败追逃追赃中需要克服国内法与国际法之间的障碍的需求。

表1　评估《公约》在我国的实施情况

《公约》条款	条款实施情况 （条款是否被全部/部分/没有实施?）			条款规定是否在实践中得到履行? （好/中/差）		
第44条　引渡	全部□	部分□	没有□	好□	中□	差□
第45条　被判刑人的移管	全部□	部分□	没有□	好□	中□	差□
第46条　司法协助	全部□	部分□	没有□	好□	中□	差□
第47条　刑事诉讼的移交	全部□	部分□	没有□	好□	中□	差□
第48条　执法合作	全部□	部分□	没有□	好□	中□	差□
第49条　联合侦查	全部□	部分□	没有□	好□	中□	差□
第50条　特殊侦查手段	全部□	部分□	没有□	好□	中□	差□
总评	全部□	部分□	没有□	好□	中□	差□

（二）制度视角

根据《公约》，各缔约国要设立独立而统一的反腐机构，使其能够不受影响地履行职能。鉴于此，2018 年 3 月，十三届全国人大一次会议通过《中华人民共和国监察法》，并依法正式组建国家监察委是顺应国际反腐机制要求的积极举措。国家监察委成立后，其独立统一全面的反腐败职能得到有效发挥。

一是地位的独立性。国家监察委的成立标志着我国“一府一委两院”的新政治体制架构的形成，国家监察委获得与立法机关（人大）产生的行政机关（中央和地方政府）和司法机关（法院和检察院）并列的政治地位,[①] 是党统一领导下的反腐败机构。改革以后，监察权地位上升为与独立于行政权和司法权的一项重要的国家权力，独立性和权威性都明显增强。

二是反腐败职能的统一性。改革之前，具有反腐败职能的国家机构包括纪委、预防腐败机构、检察机关、行政检察机构，职能比较分散，且存在工作重叠的领域。监察体制改革后，将政府的行政监察、预防腐败职能和检察机关查处腐败的职能进行整合,[②] 有效提升了反腐败职能的效力和威慑力。与国际反腐败职能相关联，根据《中华人民共和国监察法》，国家监察委全面负责统筹安排开展反腐败国际交流、合作等事务，因此也实现了国家反腐败职能的统一性，改变了以往由司法部、外交部等多个部门分割承担职能的局面。

三是监察对象的全覆盖。根据《中华人民共和国监察法》第 15 条规定的六大类监察对象，用法律的形式将所有行使公权力的公职人员纳入监察对象，弥补了之前监察对象上的空白,[③] 包括临时工、无编制人员等，都是《中华人民共和国监察法》规定范围内的监察对象。

---

① 徐海燕：《国家监察体制改革及其分析》，《北京行政学院学报》2017 年第 3 期。

② 彭新林：《国家监察体制改革：动因、要义与方略》，《学术界》2018 年第 10 期。

③ 《“官场商业奇才”、车管业务“临时工”……5 个案例读懂监察对象全覆盖》，中央纪委国家监委网站，http://www.ccdi.gov.cn/yaowen/201809/t20180926_180420.htmlhttp://www.ccdi.gov.cn/yaowen/201809/t20180926_180420.html。

（三）反腐败国际合作的积极成果

党的十八大以来，国内反腐败取得巨大成就的同时，在国际反腐败舞台上，我国也发挥着越来越重要的作用。2015年，中央反腐败协调小组启动“天网行动”进行海外（境外）反腐败追逃追赃，并公布了针对100名涉嫌犯罪的外逃国家工作人员、重要腐败案件涉案人等人员的红色通缉令，加大全球追缉力度。“天网行动”至2019年，先后追回外逃人员6690人，追回赃款151亿元人民币，“百名红通人员”已到案60人。其中，2018年追回外逃人员1335人，追回赃款35亿多元人民币。[①] 2016年11月16日，“百名红通人员”头号嫌犯杨秀珠回国投案自首，是中美执法合作联合联络小组（JLG）“重点个案突破”的标志性成果。[②]国家监委组建两年以来，追逃追赃“天网行动”共追回外逃人员3425人，追回赃款91.6亿元。[③] 2019年印发的《纪检监察机关办理反腐败追逃追赃等涉外案件规定（试行）》明确了追逃追赃的工作范围、纪检监察机关的追逃追赃职责和追逃追赃部门的工作任务等，这是纪检监察机关首部关于追逃追赃的规范性文件，为推动实现追逃追赃的法治化提供了重要的制度保障。

近年来，我国在反腐败国际公约的修订中发挥了积极作用。2014年11月8日，第一个由中国起草的国际性的反腐败宣言——《北京反腐败宣言》在APEC部长级会议通过。2016年9月，二十国集团（G20）杭州峰会上，一致通过《二十国集团反腐败追逃追赃高级原则》，在华设立G20反腐败追逃追赃研究中心。2019年举办的廉洁丝绸之路分论坛上，发起《廉洁丝绸之路北京倡议》，扩大了“一带一路”的反腐“朋友圈”，搭建了国际反腐合作的新平台。2021年6月2日，联合国大会首次举行反腐败问题特别会议，主题为“预防和

① 参见中央纪委监察部网站。

② 《构建国际反腐新秩序进入“北京时间”》，http://theory.people.com.cn/n1/2017/0103/c40531-28994081.html。

③ 王卓：《两年来共追回外逃人员3425人赃款91.6亿元》，中央纪委国家监委网站，2020年3月30日，http://www.ccdi.gov.cn/toutiao/202003/t20200330_ 214415.html。

打击腐败的挑战和举措，加强国际合作”。会议上，中方代表提出反腐败国际合作的四项主张：坚持公平正义、尊重差异、合作共赢、信守承诺。这次会议通过政治宣言，成为继《联合国反腐败公约》之后全球性的反腐败指导文件。

这一系列的成果表明，国家监委组建以后，积极参与全球腐败治理，在重塑由西方发达国家主导的国际秩序的过程中，逐渐从国际反腐败参与者转变为国际反腐新议程设置者、新规则制定者、新平台搭建者，在全球腐败治理中拥有越来越大的话语权和影响力。

五、面临的挑战以及如何应对

（一）国际反腐合作进程中面临的挑战

在与其他国家进行反腐败国际合作的过程中，虽然有《公约》的框架指引，但在具体实践的过程中依然会存在很多问题。

一是法律障碍。根据《公约》中的相关条款，《中华人民共和国引渡法》是在加入《公约》前已经颁布，因此在很多方面与《公约》的要求还有差距。例如《公约》中将“涉及财税的犯罪规定为可引渡之罪”，而在《中华人民共和国引渡法》中没有明确列出；死刑在中国刑法中的广泛存在与公约关于死刑犯不予引渡的规定形成很大反差，使得死刑成为中国成功引渡的最大法律障碍。还有《公约》中规定的“或者引渡，或者起诉”的义务，都没有在《中华人民共和国引渡法》中体现。其他条款，例如前文提到的联合侦查、特殊侦查手段的运用等，都缺乏相关的国内立法。同时要积极寻找引渡的替代措施，根据作者与纪委工作人员的访谈，我国首创的“劝返”手段的运用，极大地提高了追逃追赃的效率。[①] 另一个角度来说，也反映出我们正式法律制度的缺乏，需要进一步完善立法。

二是制度障碍。国际机制是由不同的国家共同商议设立，相互博弈的结

① 根据访谈记录，访谈日期为 2017 年 9 月。

果，因此必然带有明显的政治意涵。随着我国政治经济的发展，在国际事务中话语权的提升，我国具有中国特色的政治和司法体制必然会与之前西方国家主导的国际政治体制出现冲突。例如在嫌犯引渡以及反腐追逃追赃事务上，西方国家以自身国家利益为核心，经常以我国不符合西方民主价值标准为由拒绝与我国进行合作，对我国的司法体制妄加批判，违反了基本的国际道义和相关规则。因此，国际合作机制的构建是国家之间利益冲突和制度博弈的结果。

三是文化认知障碍。腐败既是一种客观现象，同时也是一种主观认知的概念，不同国家的民众受其政治体制、社会文化和意识形态的影响，会对如何定义腐败产生差异。例如，透明国际每年发布的廉洁指数，就是对于不同国家地区民众主观腐败感知程度的测量。近几年我国的得分一直与我们前所未有的反腐力度不相匹配。从中可以看出，西方国家对于我国反腐政策和反腐效果的认知还存在一定的差异，短期内难以实现对于腐败认知的统一目标。

（二）引领构建国际反腐新机制的路径

腐败问题的国际化使其必须通过国际合作的方式进行解决，之前的国际反腐机制不断受到新的国际形势和问题的挑战，不同国家之间因为利益冲突和政治力量的变化，很难实现长久的合作。而且，近几年我国在国内反腐倡廉方面取得的成就是有目共睹的，同时积极参与并主导全球腐败治理。因此，我国要成为国家反腐新秩序的引领者，需要从法律、制度和文化等几个方面来努力。

一是法律层面。通过强化相关国际法和国际公约的效力来深化反腐败国际合作。在国际社会中，任何国际合作尤其是司法方面的合作是没有强制力保障的，国家之间应当尽可能地通过构建约束和控制机制来保证国际合作稳定和持续。例如《公约》的履约评估机制，就是对缔约国履行国际公约的一种审查机制。因此，我国要努力树立法治国家的形象，积极参与到国际反腐规则和公约的制定过程中，减少与其他国家在法律方面的障碍。

二是制度层面。制度的变革是以政治和社会主体的利益变化为导向的，变革的目的就在于实现共同利益的最大化。在国际合作机制中，一直是发达国家的利益占据主导地位，在制度设计中占优势。我国作为最大的发展中国家，需要以身作则，通过不断完善各项反腐败举措来提高自身在国际机制设置中的影响力，与其他发展中国家共同在国际反腐机制重建中实现自己的利益诉求。

三是文化层面。在对于腐败的主观认识方面，一方面要在国际社会层面达成共识，认为腐败是具有危害性的全球性问题，任何国家都要将其作为惩治和打击的对象；另一方面腐败问题并不是发展中国家特有的现象，欧美发达国家中也依然存在腐败的案例，在透明国际清廉指数中排名前列的新加坡和中国香港等地区，依然有腐败案例被查处。因此，我国要用我们的“腐败故事”推动国际社会形成对腐败问题的统一认知，形成界定腐败犯罪行为的统一标准，这是实现国家反腐合作的首要基础。

理论前沿

JOURNAL OF CLEAN GOVERNANCE

海南自贸港开展企业反腐败合规建设的行为逻辑

——基于SCP模型的扎根理论分析

田湘波　罗厚卿

摘　要　本文运用SCP模型和对政策文本的扎根理论分析海南自贸港开展企业反腐败合规建设的行为逻辑。在结构层面，海南自贸港开展企业反腐败合规建设受到党中央决策部署、国际环境刺激的影响。在行为层面，海南自贸港通过设置完善的合规组织体系、构建流畅的合规运行机制、建立健全的合规制度、培育优良的合规文化、明确清晰的权责关系、营造包容的营商环境、运用新兴的信息技术等方式构建企业反腐败合规体系。在表现层面，海南自贸港将实现保护企业并减少其犯罪风险、促进深化改革与高质量发展的目标。

关键词　海南自贸港；反腐败合规；SCP模型；扎根理论

反腐败合规是企业为防范化解涉腐风险所建立的治理机制。自1977年美国颁布的《反海外腐败法》首次提出“反腐败合规”概念以来，反腐败合规逐渐引起了许多国家与国际组织的注意。当前，我国提出高水平对外开放，海

基金项目：2020年度教育部人文社会科学研究规划基金项目“党的巡察制度运行机制及其效应评价研究”（20YJA710034）。

作者简介：田湘波，历史学博士，湖南大学马克思主义学院教授，湖南大学廉政研究中心副主任，主要研究领域为政治制度及比较廉政制度；罗厚卿，湖南大学马克思主义学院本科生，主要研究领域为纪检监察学。

南自贸港正处在高水平对外开放的新台阶上。为促进海南自贸港的进一步发展，反腐败合规管理被运用于海南自贸港的建设。

一、相关文献述评

目前，学界对于海南自贸港建设与发展的研究较为丰富，并对这一国家级战略决策有着较为深刻的看法。在宏观经济层面，石建勋、徐玲等学者基于新发展格局，指出海南自贸港成为国内消费升级的核心承接点、连接国内外经济循环的关键桥梁，以及中国在全球经济循环中的战略要地。[①] 在生态文明方面，刘涵指出推动生态文明创新是海南自贸港改革示范的内在需求，与通过高水平对外开放推动海南自贸港高质量发展的目标相吻合。[②] 在法律法规层面，刘云亮认为自贸港法规体系凸显自贸港基本制度特色中国化、经济形态机制开放化、治理机制透明化、经贸规则国际化等特性，这些特性推动自贸港法治创新，促进和保障自贸港制度集成创新。[③]

关于企业的反腐败合规建设，学界也进行了一定数量的研究分析。Serena Hamann 认为，企业通过建立合规计划采取补救措施，能够对企业的反腐败整改产生较强的激励作用。[④] 毛逸潇认为，企业建立专项合规体系能够通过厘清专业性合规要素、重视预防性合规体系建设、统合合规管理与财务管理、逐步培育廉洁合规文化等方式有效预防专门领域犯罪的发生，避免受到腐败行为的侵害和刑事责任的追究。[⑤] 杨宇冠认为，通过完善不起诉制度能够促进企业合规，处理企业触犯刑事法律的行为，从而完善我国的刑事管辖权。[⑥]

---

① 石建勋、徐玲：《新发展格局下海南自贸港建设与发展战略研究》，《海南大学学报（人文社会科学版）》2022 年第 2 期。

② 刘涵：《海南自贸港生态文明体制机制创新研究》，《海南大学学报（人文社会科学版）》2024 年第 1 期。

③ 刘云亮：《中国特色自贸港法规体系构建论》，《政法论丛》2021 年第 6 期。

④ Serena Hamann, "Effective Corporate Compliance: A Holistic Approach for the SEC and the DOJ," *Washington Law Review*, Vol. 94 (2019), p. 851.

⑤ 毛逸潇：《企业刑事合规激励模式——以反腐败专项合规为例》，《比较法研究》2024 年第 2 期。

⑥ 杨宇冠：《企业合规案件不起诉比较研究——以腐败案件为视角》，《法学杂志》2021 年第 1 期。

综上所述，当前学界准确把握了海南自贸港的发展趋势，并从多角度进行剖析。在企业反腐败合规方面，学界也进行了理论探索，并提出了完善意见。但目前的研究依旧存在不足。第一，缺少从企业反腐败合规领域对海南自贸港发展的深入探索。海南自贸港的建立为我国企业的反腐败合规建设提供了良好的平台。海南企业在进行自由贸易的同时，能够近距离与国外企业进行经验交流，所以海南自贸港开展企业反腐败合规建设拥有得天独厚的优势。第二，国内关于企业合规的研究主要基于比较法的视角，聚焦于介绍域外经验，即介绍域外各国是如何开展企业反腐败合规管理实践的；同时国内学术界大多使用“廉洁合规”范畴，而不是“反腐败合规”范畴，这与国际学术界的术语不一致。第三，无论是海南自贸港的发展，还是企业反腐败合规建设的研究，目前都普遍缺乏具体研究模型与科学研究方法的运用，这导致现有研究在逻辑结构、系统框架方面缺乏较强的说服力。因此，本文将基于 SCP 模型，并运用 NVivo 12 软件对海南自贸港开展企业反腐败合规建设进行扎根理论分析。

二、海南自贸港与反腐败合规建设的背景

（一）海南自贸港的发展

海南省经历了经济特区、自由贸易试验区、自由贸易港三个阶段。这深刻体现了党中央、国务院坚持扩大开放，推动高水平对外开放的决心与毅力。2020 年，海南自由贸易港开始建设，这一举措是针对国内外形势作出的深思熟虑的部署。受逆全球化思潮等因素的影响，当今世界营商环境恶劣，对外贸易疲软。在习近平总书记的亲自指挥和部署下，海南自由贸易港以《中国（海南）自由贸易试验区总体方案》为指导，以借鉴国际经验、体现中国特色、符合海南定位、突出改革创新、坚持底线思维为基本原则，[①] 推动海南建立高效自由的投资贸易体系。经过多年的实践，海南在法律法规方面不断完善与健全，建立了以市场为主导的营商环境，提升了产业的竞争力，也有效地控制了

① 《中国（海南）自由贸易试验区总体方案》，《海南日报》2018 年 10 月 17 日，第 A04 版。

企业风险，海南正朝着市场自由化和贸易国际化方向前进。在此背景下，海南自贸港的企业建设也积极与国际接轨，吸取外企优秀的建设措施和经验，促进海南自贸港企业向国际化方向发展，实现企业体系和制度的优化目标。

（二）反腐败合规建设

当前，通过加强企业反腐败合规建设来完善企业治理体系制度及预防企业腐败已成为一种潮流。企业反腐败合规的内涵是指企业建立一套预防、规范和化解企业涉腐风险的合规制度。当前，企业及其员工的商业贿赂现象较为普遍，这往往会给社会和企业自身带来极大的负面影响。针对企业的腐败违法行为，常常采用外部执法或司法机构的“一刀切”式制裁。这种事后惩处机制往往会将企业的“个人”与企业“整体”混为一谈，对企业造成二次伤害。

反腐败合规建设，就是在司法部门与行政执法部门的指导、激励与监督下，通过强化自身内部的管理，并运用事前的监管预防机制和事后的合规激励机制来降低企业腐败行为的发生概率。企业反腐败合规将企业的腐败违法风险的监管职权，由完全的政府主导转化为企业建立一套防范、识别腐败风险的“自警自监”体系。① 这将企业的自我管理与预防腐败风险相结合，并通过相关部门的正向与反向机制激励，为企业的腐败治理提供新思路。

与国际企业合规治理趋势相一致，我国也积极实施了企业合规建设。合规建设这种“舶来品”正逐渐与我国企业的现代化建设相融合。2018 年，国务院国有资产监督管理委员会制定了《中央企业合规管理指引（试行）》；2021 年，最高人民检察院、司法部等研究制定了《关于建立涉案企业合规第三方监督评估机制的指导意见（试行）》；2022 年，国务院国有资产监督管理委员会决定将 2018 年出台的《中央企业合规管理指引（试行）》版本转正，发布了《中央企业合规管理办法》。我国企业合规建设正朝着“构建有中国特色的企业合规制度”方向迈进。

---

① 解志勇、那扬：《有效企业合规计划之构建研究》，《法学评论》2022 年第 5 期。

三、理论嵌入与研究设计

（一）模型与方法介绍

1. SCP 模型介绍

SCP（structure-conduct-performance）模型，是由哈佛大学产业经济学家贝恩、谢勒等人创建的产业组织分析模型。该模型包含结构、行为、绩效三部分，三者之间能够形成连贯的运行机制。SCP 模型能够有效分析具体因素与企业绩效的关系，因此被学者们广泛应用于企业创新绩效领域。[①] 然而，本文的研究内容是海南自贸港的企业反腐败合规建设，属于政治领域，与产业组织研究存在一定的差距，因此需要对传统的 SCP 分析模型进行一定程度的优化与更新。

S（structure）原意指市场结构，主要内容为外部环境可能对产业结构产生的变化与影响。在本文中，S 主要指催生海南自贸港开展反腐败合规建设的各种影响因素。C（conduct）原意指企业行为，主要内容为企业针对外部环境与产业结构的变化所采取的行为措施。在本文中，C 主要指海南自贸港开展企业反腐败合规建设的具体方式。P（performance）原意指经营绩效，主要内容为企业在市场结构以及企业行为的影响下，在经营利润、市场份额等方面发生的变化趋势。在本文中，P 可以理解为表现，即海南自贸港在开展企业反腐败合规建设后所发生的变化。

2. 扎根理论介绍

扎根理论是由哥伦比亚大学 Anselm Strauss 和 Barney Glaser 发明的质性研究方法。扎根理论基于现有的原始资料，首先对其进行理性与系统的归纳，然后不断抽象与加工范畴，最终构建出相关的理论体系。[②]

---

① 孙林杰、梁铄、康荣：《基于 SCP 范式的企业创新绩效影响机制研究》，《科学学研究》2019 年第 6 期。

② Roy Y. J. Chua, "Innovating at Cultural Crossroads: How Multicultural Social Networks Promote Idea Flow and Creativity," *Journal of Management*, Vol. 44 (2018), pp. 1119-1146.

3. NVivo 工具介绍

NVivo 是由澳大利亚 QSR 公司开发的一款质性研究软件，能够处理和分析大量的文本、音频、视频和其他形式的非结构化数据。NVivo 广泛用于市场研究、政策分析、法律解读等领域，能够帮助研究者通过导入数据、创建编码与标签、形成可视化报告等方式，进行数据的整理与分析。本文即选择 NVivo 12 软件对海南自贸港现有合规政策进行扎根理论分析。

（二）数据来源

扎根理论以通过深度访谈、实地调研等方式获取的第一手资料，与包括文献、政策文本、新闻报道在内的第二手资料为基础。由于政策具有权威性与目标性，能够较为准确地反映社会发展的方向与规划，因此本文选择政策文本作为研究的基础，通过北大法宝、海南省人民政府官网、国务院国有资产监督管理委员会官网等网站，对有关海南自贸港建设、企业反腐败合规的政策文本进行初步搜索与归纳。为提高政策与研究主题的契合度，本文对政策文本进行了进一步筛选，共筛选出 7 项更具有代表性与完整性的政策（见表 1）。

表 1　进行扎根理论分析的政策文本

序号	政策文本	出台单位
1	《中央企业合规管理办法》	国务院国有资产监督管理委员会
2	《关于建立涉案企业合规第三方监督评估机制的指导意见（试行）》	最高人民检察院、司法部、财政部等
3	《中国（海南）自由贸易试验区总体方案》	国务院
4	《海南省省属企业合规管理办法》	海南省国有资产监督管理委员会
5	《关于支持民营经济发展的若干措施》	海南省人民政府办公厅
6	《海南省市场监督管理局关于促进海南跨境电商合规经营健康发展的指导意见》	海南省市场监督管理局
7	《海南省公用企业反垄断合规指引》	海南省市场监督管理局

（三）研究过程

扎根理论分析需要依次进行三级编码，即开放式编码、主轴编码与选择性编码。根据三级编码的研究思路，对政策文本中的内容贴类属标签，系统提炼出海南自贸港开展企业反腐败合规建设的行为逻辑，并构建出海南自贸港开展企业反腐败合规建设的 SCP 理论模型。

1. 开放式编码

开放式编码要求研究者摒弃个人主观臆断，破除“习惯性预期”的桎梏，秉持对原始资料的实事求是的态度进行相关操作。开放式编码是三级编码的根基，需要研究者对文本内容进行审慎的“剔除”与“聚拢”，最终逐步析出初始概念并构建相应的初始范畴。[①] 本文对收集的 7 项政策进行整理，共获得超过 3.3 万字的文本材料，并将其导入 NVivo 12 软件，通过对材料的分解、比对与“贴标签”，共归纳出 11 个初始范畴，涉及 104 个参考点（见表 2）。

2. 主轴编码

主轴编码是对开放式编码的进一步深化与拓展，是其上位类属，能够建立起主从范畴之间的有机联系。通过主轴编码，研究者能够建立起一个更为完整和系统的概念框架，为后续的选择性编码和模型构建提供支撑。本文基于 SCP 模型，对初始范畴进行归类与整合，最终得出结构、行为、表现三个主范畴（见表 2）。

① 伍多·库卡茨：《质性文本分析：方法、实践与软件使用指南》，朱志勇、范晓慧译，重庆大学出版社 2017 年版，第 21 页。

3. 选择性编码

选择性编码是对主范畴进行深度归纳与提炼的过程，能够得出抽象且凝练的核心范畴，并构建出一条清晰的行为线来诠释整个研究资料。① 基于前两轮的编码，本文将核心范畴确定为“海南自贸港开展企业反腐败合规建设的行为逻辑”（见表 2）。这一核心范畴精准地概括了海南自贸港在企业反腐败合规建设方面的 S、C、P 各个环节。

表 2 海南自贸港开展企业反腐败合规建设的行为逻辑的研究编码表

核心范畴	主范畴	初始范畴	参考点
海南自贸港开展企业反腐败合规建设的行为逻辑	结构	落实党中央决策部署	8
		国际环境刺激	2
	行为	设置完善的合规组织体系	13
		构建流畅的合规运行机制	13
		建立健全的合规制度	17
		培育优良的合规文化	9
		明确清晰的权责关系	10
		营造包容的营商环境	9
		运用新兴的信息技术	12
	表现	保护企业并减少其犯罪风险	5
		促进深化改革与高质量发展	6

4. 构建 SCP 理论模型图

通过对政策文本进行三级编码，本文最终构建出“海南自贸港开展企业反腐败合规建设的行为逻辑”的 SCP 理论模型图（见图 1）。

① 吴肃然、李名荟：《扎根理论的历史与逻辑》，《社会学研究》2020 年第 2 期。

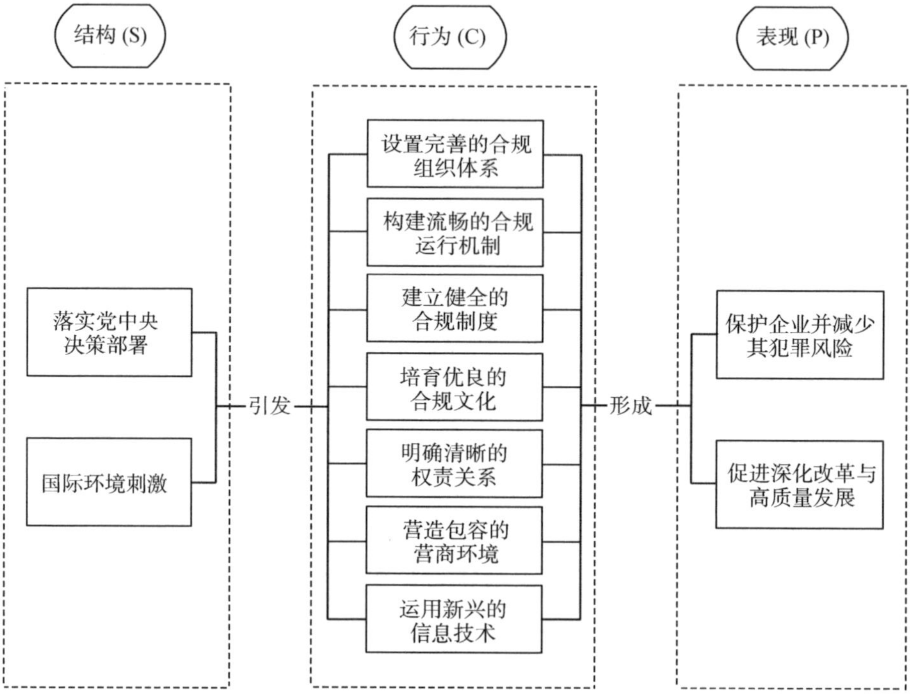

图1 海南自贸港开展企业反腐败合规建设的行为逻辑的SCP理论模型图

四、行为逻辑阐释

（一）结构（S）

1. 落实党中央决策部署

建设海南自贸港与开展企业反腐败合规建设都属于党中央的决策部署。海南自贸港作为国家重大战略，由习近平总书记亲自谋划、亲自部署、亲自推动。海南自贸港的建设源于党中央对国内外发展大势的洞察，能够凸显我国坚持扩大对外开放的决心，彰显了我国积极推动经济全球化的态度。①

目前，国有企业构建反腐败合规体系是深入贯彻落实习近平法治思想、推

① 《中国（海南）自由贸易试验区总体方案》，《海南日报》2018年10月17日，第A04版。

进全面依法治国，以及推动深化改革与高质量发展的重要举措。[①] 中央相继出台了《关于建立涉案企业合规第三方监督评价机制的指导意见（试行）》《中央企业合规管理办法》等文件。这些文件旨在引导企业建立起健全的治理机制，促进市场经济稳健发展。企业反腐败合规已成为当前学界研究的热点问题及我国法治建设的发展方向。[②]

实施企业反腐败合规是推动海南自贸港高质量发展的必然要求。通过构建反腐败合规，企业能够规范自身行为，提高经营水平，增强市场竞争力，为海南自贸港的高质量发展贡献力量。海南自贸港建设企业反腐败合规是落实党中央决策部署的必要举措，不仅为海南自贸港的长远发展奠定基础，还能推进我国法治建设。因此，落实党中央的决策部署是催生海南自贸港开展反腐败合规建设的核心影响因素。

2. 国际环境刺激

根据政策文本，国际环境刺激主要包括“一带一路”等国际合作的要求、国外企业反腐败合规的吸引两种。

海南自贸港作为“一带一路”倡议的重要“合作走廊”，开展企业反腐败合规建设具有充分的必要性。“一带一路”倡议强调共商、共建、共享原则，要求各方在平等互利的基础上共同制定和实施符合可持续发展原则的合作方案。海南自贸港作为对外开放的重要窗口和试验田，必须严格遵守法律法规和国际规则，加强企业反腐败合规建设，确保合作项目的健康有序进行。同时，随着全球化进程的深入发展，跨国企业间的交流与合作日益密切。作为国家级战略区域，海南自贸港在吸引外资、促进国际贸易等方面具有重要地位。为提升营商环境、增强投资者信心，应当开展企业反腐败合规建设。

自 1977 年美国颁布《反海外腐败法》首次提出“反腐败合规”以来，许多国家和地区已经建立了较为完善的反腐败合规体系。2003 年通过的《联合国

① 国务院国有资产监督管理委员会：《中央企业合规管理办法》，http://www.sasac.gov.cn/n2588030/c26018430/content.html?eqid=f27c215000051bdc000000066437c3bf。

② 王迎龙：《企业合规不起诉：政策、教义与边界》，《兰州学刊》2024 年第 4 期。

反腐败公约》规定企业可作为腐败行为的主体，企业腐败将阻碍企业发展，扰乱经济秩序。因此，加强企业反腐败合规建设已成为全球企业发展的普遍共识，更是推动企业实现可持续发展的必然选择。① 为了与国际接轨，提升海南自贸港的国际竞争力，必须开展企业反腐败合规建设，建立健全的合规制度和机制，这不仅有助于维护海南自贸港的形象和声誉，也能促进企业的高质量发展。

（二）行为（C）

1. 设置完善的合规组织体系

基于政策文本，海南自贸港的企业可以从董事会、经理层、合规委员会以及合规管理员等多个角度推进反腐败合规建设。

董事会是企业的经营决策机构，是企业反腐败合规建设的核心。董事会在反腐败合规中制定战略、作出决策，履行审议批准反腐败合规制度、建立有效的监督与评价机制、定期审查和评估合规工作、设置合规部门等职能。

经理层是企业的主持策划机构。经理层在企业反腐败合规中进行具体的经营与管理，履行制定反腐败合规运行机制、制定反腐败合规制度、指导与监督反腐败合规工作、应对反腐败合规风险等职能。

专门设立的合规委员会负责全面协调和监督企业的合规工作。按照现有政策文本，国有企业的合规委员会与企业法治建设领导小组或风险控制委员会等合署办公。② 合规委员会负责企业反腐败工作的具体开展，参与反腐败合规制度的起草；对相关制度、合同、人员进行合规审查；受理违规举报并进行调查；开展企业合规培训、培育合规文化等。

企业还应设立首席合规官以及若干专兼职的合规管理员。首席合规官与合规管理员需具备丰富的合规治理经验与专业知识，并向合规委员会与董事会负责。合规管理员负责执行具体合规政策，监督合规行为。

---

① 杨宇冠：《企业合规案件不起诉比较研究——以腐败案件为视角》，《法学杂志》2021年第1期。

② 海南省国有资产管理委员会：《海南省省属企业合规管理办法》，https://gzw.hainan.gov.cn/zwgk_23509/gkbz/zfxxgkml/202211/t20221114_3307081.html。

2. 构建流畅的合规运行机制

海南自贸港构建流畅的合规运行机制具体包括合规风险识别预警机制、合规审查机制、合规管理与其他管理的协同运作机制、合规举报机制、违规问题整改机制、合规管理体系有效性评价机制等。

合规风险识别预警机制是预防腐败行为的第一道防线。合规风险识别预警机制要求建立合规风险数据库，收集与分析企业内外的相关数据信息，如采购、合同、税务等，通过梳理与评估这些数据，发现并预警潜在的腐败风险点。

合规审查机制作为必经程序嵌入企业的经营管理流程中。在合规审查机制中，合规委员会占据主导地位，有权对企业高风险违规领域进行审查，并对相关决策的合规性提出意见。

合规管理与其他管理的协同运作机制，具体是指合规管理与法务管理、风险管理的协同。该协同运作机制强调反腐败合规工作实现全面覆盖，提升整体管理效能，避免职能交叉与重复。各部门之间通过加强沟通与协作，实现“1+1>2”的效能，共同推进反腐败合规工作。

合规举报机制的设立能够有效提升员工参与反腐败合规的积极性。合规举报机制要求建立一个公开、安全、便捷、有效的举报渠道，如设立违规举报邮箱、电话、网页等，同时确保对举报信息严格保密与妥善处理。鼓励与发动广大员工参与反腐败合规建设，营造清正廉洁的环境。

违规问题整改机制能够有效地纠正违规问题，预防腐败行为再次发生。企业通过健全制度、优化流程、剖析问题、明确违规原因与责任等方式，建立违规整改措施，提升企业反腐败合规经营能力。

合规管理体系有效性评价机制主要负责检验企业反腐败合规的效果。企业反腐败合规效果由董事会进行评估，需要董事会对企业合规管理体系提出意见与改进措施。董事会应积极吸纳企业成员的反馈与意见，并要求经理层与合规委员会按要求进行整改。

3. 建立健全的合规制度

建立健全的反腐败合规制度能为企业提供明确的行为准则和规范，同时能为企业的反腐败工作提供有力的制度保障。海南自贸港的企业根据中央与海南省的法律法规、指导意见构建反腐败合规制度。反腐败合规制度能够清晰界定适用的范围和效力层级，同时能够详尽阐述总体目标，明确各个机构的职责，阐明运行机制的具体细节，设定合理的考核评价体系，以及建立严格的监督问责机制。在税务、采购、会计等违规风险较高的业务领域，应针对性地构建专项反腐败合规制度。

4. 培育优良的合规文化

培育优良的反腐败合规文化能够充分发挥文化软实力的积极作用，使企业人员在潜移默化中形成诚信守法、合规经营的意识。培育优良的合规文化可分为开展常态化反腐败合规培训、进行反腐败合规宣传教育两个方面。

常态化反腐败合规培训是培育优良合规文化的基础。董事会应制订年度培训计划，由合规管理人员担任教育者，定期开展反腐败合规培训，确保企业人员对反腐败合规有深刻理解。通过培训，使企业人员明确职责和义务，了解腐败行为的危害性和后果，增强合规意识，最终形成自觉遵守合规的良好习惯。

反腐败合规宣传教育是增强合规意识的重要手段。企业通过宣传栏、企业网站、微信公众号、合规手册发布等多种渠道，积极宣传反腐败合规知识和典型案例，营造浓厚的反腐败合规氛围，激发企业人员学习合规知识的热情，提高合规素养。

5. 明确清晰的权责关系

海南自贸港构建企业反腐败合规机制必须建立在权责分明的基础上。企业的主要负责人是反腐败合规工作的第一责任人，承担领导企业开展反腐败合规工作的责任，具体包括制定合规政策、推动合规文化建设、落实合规制度、全面推动企业反腐败合规工作等。

合规委员会是合规管理的执行机构，承担合规管理的主体责任。合规委员会的具体职责包括制订具体的合规管理计划、监督合规制度的执行情况、组织合规培训和教育活动、调查和处理违规行为等。

完善追责问责机制能为权责关系落到实处提供机制保障。建立严格的追责问责机制，能够有效处理违规行为，追究相关人员的责任。明确的追责问责机制，同时也能形成震慑效应，有效防止腐败行为的发生，维护企业的合规秩序。

6. 营造包容的营商环境

营造包容的营商环境，有助于提升企业的合规意识，促进企业的健康发展，为海南自贸港的建设注入新的活力。

政府与企业之间建立起清晰的政商关系。政府为企业提供必要的政策支持和服务，同时确保权力透明，防止权力寻租和腐败现象的发生。通过加强政企沟通等方式，营造健康、和谐的政商环境，为企业的反腐败合规工作提供有力支持。

海南省政府不断优化政务服务，充分利用当前已有的“海易办”与“海政通”两大平台并不断完善平台功能，简化审批流程、提高办事效率，为企业提供便捷、高效的政务服务。这种政务服务能够减少政府工作人员与企业之间的接触机会，降低腐败发生的可能性。

健全容错保障机制，落实司法“少捕慎诉慎押”原则，有效保护企业权益。对于个人而非企业出现的轻微违规行为，给予一定的容错空间，避免过度惩罚。司法机关秉持“少捕慎诉慎押”的原则，确保案件处理公正合理，实现对企业合法权益的有效维护。

7. 运用新兴的信息技术

构建合规管理信息系统，对合规制度、案例、培训及违规行为等核心要素进行全面整合，形成一个高效、便捷的信息管理平台。合规管理信息系统包括合规政策库、合规培训资料库、合规风险案例库等内容，为企业提供全面、系统的反腐败合规技术支持。

加强反腐败合规管理信息系统与财务、投资、采购等其他信息系统的互联互通。合规管理信息系统的互联互通将使合规数据能够实时、准确地流动于各个业务系统之间，实现数据的共用共享，打破信息孤岛，优化业务流程，提升工作效率，从而提升反腐败合规管理的整体效能。

实现大数据动态监测。通过收集和分析企业运营过程中产生的数据，实时监测潜在的违规风险点，为企业预警提供有力支持。大数据动态监测通过监测企业的财务数据、采购数据、销售数据等，能够发现异常交易等问题，进而揭示潜在的腐败违规行为。

（三）表现（P）

1. 保护企业并减少其犯罪风险

保护企业并减少其犯罪风险，是海南自贸港开展企业反腐败合规工作的直接表现。企业反腐败合规通过激发企业自身治理的内在动力，能够优化市场环境并有效从源头上遏制犯罪行为的发生。海南自贸港以“总部经济”的企业总部聚集布局为特点，洋浦经济开发区、海口江东新区都是“总部经济”的典型代表。由于企业之间关联紧密，一家企业受到惩罚，往往会牵连整条功能链。因此，在海南自贸港这样市场联系紧密、竞争激烈的环境中，更加需要对企业进行必要的保护。

企业反腐败合规建设可以有效地将守法企业与违法员工进行分割。企业建立反腐败合规体系，意味着其已经履行了应尽的合规义务。在企业反腐败合规体系健全的情况下，如果企业员工还有违规行为，那么违规的主体则应确定为违法员工，而不是企业。反腐败合规精确化确定违法主体，最终实现保护守法企业和维护社会经济市场稳定的目标。

包容慎罚是企业反腐败合规的鲜明特点。对于出现问题的企业，海南自贸港司法机关坚持“少捕慎诉慎押”原则，注重引导企业自我纠正、积极整改，将刑事强制措施、刑事追诉控制在合理且必要的限度内。这种包容慎罚的主张为海南自贸港营造了宽松的市场环境，有效保护民营企业，并帮助民营企业做大做强。

2. 促进深化改革与高质量发展

促进海南深化改革与高质量发展，是海南自贸港开展企业反腐败合规建设的必然结果。

企业反腐败合规建设是深化海南自贸港改革的重要一环。通过强化反腐败合规意识，建立健全合规管理体系，企业能够更好地遵守法律法规，规范自身经营行为。这有助于打破行业潜规则，消除腐败滋生的土壤，为海南自贸港的深化改革提供有力支持。同时，反腐败合规建设还能够促进政府职能转变，推动政务服务优化，减少政企之间的腐败行为，进一步提升海南自贸港的治理效能。

企业反腐败合规建设能够推动海南实现高质量发展。企业通过合规经营与国际接轨，便于刺激国际企业入驻，吸引更多的投资和合作伙伴，营造市场化、法治化、国际化的营商环境，为海南自贸港的经济增长注入新的活力。合规经营还能够有效避免寻租、商业贿赂等腐败现象，优化资源配置，提高资源利用效率，推动产业结构升级和经济发展方式转变，为海南自贸港的可持续发展奠定基础。

五、结语

本文通过运用 SCP 理论模型对相关政策进行扎根理论分析，最终得到海南自贸港开展企业反腐败合规的行为逻辑。基于政策文本，海南自贸港开展企业反腐败合规受到党中央决策部署、国际环境刺激的影响。海南自贸港通过设置完善的合规组织体系、构建流畅的合规运行机制、建立健全的合规制度、培育优良的合规文化、明确清晰的权责关系、营造包容的营商环境、运用新兴的信息技术等方式构建企业反腐败合规体系。最终，海南自贸港将实现保护企业并减少其犯罪风险、促进深化改革与高质量发展的目标。

海南自贸港与企业反腐败合规都属于新事物，因此有关海南省开展企业合规的政策文本较为有限，并且现有政策文本的受众群体更偏向于国有企业，对民营企业的论述较为欠缺，这对本文的扎根理论分析造成了一定程度上的限制。但是海南自贸港的建设与企业反腐败合规都是当前学界的研究热点，随着相关政策文本的增多，这两方面的研究将获得更多的发展空间。

坚决打赢反腐败斗争攻坚战持久战：缘由、底气与路径

黄红平　杨一夫

摘　要　坚决打赢反腐败斗争攻坚战持久战，是踏上新时代新征程党面临的一项重大政治任务。它是加强马克思主义政党建设的本质要求，是跳出历史周期律陷阱的必然选择，是实现社会主义廉洁政治的客观需要，是建设社会主义现代化强国的重要保障。其厚实的底气在于党能够发扬彻底的自我革命精神，走出了一条中国特色反腐败道路，形成了一体推进“三不腐”基本方针，夺取了反腐败斗争压倒性胜利并全面巩固。坚决打赢反腐败斗争攻坚战持久战，要正确认识当前反腐败斗争形势，坚持系统治理腐败的战略思维，持续保持严厉惩治腐败的高压态势，深化阻断腐败蔓延的体制机制改革，进一步建立健全反腐败法规制度，持之以恒全面净化优化政治生态，着力加强新时代廉洁文化建设，打造忠诚干净担当的纪检监察铁军。

关键词　反腐败斗争；攻坚战；持久战

“新松恨不高千尺，恶竹应须斩万竿。”腐败是政党的肌体出现病变的一种最严重表现，是党面临的最大威胁。这就决定了反腐败斗争关系到党和国家的

作者简介：黄红平，法学博士，南通大学马克思主义学院教授，主要研究领域为执政党建设、廉政理论与政策；杨一夫，南通大学马克思主义学院硕士研究生，主要研究领域为纪检监察学。

生死存亡。党的十八大以来，以习近平同志为核心的党中央立足进行许多具有新的历史特点的伟大斗争，着眼于破解大党长期执政的独有难题，把党风廉政建设和反腐败斗争提高到关系党和国家生死存亡的战略高度来认识，谱写了反腐败斗争新篇章。在反腐败斗争的持续推进中，从最初“两军对垒、呈胶着状态”的严峻形势，逐步转变为“压倒性态势正在形成”的显著优势，进而取得了“压倒性胜利”的里程碑式成就，其中最令人鼓舞的是，当前反腐败斗争“取得压倒性胜利并全面巩固”的崭新局面已然确立。然而，全党必须清醒地认识到腐败现象尚未得到彻底根除，滋生腐败的土壤和条件仍然具备，党风廉政建设和反腐败斗争所面临的形势依然严峻复杂。因此，全党要始终保持一往无前的奋斗姿态和永不懈怠的精神面貌，坚决打赢这场输不起也决不能输的反腐败斗争攻坚战持久战。

一、坚决打赢反腐败斗争攻坚战持久战的逻辑缘由

腐败问题由来已久，是人类社会发展进程中难以杜绝的现象，它既是一个历史难题，也是一个世界难题。从腐败现象的起源来看，随着社会的持续进步与发展，人类的需求已逐渐超越基本的生存层面，开始追求更高层次的发展需求。然而，当过度的占有性欲望在社会各领域广泛渗透时，腐败现象便不可避免地滋生。对此，著名人类学家迪特尔·哈勒等人在其著作《腐败：人性与文化》中，通过深入研究与分析，提出了腐败的根源在于人性与文化这一观点。从腐败现象的影响来看，其危害性不言而喻，它不仅破坏了社会的公平正义，还可能导致执政党合法性的流失，是政权垮台、国家混乱的导火索。“明镜所以照形，古事所以知今。”放眼历史长河，因统治集团腐化堕落导致人亡政息的例子不胜枚举。如果任由腐败问题愈演愈烈，那么党旗就会变色，民心就会丧失，江山就会易手，从而导致亡党亡国的悲剧。因此，坚决打赢反腐败斗争攻坚战持久战是全党共识，更是时之所向、势之所趋。

（一）加强马克思主义政党建设的本质要求

马克思主义是一门关于全人类解放的科学，它的主要创立者马克思和恩格

斯指出，“过去的一切运动都是少数人的或者是为少数人谋利益的运动，无产阶级的运动是绝大多数人的、为绝大多数人谋利益的独立运动”①。在他们看来，无产阶级“只有把自身组织成为与有产阶级建立的一切旧政党不同的、相对立的政党，才能作为一个阶级来行动。”② 列宁强调，党是无产阶级的先锋队，是领导革命和建设的“主心骨”。在革命和建设的过程中，必须坚持马克思主义政党的领导地位，绝不动摇。他在《工人国家和征收党员周》中指出：“徒有其名的党员，就是白给，我们也不要。”③ 由此可见，马克思主义政党自诞生之日起就天然地站在腐败的对立面，好比是水火不能相容、冰炭不能同器。党的性质与宗旨明确表明了其决不能容忍腐败现象的滋生和蔓延，建设具有先进性和纯洁性的政治组织是马克思主义政党的应有之义。

腐败是党内各种不良因素长期积累、持续发酵的体现。它不仅使党的作风日益沦丧，党的组织变得软弱涣散，还严重破坏党的创造力、凝聚力、战斗力，更可能导致人民对党失去信心，进而改变一如既往地广泛支持和衷心拥护。“上下交征利，而国危矣。”腐败问题对党的执政基础破坏力最大，是世界上所有的政党都无法逃避的难题，即使是最先进的马克思主义政党也不例外。毛泽东曾明确指出：“与贪污腐化作斗争，是我们共产党人的天职，谁也阻挡不了！”④ 他反复告诫政府工作人员，贪污和浪费是极大的犯罪。唯有以锲而不舍的韧劲，坚定不移地深化反腐败斗争，以雷霆万钧之势正风肃纪反腐，才能确保马克思主义政党始终保持旺盛的生机和持久的活力，铸就“一块坚硬的钢铁”，上下一心，为实现共产主义的伟大事业而不懈努力。

（二）跳出历史周期率陷阱的必然选择

中国共产党不仅是中国工人阶级的先锋队，中国人民和中华民族的先锋队，也是一个追求共产主义理想的先进政党。作为一个历史悠久的国家的政党，它坚定不移地将全心全意为人民服务作为党的根本宗旨，并将为中国人民

① 《马克思恩格斯选集》第1卷，人民出版社2012年版，第411页。

② 《马克思恩格斯文集》第3卷，人民出版社2009年版，第228页。

③ 《列宁选集》第3卷，人民出版社1957年版，第51页。

④ 吴元浩：《中共反腐第一案：邓小平力主严惩 毛泽东拍板杀人》，《山东人大工作》2014年第7期。

谋幸福、为中华民族谋复兴作为始终不渝的初心和使命。当然，“大也有大的难处”。如何跳出“其兴也勃焉，其亡也忽焉”的治乱兴衰历史周期率就是党亟待解决的难题。

翻开中国的历史，这一历史周期率正如费正清先生所阐述的那样：“中国人传统上把他们的过去解释成一连串王朝的循环，每一个王朝重复着一个令人厌倦而多次出现的故事：一位英雄开创一个权势极盛的时期，然后长期衰弱，最后总崩溃。”①“初心易得，始终难守。”早在 70 多年前，在中共中央机关离开西柏坡前往北京之际，毛泽东为了防止党内少部分同志由于胜利产生骄傲自满、贪污腐化、不求进步的情绪，就要求全体党员严于律己，“决不当李自成”②，争取在“进京赶考”中取得好成绩。此后，一代又一代中国共产党人尝试在回望历史中廓清迷雾，找到执政者跳出历史周期率的途径。终于，功夫不负有心人。党的二十大上，习近平总书记在回顾新时代十年全面从严治党取得显著成就时强调，“党找到了自我革命这一跳出治乱兴衰历史周期率的第二个答案”③。自此，党外靠发展人民民主、接受人民监督，内靠全面从严治党、推进自我革命，在坚决打赢反腐败攻坚战持久战的征程中练就了跳出历史周期率的“绝世武功”。

（三）实现社会主义廉洁政治的客观需要

马克思主义认为，人民群众是社会实践的主体，也应该是国家权力的主体。因此，要想消除公共权力异化导致的腐败现象，就必须彻底消灭私有制，把国家权力还给人民。作为迈向共产主义的重要过渡阶段，社会主义以全体人民共同拥有生产资料的不同形式所有权和支配权为前提，确保了人民依法享有并行使管理国家的最高权力，真正实现了“权为民所赋，权为民所用”。因此，从一定意义上来说，党的十八大以来，中国共产党一以贯之地惩治腐败，坚决

---

① 费正清、赖肖尔：《中国：传统与变革》，陈仲丹、潘兴明、庞朝阳译，江苏人民出版社 2012 年版，第 73 页。

② 《毛泽东年谱（一八九三——一九四九）》下卷，中央文献出版社 2002 年版，第 469 页。

③ 习近平：《高举中国特色社会主义伟大旗帜 为全面建设社会主义现代化国家而团结奋斗——在中国共产党第二十次全国代表大会上的报告》，人民出版社 2022 年版，第 14 页。

打赢反腐败攻坚战持久战，就是为了不断完善社会主义廉洁政治，充分发挥社会主义的优越性。

（四）建设社会主义现代化强国的重要保障

在当今国际形势复杂多变、不确定性因素增多的背景下，世界正处于百年未有之大变局；与此同时，中华民族伟大复兴的战略全局稳步推进，两者相互交织、相互影响，加速演进。作为一个高速发展和社会加速转型的大国，中国面临着发展经济和控制风险的双重任务。一方面，国际形势波谲云诡、变化莫测；另一方面，国内改革发展稳定的任务艰巨繁重。

“其作始也简，其将毕也必巨。”民族复兴的道路上不可能一帆风顺，建设社会主义现代化强国绝不是轻轻松松、敲锣打鼓就能实现的。如今，党的二十大擘画了“以中国式现代化全面推进中华民族伟大复兴”的宏伟蓝图，为确保既定目标能够如期达成，关键在于党在长期执政条件下始终保持清正廉洁，坚决防止腐化变质。这是党必须坚定不移地抓紧抓好的一项重大政治任务，具有极其重要的战略意义。只有以刮骨疗毒的勇气向党内顽瘴痼疾开刀，不断清除侵蚀党的健康肌体的病毒，坚决打赢反腐败攻坚战持久战，才能引领和保障中国特色社会主义巍巍巨轮行稳致远，实现全面建成社会主义现代化强国的伟大目标。

二、坚决打赢反腐败斗争攻坚战持久战的厚实底气

在反腐败问题上，中国共产党人历来不信邪、不怕鬼、不怕压。从实然的角度看，党之所以历经沧桑而初心不改、饱经风霜而本色依旧，其根本原因就在于党始终代表中国最广大人民的根本利益，没有任何自己的特殊利益。不谋私利才能谋根本、谋大利，才能不回避问题、不文过饰非。可以说，这样的与生俱来的政治基因，是党坚决打赢反腐败斗争攻坚战持久战的勇气之源，是成为打不倒、压不垮的马克思主义政党的根本所在。从应然的角度看，中国历史上许多政党和政治组织“你方唱罢，我登场”，最终都只是昙花一现，只有中国共产党发展壮大了起来，一直走到今天。可以说，只有经过岁月洗礼、时间

检验的具有强大政治领导力、思想引领力、群众组织力和社会号召力的政党才能扛起这“如山”般的责任。一言以蔽之，是人民和历史选择了中国共产党去不断创造彪炳史册的人间奇迹，也是党坚决打赢反腐败斗争攻坚战持久战的力量之基、底气所在。

（一）**发扬党的自我革命精神**

百转千回，百炼成钢，百年风华正茂；千山万水，千磨万击，千秋伟业在胸。一部党史，就是一部中国共产党以激浊扬清的“自我革命”持续推进波澜壮阔的社会革命的历史。作为革命型的马克思主义政党，唯有首先敢于自我革命，才能凝聚起持续推动社会革命的磅礴伟力。“能胜强敌者，先自胜者也。”勇于自我革命，彰显了中国共产党坚定的政治决心和高度的政治自觉，这不仅是党破解大党独有难题的必由之路，更是百年大党不断从胜利走向胜利的关键所在。

反腐败是最彻底的自我革命，两者具有紧密的内在联系。一方面，党的自我革命是一个系统集成的“大文章”，具有协调联动的整体性、纪法衔接的连贯性、管党治党的有效性，为深入开展具体化、精准化、常态化的党风廉政建设和反腐败斗争提出了现实要求；另一方面，党在治理政治腐败场域的同时，加以深层次、全方位、多角度的观察机制，便能深入挖掘党的自我革命的有效践行方式。

就目前形势而言，腐败是影响政治生态安全最大的“毒瘤”，也是自我革命前进道路上最难缠的“拦路虎”。因此，践行党的自我革命是一项系统性工程，也是一项持续性工作，不能不分主次、“眉毛胡子一把抓”，而是要以高压反腐为重要抓手，着力“破冰”“出圈”，着力打赢反腐败攻坚战持久战。

（二）**走出中国特色反腐败道路**

方向决定前途，道路决定命运。面对腐败问题，中国共产党历经百年筚路蓝缕，始终坚守从现实国情出发的立场，不断深化对反腐败工作的探索，逐步形成了具有中国特色的反腐败道路，为党风廉政建设和反腐败斗争的深入开展奠定了坚实基础。这条道路不仅是中国特色社会主义道路不可或缺的组成部分，更是党将马克思主义反腐倡廉理论与中国具体实际紧密结合的典范，为反腐败斗争的持续深入提供了坚实的理论基础和战略支撑，有力保障了中国特色社会主义事业的健康发展。

在党的十九届中共中央政治局第四十次集体学习研讨中，习近平总书记对党的十八大以来反腐败斗争所积累的丰富经验和显著成效进行了全面、深入的梳理与总结，并深入阐述了中国特色反腐败道路的核心特征。其主要内容包括：构建起党全面领导的反腐败工作格局，从治标入手，始终坚持严的主基调不动摇，扎紧防治腐败的制度笼子，构筑拒腐防变的思想堤坝，加强对权力运行的制约和监督。① 这六个部分彼此层层传导、环环相扣，共同构筑起新时代中国特色反腐败道路的"四梁八柱"。既有总体要求，又有方针指引；既有惩戒措施，又有保障机制，成为深入推进新时代党的建设新的伟大工程的根本遵循。

长期以来，一些西方国家处心积虑推动"反腐败"政治化、武器化，将其作为实行"长臂管辖"以干涉别国内政的常用由头和惯用手段。其险恶用心昭然若揭。因此，当前必须坚定不移走中国特色反腐败道路，牢牢把握反腐败斗争话语权，争夺反腐败国际斗争新高地，坚决打赢反腐败攻坚战持久战。

（三）形成一体推进"三不腐"基本方针

党的十八大以来，习近平总书记在治国理政的实践中多次强调构建"三不腐"机制的重要性，并在十九届中央纪委三次全会上，首次明确了要以一体化的方式持续推进"三不腐"机制，充分彰显了党中央对反腐倡廉工作的坚定决心和战略定力。他在二十届中央纪委三次全会上进一步指出，"坚持一体推进不敢腐、不能腐、不想腐，深化标本兼治、系统施治，不断拓展反腐败斗争深度广度"②，为坚决打赢反腐败攻坚战持久战提供了重要方针和基本原则，是习近平新时代中国特色社会主义思想在全面从严治党领域的生动体现，是坚决反

---

① 习近平：《提高一体推进"三不腐"能力和水平 全面打赢反腐败斗争攻坚战持久战》，《理论导报》2022年第6期。

② 习近平：《深入推进党的自我革命 坚决打赢反腐败斗争攻坚战持久战》，《人民日报》2024年1月9日，第1版。

对腐败和深化标本兼治的认识论和方法论。

“不敢腐、不能腐、不想腐”三者既在各自维度上相互区分，又彼此关联，共同融入反腐败斗争的全局之中，合力构建了一个全方位、立体化的反腐败防线。其中，“不敢腐”作为首要前提，着重强调通过严格的党纪国法来强化制度的刚性，加大惩治力度，以强大的威慑力确保腐败者不敢逾越雷池；“不能腐”则是关键所在，它聚焦于对重点领域的强化制约和监督，构建严密的制度框架，使得心存贪念者无法找到可乘之机；“不想腐”则作为根本之策，注重通过教育和引导，筑牢理想信念的基石，引导那些可能因一时迷失而误入歧途者迷途知返，回归正道。

总体来看，“三不腐”机制是一个全面、系统、协调的权力监督与制约网络。它并非简单的阶段性划分，也不是各环节的孤立存在，而是一个相互补充、相互促进的完整体系。在反腐败斗争的持久战中，必须坚持“三不腐”机制的整体推进，确保各个环节同步发力、同向用力，实现各项措施在目标设定、执行过程、成果展现上的相互衔接、相互强化，达到“1+1+1>3”的同频共振效应，为坚决打赢反腐败斗争提供坚实保障。

（四）夺取反腐败斗争压倒性胜利并全面巩固

十年磨一剑，在以习近平同志为核心的党中央坚强领导下，反腐败斗争取得压倒性胜利并全面巩固，不敢腐的目标已经初步达成、不能腐的制度机制持续加固完善、不想腐的自觉性和主动性不断增强。这是党中央在深刻认识和分析反腐败斗争规律的基础上作出的科学论断，体现了新时代十年的反腐成果实现了从量的积累到质的飞跃，彰显了积小胜为大胜的阶段性成就，是党的自我革命贯通历史与现实的生动展示。

“八项规定一子落地，作风建设满盘皆活。”相较于新时代之前腐败问题的“触目惊心”，中央八项规定一出台，党便实现了从里到外的深度重塑。全党拿出共产党人最讲认真的劲头，展现出一严到底的决心和勇气，紧紧扭住“四风”问题这个牛鼻子，一个节点一个节点抓，一路锲而不舍，久久为功，成风化俗。从此，新风正气开始不断充盈，党风政风焕然一新，催生腐败的歪风邪气被有效控制，推动形成正风肃纪、激浊扬清的大变局。

国之运在风之清，风清则气正。党的十八大以来，清廉之风常拂不息，廉洁理念日渐深入人心，崇廉鄙贪成为了社会共识和价值追求。党风政风引领社风民风向善向上，党心民心更加凝聚，全社会新风正气不断涌现，为坚决打赢反腐败攻坚战持久战创造了良好的社会氛围。

三、坚决打赢反腐败斗争攻坚战持久战的现实路径

“壹引其纲，万目皆张。”党的十八大以来，习近平总书记深刻洞察党内存在的所有问题本质上都是政治问题，高度强调开展反腐败斗争首先要从政治上看，对驰而不息推进反腐败斗争的要求一以贯之，提出一系列具有鲜明时代特色的新思想、新论断、新观点，以高瞻远瞩的战略判断、娴熟高超的政治领导、强烈坚毅的历史担当有力地指导党风廉政建设和反腐败工作深入发展。坚决打赢反腐败攻坚战持久战绝对不是一句口号、一纸空文，而是方法论和实践观的有机统一。党必须以踏石留印、抓铁有痕的执着和举重若轻、善作善成的智慧，着力将宏伟蓝图变为现实。

（一）正确认识当前反腐败斗争形势

察势者智，驭势者赢。新时代反腐败斗争取得显著成效，已取得压倒性胜利并全面巩固，但压倒性胜利不等于完全性胜利、永久性胜利，必须充分正视当前形势的严峻性和复杂性，清醒认识到腐败现象的存量尚未根本消除，增量风险仍然存在，腐败问题滋生的土壤和条件还未完全铲除。从党自身面临的挑战看，“四大考验”“四种危险”“四个不纯”是长期的、尖锐的、严峻的；从反腐败斗争本身看，腐败问题在演化变异，呈现出新情况新态势。

新阶段展现新特征，新形势决定新任务。对于当前的反腐败斗争形势，以习近平同志为核心的党中央始终坚持辩证唯物主义和历史唯物主义的观点，一切从实际出发，科学研判和准确把握当前反腐败斗争形势，提出了“四个任重道远”的科学论断，为坚决打赢反腐败攻坚战持久战指引方向、把舵定调。

（二）坚持系统治理腐败的战略思维

腐败成因的多样性决定了标本兼治的复杂性，因而反腐败注定是一项系统工程，具有整体连贯性和协调联动性，不能攻其一点，不及其余，也不能单打独斗，孤军深入。从整体性战略思维的角度出发，就是要将腐败问题置于一个更广阔的社会系统中进行考察，认识到腐败的产生不仅是个人道德沦丧或制度缺失的结果，更是社会、经济、文化等多重因素交织作用的产物。治理腐败不能仅仅局限于惩治个别腐败分子，而应着眼于整个社会的系统性改革。从协同性战略思维的角度出发，就是要坚持党性党风党纪一起抓、正风肃纪反腐一体抓，整合各层级各板块各方面力量，构建治理腐败的闭环链条。

历史和现实表明，腐败是多种因素相互交织作用的结果，任何零敲碎打，头痛医头、脚痛医脚式的反腐败都难以奏效。唯有着眼全局、立足长远、系统施治，使整体和局部相配套，渐进和突破相衔接，治本和治标相结合，才能在坚决打赢反腐败斗争攻坚战持久战中赢得主动。

（三）持续保持严厉惩治腐败的高压态势

“逆水行舟用力撑，一篙松劲退千寻。”解决反腐败问题，“必须把严的基调、严的措施、严的氛围长期坚持下去，不断把全面从严治党引向深入”①。否则，稍有松懈就有可能前功尽弃。前进征程中，要坚持无禁区、全覆盖、零容忍，坚持重遏制、强高压、强震慑，坚持受贿行贿一起查，坚持有案必查、有腐必惩。只要腐败现象存在，反腐败就没有“休止符”，就要永远吹“冲锋号”。

“人心似铁，官法如炉。”在党纪国法面前，没有“网开一面”的“丹书铁券”，也没有“欺公罔法”的“铁帽子王”；没有不受纪律约束的“特殊党员”，也没有清扫不到的“特殊领域”。与此同时，要紧盯重点对象，增强对掌握公权力的“关键少数”和掌握刀把子、枪杆子、印把子、笔杆子、钱袋子等重要领域的同志的实效监督，念好反腐“紧箍咒”，织密拒腐“防护网”，争取避免要么是“好同志”、要么是“阶下囚”的不良后果。

---

① 习近平：《在学习贯彻习近平新时代中国特色社会主义思想主题教育工作会议上的讲话》，《求是》2023 年第 9 期。

（四）深化阻断腐败蔓延的体制机制改革

反腐败斗争的持续推进与纵深发展，有赖于建立健全的规章制度；而要取得反腐败斗争的持久胜利，必须确保各项制度之间协调配合、有序运行、高效执行。良好的体制机制，一方面能释放“积极预警、快速响应、及时兜底”的“全周期”治理效能；另一方面能通过分类施治、分层施策的策略，发挥“处理一人、教育一片、治理一域”的综合效应。因此，建立健全具有自我运行、自我纠错能力，集聚监督、发现和惩处腐败等多功能于一体的体制机制至关重要。

党的十八大以来，随着全面深化改革的不断推进，阻断腐败蔓延的体制机制也不断健全完善。就完善监督体制机制而言，党中央创造性地提出“两个责任”，将廉政建设责任具体到人，防止相关责任缺位、错位、僭位；就完善惩戒体制机制而言，要切实扎紧扎牢制度的笼子，坚持“一案双查”，让腐败变质、违规违纪的人无处可逃、无空可钻；就完善激励体制机制而言，坚持正确用人导向，让科学完善的激励机制成为激发广大党员干部的“有力杠杆”。

（五）进一步建立健全反腐败法规制度

为治之道，不过立法度、正纲纪而已。法不立则事不成。加强党内法规制度建设是坚决打赢反腐败攻坚战持久战的长远之策、根本之策。

党内法规体系，是以党章为统领，覆盖党的各个领域、层级和方面的规章制度的有机整体，是鉴定一个政党是否成熟的重要标志。与此同时，其内在的层级结构具有不同的效力位阶，涵盖党的中央层级的党内法规、部委层级的党内法规，以及地方层级的党内法规。这些层级之间相互衔接，形成有机整体，共同支撑起党内法规体系架构的“四梁八柱”，确保党内法规的体系化、规范化运作。“截至2023年6月，全党现行有效党内法规共3802部。”① 它们层次分明、脉络清晰，为坚决打赢反腐败攻坚战持久战提供了强大的决胜性武器。

---

① 李永利：《发挥党内法规和国家法律协同共振效用》，中国共产党新闻2023年9月1日，http://dangjian.people.com.cn/n1/2023/0901/c117092-40068469.html。

（六）持之以恒全面净化优化政治生态

从近年来查出的腐败案件来看，经济腐败背后往往都有严重的政治问题，其本质是权力市场化、资本政治化，是资本泛滥与权力膨胀的深度结合。当前，不少腐败分子信奉山头主义，在党内搞“小圈子”，热衷于结党营私、团团伙伙、拉帮结派。资本和权力互相倚仗支持，不断扩张、增值，加剧不正当竞争，严重威胁到党和国家的政治安全。

“群臣朋党，则宜有内乱。”“团团伙伙”古已有之，是封建官僚制度的遗风和江湖帮派文化的产物，其背后，往往是官官、官商结成形形色色的利益集团成伙作势，影响社会的公平稳定和经济发展。为此，要想坚决打赢反腐败攻坚战持久战，必须“把营造风清气正的政治生态作为基础性、经常性工作”，为新时代党的政治建设提供更加“宜人”的政治生态环境。

（七）着力加强新时代廉洁文化建设

党内政治文化是政党性质的根本体现，渗透于党内生活和党的建设的方方面面，是党内政治生活的灵魂，对于党员的政治行为起着规范引导作用。由此延伸，党内廉洁文化是党内政治文化的重要组成部分，它体现了党的性质、宗旨和纪律要求，是党组织和党员在长期实践中形成的关于廉洁的价值观念、行为规范和精神追求的总和。

党内廉洁文化的核心在于倡导廉洁自律、拒腐防变的精神。在价值取向上，它以社会主义核心价值观为引领，坚决要求党员和领导干部树立正确的权力观、地位观和利益观，将个人追求与党和人民的根本利益紧密相连；在行为准则上，它通过设定清晰明确的行为规范和纪律要求，对党员干部的行为进行规范、约束，从而确保其行为的廉洁性和纯洁性。因此，着力加强新时代廉洁文化建设能为反腐败斗争提供强大的思想保障和文化支撑，是夺取反腐败伟大斗争胜利的有效途径之一。

（八）打造忠诚干净担当的纪检监察铁军

制度的生命在于执行，执行制度最终靠人。建设一支高度专业化和严格纪律性的纪检监察队伍，对于深入推进党风廉政建设和反腐败斗争具有不可或缺的重要意义。这不仅是确保党的纪律得到严格执行、党的形象得到维护的必然要求，也是实现党的长期执政、国家长治久安的重要保障。

党的十八大以来，习近平总书记高度重视纪检监察干部队伍建设，并多次作出重要指示批示，为全面加强纪检监察干部队伍建设，加快打造忠诚干净担当的纪检监察铁军提供了科学指南。他认为，纪检监察机关作为政治机关、作为党内监督和国家监察专责的机关，干的是“打铁”的活，更要持续不断地加强自身建设，“坚决防治‘灯下黑’，努力做自我革命的表率、遵规守纪的标杆，打造一支让党中央放心、让人民群众满意的纪检监察铁军。”[①] 执纪者必先守纪，律人者必先律己。纪检监察干部当忠诚履职、恪守初心，将“忠诚、干净、担当”的核心理念镌刻于心、体现于行、熔铸于魂，确保反腐利剑高悬、永不蒙尘，为党和人民的事业保驾护航。

---

① 习近平：《深入推进党的自我革命 坚决打赢反腐败斗争攻坚战持久战》，《人民日报》2024年1月9日，第1版。

数字赋能：数字技术驱动“三不腐”一体推进能力提升的基本逻辑

曹金容

摘　要　“三不腐”一体推进能力主要由赋权能力、制度能力和价值观塑造能力构成。数字赋能腐败治理能力提升，对包括数字赋权能力、数字制度能力与数字思想价值观塑造能力在内的国家反腐败能力提出了新的要求。以数字赋能“三不腐”一体推进能力建设，需结合不敢腐、不能腐、不想腐的核心要义，围绕权力、权利、制度和思想推动综合反腐，以数字技术优化决定权、落实执行权、强化监督权并突破科层制弊端，构筑与数字技术发展相匹配的反腐制度体系，提升数字教育水平，重塑廉洁价值思想体系。如此，方能推动数字时代“三不腐”一体推进能力的不断提升。

关键词　“三不腐”；数字赋能；数字技术；权力

伴随着以大数据、人工智能、区块链为代表的新技术革命的快速推进，人类已然进入到了数字时代，反腐的实践形态围绕数字技术呈现出了新特征与新趋势，也面临新的挑战。数字革命不仅改变着人们的行为习惯、沟通模式，也

基金项目：国家社会科学基金重大项目“数字技术驱动不敢腐、不能腐、不想腐一体推进研究”（23ZDA132）；四川省社会科学重点研究基地纪检监察研究中心、四川省纪检监察年会高校分会2014年度资助项目“条块协同：行业腐败治理研究”（SCJ240203）。

作者简介：曹金容，管理学博士，四川师范大学纪检监察学院讲师，主要研究领域为政策执行、数字监督。

影响着生产力与生产关系、权力格局、社会秩序构建，并借此作用于“三不腐”一体推进能力建设，改变反腐格局和监督模式。在此背景下，数字化转型成为近年来纪检监察实务部门和学术界讨论的热点话题。结合中国反腐败的时代命题，数字化转型需深入思考如何赋能“三不腐”一体推进的问题。一体推进不敢腐、不能腐、不想腐有多个维度，[①] 而数字革命改变着感知层、认知层和决策层，也重塑着这些维度。初期，数字术主要用于腐败数据的收集、反腐平台的建设和信息的传递，这也是一体推进“三不腐”的基础性要求；随后，各个主体运用数字技术对平台数据进行交流分析、构建知识图谱、剖析案件，并依托数字技术对信访举报进行高效回应；未来，数字赋能的重点是运用人工智能、云计算、大数据、元学习等新型数字技术实现对权力的规制、对制度的构建和对廉政思想理念和价值观的塑造。经过数字化、网络化到智能化的层层推进，不断提高一体推进“三不腐”的能力和水平。

目前，不同地区已经展开了数字赋能反腐的探索性实践，例如，沈阳构建的正风肃纪大数据监督平台，结合阳光国企、阳光校园和阳光村务APP的运用，探索大数据技术与纪检监察业务的深度融合；常州搭建了数字化的监督平台，构建49个数字监督模型，分析研判党员干部的违纪违法行为特征和规律。这些实践正处于数字技术驱动“三不腐”一体推进能力建设的初期。有鉴于此，数字革命对一体推进“三不腐”将产生何种影响？如何通过“三不腐”一体推进能力建设来充分应对这场来势凶猛且无法回避的数字革命？本文将从“三不腐”一体推进能力的基本内涵出发，剖析数字赋能的深刻价值和核心内涵，探讨数字化对国家反腐败建设的复杂影响，进而对当前数字化反腐的过程及风险进行反思，并提出以数字赋能“三不腐”一体推进能力提升的实践路径。

一、“三不腐”一体推进能力的内涵及外延

党的十八大以来，持续深入的反腐败斗争推动了“三不腐”一体建设命题

① 王云骏：《“一体推进三不”腐败治理的整体性构想与协同化路径》，《学术界》2022年第6期。

的逐步形成。[①] 2022年，习近平总书记指出："要加深对新形势下党风廉政建设和反腐败斗争的认识，提高一体推进不敢腐、不能腐、不想腐能力和水平，全面打赢反腐败斗争攻坚战、持久战。"[②] 此后，"三不腐"一体推进能力建设成为学术讨论的重要议题。从脉络上看，"三不腐"一体推进能力与此前学术界提出的廉政能力[③]、反腐倡廉能力[④]、廉政治理能力[⑤]等概念具有延续性，概念之间具有一定的贯通性。这源自于"三不腐"一体推进建设理念是我国反腐败的诸多宝贵经验的集成。关于"三不腐"一体推进能力的构成要素，学术界已有相关讨论。例如，刘艳红认为反腐败立法治理能力是反腐能力的重要层面，需要国家法与政党法共同推进。[⑥] 李森认为国家监察委员会具有履行与优化腐败治理能力的职责，监察委员会的职权配置及运行机制可提升治理能力。[⑦] 过勇、宋伟认为腐败测量指标体系构建是反腐能力建设的重要维度。[⑧] 克劳森、克拉伊和尼里认为腐败会削弱公众对公共机构的信心进而抑制发展，建立运作良好的机构能力是反腐败能力的体现。[⑨] 整体来看，学术界对"三不腐"一体推进能力的构成要素尚缺乏充分的讨论共识。对"三不腐"一体推进能力界定的分化会给研究者带来困扰。基于此，笔者尝试对这些分类进行进一步厘定。

"三不腐"一体推进能力建设围绕"不敢腐、不能腐、不想腐"展开，既

---

① 周义程：《一体推进"三不"的内在逻辑与实践进路》，《南京社会科学》2021年第10期。

② 习近平：《提高一体推进"三不腐"能力和水平 全面打赢反腐败斗争攻坚战持久战》，《人民日报》2022年6月19日，第1版。

③ 马希良：《从廉洁文化的内化到廉政能力的塑造——论传统廉洁文化对廉政能力建设的借鉴价值》，《陕西师范大学学报（哲学社会科学版）》2016年第2期。

④ 周益扬：《反腐败研究（第十二集）》，浙江大学出版社2013年版，第123-126页。

⑤ 徐菁忆：《德国的廉政治理及其启示》，《中国行政管理》2019年第1期。

⑥ 刘艳红：《中国反腐败立法的战略转型及其体系化构建》，《中国法学》2016年第4期。

⑦ 李森：《国家监察委员会职权的立法配置与逻辑思考》，《首都师范大学学报（社会科学版）》2017年第5期。

⑧ 过勇、宋伟：《腐败测量：基于腐败、反腐败与风险的视角》，《公共行政评论》2016年第3期。

⑨ Bianca Clausen、Aart Kraay and Zsolt Nyiri, "Corruption and Confidence in Public Institutions: Evidence from a Global Survey," *Policy Research Working Paper*, 2013, pp. 212-249.

关注反腐败的形式，也强调不同的能力建设。[①] 反腐败能力建设路径中的四种通常范式，即权力反腐、权利反腐、制度反腐和思想反腐，与国家赋权能力[②]、制度构建能力和价值观塑造能力具有对应性。基于此，本文将“三不腐”一体推进能力概括为赋权能力、制度能力和价值观塑造能力三个部分。

一是赋权能力，关注权力和权利反腐。权力的滥用是腐败产生的根本原因，正如孟德斯鸠所坚信的“有权力的人们使用权力一直到遇有界限的地方才休止”[③]。“不敢腐”能力建设围绕权力的分配与互动展开，强调纪委监委、司法等部门立足监察权、司法权，以强力惩治和震慑的方式打击腐败。[④] 具体内容包括纪检监察等部门的职能配置及运行、各层反腐机构的建立、与司法权的互动。权利是制约腐败的又一力量，公民在维护自身正当利益的驱动下会积极进行监督以预防腐败、打击腐败。人民基于权利而展开的监督是“不敢腐”能力建设的重要组成部分。

二是制度能力，关注制度反腐。新制度经济学研究发现，制度对于人的行为选择具有一定的支配作用，[⑤] 系统腐败的发生往往与特定制度和环境相关，而运用制度反腐不仅可预防腐败，还可针对性地回应制度漏洞，降低腐败概率。“不能腐”能力建设围绕制度规范展开，侧重于通过建立体系完备的法律法规、规章制度、指标体系，堵塞滋生腐败的制度漏洞，让贪腐者无机可乘，从而控制腐败。[⑥] 对于数字世界而言，制度具有独特的意义，数字世界亟须借助制度手段与国家已有的体系形成合作，并依托反腐能力构建完成数字世界自治秩序的奠基及其自我限制。

---

① 任建明、杜治洲：《腐败与反腐败：理论、模型与方法》，清华大学出版社2009年版，第110-112页。

② 高奇琦：《国家数字能力：数字革命中的国家治理能力建设》，《中国社会科学》2023年第1期。

③ 孟德斯鸠：《论法的精神》上册，张雁深译，商务印书馆1961年版，第154页。

④ 沈丽：《一体推进“三不腐”：逻辑理路、基本内涵与实践进路》，《湖南社会科学》2023年第2期。

⑤ 克劳德·梅纳尔编：《制度、契约与组织——从新制度经济学角度的透视》，刘刚、冯健、杨其静、胡琴等译，经济科学出版社2003年版，第56-62页。

⑥ 吴储岐：《一体推进“三不腐”坚决打赢反腐败斗争攻坚战持久战》，《人民日报》2023年1月8日，第1版。

三是价值观塑造能力，关注思想反腐。正如马斯洛需求层次理论所明确，人的需要是会随着需求层次的变化而变化的，而不同需求层次会催生不同的腐败动机。① 此时，运用教育引导个体思想价值层面的理性反腐往往是最为根本的预防腐败的方式。“不想腐”能力侧重于思想精神与价值观念的塑造，关注个体更深层次的腐败动因和公共服务动机，以明确的公共服务角色定位和对组织的归属感、对理念的认同感来推动廉政建设，强调以教育与引导的方式减少腐败。

赋权能力、制度能力和价值观塑造能力在数字驱动“三不腐”一体推进中具有逻辑的相通性，但也有明显的区别。一方面，三种能力相辅相成。主体在范围层面逐渐扩展。数字赋权能力聚焦于以纪检监察为主的党政机关，制度及其规范主体范围延伸到受制度强约束的群体、企业、社会组织及公民，而思想塑造范围涵盖了整个社会。三种能力互为条件、相互促进。若能合理利用数字赋能“三不腐”一体建设，以大数据建设应用为驱动，大力推进辅助决策、审查调查、监督检测、为民服务、综合管理等纪检监察工作的数字化，用数字“全周期管理”方式引导技术为反腐的最终目的服务，将“数字代码”转换为“清廉代码”，构建贯通全流程的数字纪检监察体系，将会推动反腐败进入新的历史阶段。

另一方面，三种能力在“三不腐”一体推进中也具有明显区别。三种能力虽然都围绕反腐展开，但是赋权能力侧重于运用权力的强制性持续震慑、惩治腐败，是不能腐、不想腐的前提；制度能力侧重于运用制度的稳定性、延续性来规范主体行为、堵塞权力漏洞，是不敢腐、不想腐的保障；价值观塑造能力侧重于通过文化、教育来提高主体的思想觉悟、坚定理想信念，是不敢腐、不能腐的防线。②

结合三种能力，目前学者们在讨论“三不腐”一体推进能力的构成要素之

---

① 柯林·威尔森：《心理学的新道路——马斯洛和后弗洛伊德主义》，杜新宇译，华文出版社 2001 年版，第 78-82 页。

② 王云骏：《“一体推进三不”腐败治理的整体性构想与协同化路径》，《学术界》2022 年第 6 期。

时，更多的是进行模糊性讨论，强调以结果为导向，较少明晰辨别不同能力的特点及其在不同领域、不同环节和不同场域中的相互配合、相互促进作用。基于此，本文试图对数字革命下“三不腐”一体推进能力进行辨识，一方面，多方位观测数字赋能反腐的实践，探析数字革命对“三不腐”一体推进能力的深刻影响，明晰数字赋能推进“三不腐”一体建设能力的核心内涵；另一方面，基于“三不腐”一体推进能力建设中的数字之困分析具体的行进路径，尝试为数字革命中一体推进“三不腐”能力提升提供建议。

二、数字革命对“三不腐”一体推进能力的深刻影响

为进一步讨论数字革命对“三不腐”一体推进能力的影响，需要首先明确数字革命的意涵。数字革命有三个显性特征：一是空间维度的平台化。互联网、大数据和算法等构建了一个相对独立的平台空间，它们在挖掘和激发媒介空间潜力的基础上，不断拓宽大众化、个体利益的对话格局,[①] 运用技术与主体的相互建构，将公共领域的空间拓展到赛博空间中,[②] 这种空间也是卡斯特尔等所说的“流动的空间”，具有开放、分享和包容的属性构造。[③] 二是时间维度的变动性。革命本身就意味着对固有秩序和制度的冲击和改变。当技术和科学渗透到社会的各个层面时，个人、群体、国家都会随之发生变化,[④] 利益格局、权力运行模式和随之而来的变动会不断冲击固有体系，并带动社会整体转型。三是思想维度的丰富多元。数字技术的强大功能拓宽了信息传播界面、增加了思想受众群体、构筑了新的观念交锋角逐的阵地，进而推动思想的丰富与多元。正如波德里亚所述，数字技术的发展使得网络符号与人类活动的各方面日益密切，对于人类社会思想的转型产生了极其深刻的影响。[⑤] 以互联网为

① 董石桃：《公民参与、技术赋权和廉政治理的社会基础》，《教学与研究》2022年第8期。

② 曾国屏、李正风、段伟文等：《赛博空间的哲学探索》，清华大学出版社2002年版，第23-26页。

③ 曼纽尔·卡斯特尔、米里亚·费尔南德斯-阿德沃尔、邱林川、阿拉巴·赛：《移动通信与社会变迁：全球视角下的传播变革》，傅玉辉、何睿、薛辉译，清华大学出版社2014年版，第145页。

④ 尤尔根·哈贝马斯：《作为“意识形态”的技术与科学》，李黎、郭官义译，学林出版社1999年版，第25-35页。

⑤ 波德里亚：《象征交换与死亡》，车槿山译，译林出版社2012年版，第34-37页。

标志的数字化时代为人们提供了社会根本性变革的许诺，进一步激发了思想的流变。[①] 整体而言，数字革命这三个特征对“三不腐”一体推进能力构建的影响是极其复杂的。数字技术在提升反腐败能力的同时，也对纪检监察机关乃至整个社会推进“三不腐”一体化建设提出了新的挑战。

一是平台化。数字化改变了传统权力主体影响、作用其他主体的方式，催生了平台型企业这类掌握数字权力的新兴主体，也增加了公民监督权发挥作用的渠道。首先，反腐败的数字化转型悖论在于，传统反腐败的驱动主体为提高反腐败质效会一定程度上依托平台型企业进行数字化建设，但平台型企业一旦掌握数字权力和资本，便可能试图改变权力格局来营造有利于自身发展的环境，如果形成算法垄断或者数字“利维坦”[②]，技术层面的监督将会面临难解的困境。其次，在平台形成的过程中，或者说平台型企业的成长过程中，为了争夺资源和发展机会，企业本身腐败的风险可能会大幅提升。这些借由数字化进程成长起来的主体会依托数字化来掩盖和转变行为的方式，惩治和预防腐败的难度也将不断提高。最后，实践中我们也观察到，公民维权意识的觉醒会依托于不断丰富的数字化平台而逐步具象化，带来信访举报泛化、维权诉讼频繁等问题。

二是变动性。数字革命会驱动整个社会发生巨大变化，为“三不腐”一体推进能力建设带来了新的且无法回避的挑战。人类社会在之前的发展中形成了相对稳定的社会秩序，但数字革命的到来无疑会打破这种秩序，引发利益格局和旧有制度的变动。正如托克维尔在审视革命时指出，革命会对旧制度形成或温和或激烈的冲击，并改变制度背后的文化传统、机构组织乃至社会形式。[③] 结合“三不腐”一体推进能力来看，在数字化进程中，原有的信息收集与传递、风险点防控、档案管理、案件审理、投诉举报等制度将不得不作出改

① 文森特·莫斯可：《数字化崇拜：迷思、权力与赛博空间》，黄典林译，北京大学出版社 2010 年版，第 102-109 页。
② 唐皇凤：《数字利维坦的内在风险与数据治理》，《探索与争鸣》2018 年第 5 期。
③ 托克维尔：《旧制度与大革命》，冯棠译，桂裕芳、张芝联校，商务印书馆 1997 年版，第 135-139 页。

变，已有的制度执行方式也要调整，既要回应现实社会中的腐败问题，又要对数字世界中腐败和反腐败力量进行把控。同时，贪腐通常在转轨期大规模出现，这很大程度上是非连续性制度、利益博弈不均衡和压力型体制共同造成的。[①] 数字革命会带来制度转型，转型过程中的社会将会面临旧有制度边界模糊而新制度尚未成型的局面，同时旧的制度被破坏而新的制度尚未建立之际所形成的制度漏洞也会给腐败提供可乘之机。

三是思想的丰富多元。数字革命让每一个参与其中的个体都有机会成为知识和思想的源泉，也最大程度地延伸了公民接触新思想的能力，进而推动思想的丰富多元。数字技术以其流动传输、耦合聚成、全面展示等特有形式，深刻改变着人们的思想传播图景、思维方式和价值理念，[②] 对“三不腐”一体推进能力建设产生深刻影响。首先，多媒体、互联网等相对自由的信息传播会为个人主义和拜金主义思想提供滋长空间，增加腐败思想的传播力和影响力。其次，廉政教育将面临更高要求，需要在技术层面与数字化相匹配，在知识层面与人工智能相对接，在环境层面营造风清气正的网络环境，方能推动党员干部和公民在接受廉政思想的同时，突破可能存在的“信息茧房”。最后，大数据赋予了反腐巨大的能力和可能性，在让腐败“无处藏身”的同时，也易让党员干部在无处不在的监控下产生避责思想，出现思想上不想为、心理上不敢为、行动上不作为的“不为型”腐败。

三、数字驱动“三不腐”一体推进能力提升的核心内涵

在数字革命的背景下，“三不腐”一体推进能力的三个方面——赋权能力、制度能力、价值观塑造能力都面临全新挑战。数字赋能反腐即国家运用大数据赋能“三不腐”一体推进能力，可从赋权能力、制度能力、价值观塑造能力三个角度来观察（如图1）。

---

① 曹金容、崔巍：《乡村振兴战略下基层腐败协同治理研究——基于S省横向多案例比较分析》，《广州大学学报（社会科学版）》2023年第4期，第88-89页。

② 王向明、段光鹏：《数字赋能监督：权力监督模式的智能化转型》，《求实》2022年第1期。

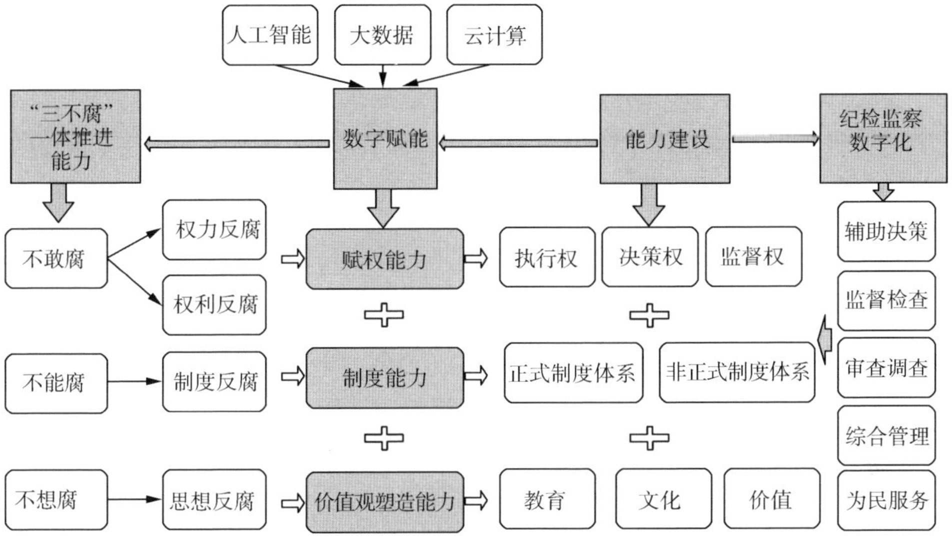

图 1　数字赋能"三不腐"一体推进能力框架图

（一）数字赋权能力：以权力推动"不敢腐"

数字赋权能力旨在构建合理的权力格局，以权力制约权力，让权力之间达到某种平衡的同时，运用大数据高压惩治腐败并形成震慑的边际效应，推动"不敢腐"能力建设。党的十九大报告明确提出"健全依法决策机制，构建决策科学、执行坚决、监督有力的权力运行机制"。事实上，我国在推进国家治理现代化的过程中也一直在各个领域构建决策权、执行权、监督权的权力架构，并推动形成三项权力相互平衡、相互协调的态势。[①] 结合决策权、执行权和监督权来看，数字赋权能力建设有较为清晰的行动轨迹。

其一，强化纪检监察权力。互联网和通信技术增强了纪检监察部门信息收集、监督检查、审查调查能力，区块链技术将提升腐败证据分析能力，一定程度上减少或消除了信息不对称，降低了审计、调查、监督成本。同时，大数据可缓和基层被监督对象多而监督力量有限的矛盾，纪检监察部门可通过运用数字技术，让反腐更有针对性；若引入智能 AI 技术，还可以绘制出涉案人员的

① 陈国权、皇甫鑫：《功能性分权与中国特色国家治理体系》，《社会学研究》2021 年第 4 期。

贪腐行为轨迹图、人物关系网和贪腐资金资产流向图等，进一步强化纪检监察权力，提高反腐质效。

其二，优化已有权力结构。权力是反腐败的核心议题，权力结构变化将会对“三不腐”一体建设产生深层次影响。区块链等技术凭借其去中心化的扁平结构、非对称的密钥机制和自治统一的开放型系统等，[①] 在实践中已开始推动政府组织结构扁平化发展，为行政层级简化、行政流程优化、政策执行强化提供机会，在一定程度上减少了科层制弊端。例如，全国一体化政务服务平台移动端的建设，利用数字技术推动政策执行过程透明化，减少政策执行中的变通、象征性执行、共谋执行等，降低了基层权力滥用的可能。

其三，夯实公民权利。公开网站、社交媒体等增加了公民实现监督权的可能性，拓展了公民获取腐败相关信息的渠道，同时也增强了他们对事物进行判断的能力和参与反腐决策的能力。

其四，大数据可助推反腐形成跨区域、跨层级、跨部门的权力联动格局，形成跨地区、跨网络、跨业务的大数据资源池。一方面，提升了反腐力量在纵向多层级之间和不同领域之间的沟通交流，也带动跨区域的合作与互动。例如，纪检监察大数据资源中心可以和医疗保障信息系统、公务用车信息化管理平台、税收大数据平台、银行大数据平台等进行数据交换，有针对性地进行数据汇集和挖掘。另一方面，增加了纪检监察和横向部门之间的协同性，大数据监督平台可联动党务部门、政务、司法、群团、事业单位等多主体材料和数据，将不同的专业语言和组织语言转化为统一的数字语言，通过数据资源集中、高效、安全的交换，以“书同文”的形式进行对接和分析，推动权力之间的对话。

（二）数字制度能力：以制度建设保障“不能腐”

数字制度能力要求以清廉为中心来构建数字秩序和与之相匹配的制度，注重以完备的制度及其执行来落实反腐责任，在制度和政策层面尽可能压缩权力

---

① 李梦琰、战炤磊：《区块链赋能新时代腐败治理的作用机理与实践路径》，《江西社会科学》2021年第7期。

“寻租”的空间，加大腐败成本，最终实现“不能腐”。

其一，完善已有制度，形成更为成熟的制度体系。数字技术的运用可以在反腐相关制度形成过程中采集、整理和占有更多的信息资源，进而增加制度的科学性和可检验性。例如，纪检监察大数据生成后将会形成系统报表、分析报告，可以从实务层面对已有制度进行反向验证。区块链、网格化的建设为基层人员和社会公众在反腐相关制度设计、法律起草等方面提供了表达意见和建议的机会，在增加其话语权的同时，也提高了制度的公信力。

其二，推动新的制度出台。数字革命会产生大量新的数字主体和数字行为，这些主体和行为往往会超出原有制度体系框架，从而推动新的制度和规范的出台。例如，中共中央、国务院印发了《数字中国建设整体布局规划》，颁布了《中华人民共和国网络安全法》，各个地方印发了党风政风协作配合工作机制。中央纪委国家监委也针对性出台纪检监察数字体系建设规划。

其三，提升制度执行能力。制度的执行和落实是整个制度过程中最为重要的环节之一，也是实现制度目标的基础。数字技术的运用为检查监督、审查调查等提供更具有操作性、符合价值偏好的制度工具，同时客观的数据也会成为制度执行的重要依据。例如，中央纪委国家监委官网上的信访举报窗口，可让信访人在跨越层级阻滞、节约信访成本的同时，为纪委监委提供更多问题线索。如建立基层小微权力“监督一点通”，能切实提高信访案件的办理效率和针对性。巡视巡察网络平台的使用可以促进上下层级之间、巡视组之间更好地沟通联动、整合资源，破解基层“熟人社会”监督难的困境，助力党内监督与审计监督、财会监督、司法监督、人大监督和舆论监督等实现数据贯通，进而推动被巡单位的整改。

（三）数字价值观塑造能力：以教育引导“不想腐”

数字价值观塑造能力旨在培育全社会“廉洁为心、忠信为仗”的清廉风气，通过廉洁教育引导公权力主体培育公共服务动机、提升思想觉悟的同时，激发全社会参与“三不腐”一体建设的积极性，从思想价值的源头上消除贪腐之念，进而实现“不想腐”。

一方面，约束贪腐思想。数字功能的强大不仅体现在大数据监督平台全天候的监督、纪检监察信息系统全覆盖的数据收集，公开网站、社交媒体的全民防控等，还体现在其对侥幸、放纵、贪婪等腐败心态的警示和约束。在“天网恢恢”“互联网是有记忆的”的强暗示下，公权力主体会逐渐认识到任何时空都非法外之地，进而衡量腐败的成本收益，约束自我欲念，减少腐败行为。

另一方面，培育廉政思想。人如何发展取决于选择，而选择取决于教育。教育是培育清廉品德的重要方式，而数字时代的清廉教育以其潜移默化、循序渐进和形式多样的特点，在思想塑造上发挥独特作用。短视频、直播等新媒体和微信、微博等社交网站可丰富廉洁文化思想产品，增加文化服务供给的场域。互联网的广泛性、覆盖性和易接受性，可扩大廉洁文化思想的受众群体，更好地展示纪检监察工作成效。大数据分析可推动思想宣传和教育紧抓受众群体的需求点、兴趣点和共情点，提升廉政思想教育成效。例如，青海省推出反腐倡廉警示教育基地网上展厅，通过VR网上展馆360度全要素呈现实体展馆内容，全景式还原现场体验，可让群众在网上直接观看反腐的文字、图片、雕塑等，以“沉浸式”的视觉冲击让参观者身临其境地学习，进而培育廉洁思想。①

四、一体推进“三不腐”能力建设中的数字之困

人们可能会认为，反腐败成效在数字技术的辅助下自然会提升，但数字革命本身就充满变数，数字技术是一个极其复杂的系统。正如部分学者在讨论ChatGPT之时所担忧的那样，智能技术的迅猛发展毫无疑问会对人类社会构成深远的风险，而“轴心文明”以来的人类社会似乎还没有为此做好充分的准备。② 尽管一体推进“三不腐”能力在数字革命中看似得以加强，然而由于数字本身的快速发展和高要求，这实际上对反腐能力提出了更多挑战。因此，在

① 《全省首家网上数字化警示教育基地运行》，青海省人民政府网，http://www.qinghai.gov.cn/dmqh/system/2020/06/22/010361101.shtml。

② 童世骏、汪民安、任剑涛等：《ChatGPT将如何影响人类未来?》，《广州大学学报（社会科学版）》2023年第4期。

数字赋能“三不腐”一体推进建设过程中也会面临许多困境。具体而言，“三不腐”一体推进能力在应对数字变迁中出现的不适性状况主要表现在以下三个方面：

一是算法的权力依赖导致数字技术运用的相对被动性和工具理性之间的矛盾。一方面，算法、算力和数据这三大数字技术核心要素及其人才基本上都掌握在平台型企业手中，纪检监察等相关部门想要运用数字技术来推动反腐败，或选择与平台型企业合作，这就可能面临泄露相关信息和分享数字权力的风险；或选择培育专业人才自行开发，这又需要大量的资金投入和时间成本。两难局面下形成的技术性阻滞，是当下基层纪检监察部门数字反腐陷入一定被动状态的主要原因。另一方面，数字技术的大规模使用容易引发反腐败领域的工具理性泛滥。一体推进“三不腐”能力的提高是为了推动全面从严治党，进而推动国家治理体系现代化。但一味使用数字技术，人们会对工具产生依赖，可能会忽视反腐的最终目标。就像马克思和卢卡奇所指出的，在大工业生产时代，人在流水线上的长期劳动致使自身不得不配合机器，人甚至成为机器的一个配件。① 在数字革命中，大数据的运用让人的思维、行动也不得不适应数字技术。更有甚者，掌握数字的纪检监察、司法等部分公权力人员可能会运用数据进行有选择、有针对性的“机会性反腐”，而拥有大数据的反侦察能力的人员则可能规避大数据的“追踪”。

二是数字系统建设的整合性和数字安全悖论导致制度体系跟进缓慢。数字赋能反腐败的基本假设之一是大数据平台可以获得真实、全面、有效的数据并进行分析，同时在规范的制度体系中运行，这需要建设一体化的大数据集成系统和与时俱进的制度规范。但事实上，建设大数据集成系统将面临诸多困境，制度规范跟进也存在阻滞。一方面，数字技术本身覆盖范围有限，数字鸿沟导致数据初步收集难以全面，在此基础上获得的反腐结论和制度的科学性难以保障。例如，若公职人员不上网或地区信息技术不发达，将很难收集到公职人员

① 韩秋红：《无产阶级的阶级意识与集体自觉——从卢卡奇到当代西方左翼》，《理论探讨》2022年第1期。

私人活动、财产等有效信息，技术素养不足的人群也无法通过互联网进行有效信访举报，反腐部门通过与其他部门、平台等合作或对接直接获取而来的数据真实性也需要验证。另一方面，数字技术较为发达的地区在反腐技术和平台建设层面将更具优势，而其他地区则可能因“马太效应”面临持续弱化的风险。弱势地区在无力推动数字反腐的同时，也会缺乏提供基础数据和信息的动力，减少执行相关制度的活力。这种不对等性和不均衡性，将会影响数据技术在反腐败领域的广泛适用。与此同时，数字安全将极大限制信息技术在反腐领域的赋能。反腐败的信息和数据上网后，与数据的大规模整合运用可能形成矛盾。一些研究指出，对于掌握数字技术的个人、机构来说，只要数据足够，网络世界完全是一种“裸奔”状态，而法律制度本身就具有滞后性。一旦遭遇病毒、黑客侵袭、技术漏洞，或者境外势力干预，纪检监察机关掌握的公职人员信息将面临泄露风险。

三是侵权风险与监督泛化风险会冲击社会反腐共识。正如联合国人权事务高级专员巴切莱特所指出，人工智能依赖大型数据集，以多种不透明的方式收集、共享、合并和分析个人信息，存在侵害隐私权、言论自由权等多种权利的事实。[①] 数字技术可以大规模记录、收集个人的数据信息，甚至会依据海量信息对个人进行全面追踪、综合分析，以挖掘公职人员可能存在的违法违纪行踪轨迹、交往范围、财产资本等信息。一旦数字技术的便捷插上反腐公权力这对充满力量的翅膀，易对个人权利构成威胁。也许会如芒福德所担忧的：“不只是侵犯了隐私权，简直彻底破坏了个人的自治状态，其实就等于毁灭人类灵魂。”[②] 人们对权利的担忧可能导致对数字监督、技术分析等的质疑。同时，数字赋能反腐也在实践中存在一定程度的阻力。正如上文所述，公民维权意识的觉醒会依托于不断丰富的数字化平台得以具象化，监督平台的多样性和直接性大幅提高了群众举报贪腐线索和身边违纪情况的便利性。但问题是，反腐相关

① 《联合国人权事务负责人：人工智能对保护隐私构成的风险要求采取紧急行动》，https://news.un.org/zh/story/2021/09。

② 刘易斯·芒福德：《机器的神话（下）》，宋俊岭译，中国建筑工业出版社2015年版，第318页。

职能部门受限于人力、财力和物力，不可能对所有信访举报线索进行深入调查分析，也无法对所有举报给予充分回应，这就削弱了网络信访举报的实效性，也会降低人民群众在信访中的获得感和对反腐职能机关的信任。

五、数字赋能“三不腐”一体推进能力建设

在数字时代，反腐能力和反腐体系都需要再造，一体推进“三不腐”的具体行进路径也须考量这个重要变量。2022 年，习近平总书记在中共中央政治局第四十次集体学习时指出：“一体推进不敢腐、不能腐、不想腐，必须三者同时发力、同向发力、综合发力，把不敢腐的强大震慑效能、不能腐的刚性制度约束、不想腐的思想教育优势融于一体，用‘全周期管理’方式，推动各项措施在政策取向上相互配合、在实施过程中相互促进、在工作成效上相得益彰。”① 这已然明确了一体推进“三不腐”能力的具体要求。数字赋能“三不腐”一体推进能力建设，需要结合不敢腐、不能腐、不想腐的核心要义，围绕权力、权利、制度和思想来提升综合反腐能力，以数字技术优化决定权、落实执行权、强化监督权，构筑与数字技术发展相匹配的反腐正式和非正式制度体系，提升数字清廉教育水平，重塑廉洁思想价值体系。正如十九届中央纪委六次全会所指出，我们要善于运用信息化手段提升监督水平、规范化水平。因此，数字赋能“三不腐”一体推进能力建设可以从以下三个维度具体展开。

（一）数字赋能“不敢腐”能力建设，推动权力良性运转

数字社会中的权力同样需要制约，无论是数字权力寻租、“数据铁笼”的假设，② 还是算法垄断，都需要通过权力来强力遏制，以终止权力无休止的扩张。

一是优化决定权。首先，需明晰数字赋能反腐中的权力主体结构。“三不腐”一体推进中纪检监察相关部门是牵头主体，在数字环境下，纪检监察部门

---

① 《习近平在中共中央政治局第四十次集体学习时强调　提高一体推进“三不腐”能力和水平　全面打赢反腐败斗争攻坚战持久战》，《中国纪检监察》2022 年第 13 期。

② 姚尚建：《数字治理中的权力控制与权利破茧》，《理论与改革》2022 年第 3 期。

也责无旁贷，需明确其主导地位。正如《中央纪委国家监委信息化工作规划（2018—2022年）》所要求的，“要推动纪检监察业务与现代信息技术深度融合，推动纪检监察工作向数据化、精细化方向发展”，推动数字技术深度融入当前纪检监察的各项工作机制和体制，配合结构体系，并围绕反腐工作以信息化打通工作中的堵点和难点。数字赋能反腐中权力基本架构不能动摇。其次，以纪检监察部门为主搭建数字反腐多主体协同合作权力架构，联动检察院、法院、政府部门等力量，打造国产化、自主运行的大数据一体化反腐平台，注重供给侧和需求侧的精准对接，为纪检监察职能部门构建复杂业务应用场景提供支撑。最后，弱化平台企业在“三不腐”一体推进建设中的权力，明确其在参与反腐平台建设、提供相关技术或链接中的服务义务。

二是落实执行权。数字化是一个长期的、持续性的过程，而运用数字技术将反腐落到实处的关键是综合性人才的培养。高素质人才不仅可以确保反腐政策高效精准执行，还可开发针对性技术以辅助反腐。基于此，可以职能部门为主组建大数据反腐专门技术人才队伍，通过政策平衡、资源倾斜等方式尽量留住核心人才，减少在核心技术、核心算法上对平台企业的依赖。同时，加强专门人才的引进、选拔、培育和激励，确保“专人专用”。实施反腐职能部门全员大数据运用的培训，加强技术对接交流和训练，提升干部队伍的综合数字素养和能力。①

三是强化监督权。运用关联分析、线索发现、人物画像等分析技术佐证信访采纳、证据收集、决策分析，具有权限的人员可全面、客观、实时地查询到所需要的相关信息，并向全社会广泛宣传报道，形成全社会、全网络反腐的高压态势。同时，强化数据保存和记录能力，以永不磨灭的数据记录作为反腐败的达摩克利斯之剑。开发常态化的大数据回溯技术，与信访信息进行对接，实现人机交互与协作，进一步提升群众监督的时效性和实效性，以“数字冷漠”破解“熟人社会”监督的难题。当然，在此过程中我们要正视网络平台中举报和信访的泛化现象，这是法治社会推进过程中的必然阶段。在操作层面，可运

① 邱强、陈翠婷、方金云：《纪检监察大数据建设助推社会治理科技化》，《社会治理》2019年第3期。

用数字技术推动信访源头治理，调动基层纪检监察部门加入三大平台的构建，并提升其运用数字技术分析案件和收集证据的能力，将矛盾和纠纷化解在基层。

（二）数字赋能“不能腐”能力建设，以制度构筑防腐体系

制度反腐是国家治理现代化的要求，是数字赋能反腐的基本方式之一，也是最终实现“不能腐”，进而一体推进“三不腐”的重要途径。制度反腐包括正式制度与非正式制度的构建，以数字赋能推动二者的协同发展是制度反腐的必由之路。

一是建立数字反腐的制度体系。首先，国家层面出台数字反腐建设的整体布局规划。以大数据资源中心、大数据全流程应用和大数据纪检监察基础建设系统三大平台为中心，围绕用权、钱、人这三个核心要点，构建全流程控制的反腐数据系统，并进行规范化、系统化建设。需要注意的是，这三个系统应当由中央纪委统一布局构建，省级纪检监察机关配合推进，尽量减少地方性建设。在具体构建中，以一体化平台为原点，链接其他党政部门的数据平台，统一数据接口和数据格式标准，将各地区、各部门、各层级的相关信息整合到该系统中，形成一体化构建模式。其次，构建反腐数据安全的相关管理制度。一方面，通过法律、法规明确约束反腐职能部门在数字信息收集和查询方面的权利，只有特定权限的人员、特定案件办理过程中才可以对特定人员信息进行全方位的查询。另一方面，明确保护公民权利，特别是公职人员的隐私权，以法律形式明确规定公职人员针对大数据反腐拥有“依申请保护权利”，并据此建立相应的保护制度。再次，构建数字反腐评估制度。在大数据分析监督平台对接医疗卫生、资源环境、教育资源、民政数据、税务数据和工商数据等已有的各大数字平台的基础上，构建领导干部个人廉政风险、案件指标数据、评估评价成套数据服务模型，每个系统运行、数据收集、提取分析时应制定标准规范，并建立与之相匹配的评估制度。每年邀请第三方对系统进行评估，及时更新或淘汰系统。最后，建立反腐数字规范化运行制度，以制度规范大数据办案的过程，预防“灯下黑”。例如，运用数字技术实现审查调查全环节留痕溯查、

审批动态跟踪、限时自动预警督办和数据自动汇总统计，在提高办案效率的同时，推动办案的规范化。

二是推动反腐非正式制度体系发展。许多研究关注到经济转轨时期与之相伴的制度不匹配是腐败蔓延的重要原因①，但却少有人注意到技术转轨时期制度的不匹配导致的腐败后果。数字革命在一定程度上对行为习惯、文化传统、道德伦理等非正式制度形成了挑战，传统的人际关系、道德体系被人与机器、技术之间的冷漠疏离所破坏。这就要求我们不仅要关注法律政策等正式制度，还要构建数字时代的非正式制度，并推动非正式制度与正式制度在大数据革命中的互动相济。正如周雪光所指出，非正式制度弥漫在政府运作的各个领域和角落。② 同样，潜规则、裙带关系、拉帮结派也是腐败的重要根源。数字空间是现实空间的延伸，权力通过数字技术再一次渗透到社会的精细微末之处。③ 在数字空间的构建过程中，我们要注意规避容易导致腐败的价值理念、风俗文化、道德伦理，定期清理网络中的腐败思想和言论。对于当前制度中尚未覆盖的重要领域和关键环节，可以通过廉洁、公正的非正式制度来进行引导。同时，将纪检监察数字体系的发展与建设纳入纪检监察学科建设布局之中，形成专门的课程和培育力量，营造良好的数字赋能氛围。

（三）数字赋能“不想腐”能力建设，以思想教育形成廉洁共识

正如卢梭所言：“唯有欲望的冲动便是奴隶的状态，而只有给自己立法才是真正的自由。”通过数字技术的融合，推动共同使命的内化、国家治理共同价值的认同、廉洁社会建设共同责任的一致，让人从思想价值观源头上消除贪腐之念，才是数字赋能反腐的最终归途。

一是可运用数字技术为公职人员定制清廉教育方案。运用大数据的强分析能力，找出公职人员岗位、性格、关系等方面的薄弱环节，“靶向定制”清廉

---

① 过勇：《经济转轨与腐败——中国转轨期腐败蔓延原因的理论解释》，载中国科学院-清华大学国情研究中心：《国情报告·第九卷·2006年（上）》，党建读物出版社2012年版，第2页。

② 周雪光：《从“黄宗羲定律”到帝国的逻辑：中国国家治理逻辑的历史线索》，《开放时代》2014年第4期。

③ 王建民：《元宇宙：社会现实的数字化扩展空间》，《天津社会科学》2023年第2期。

教育内容，提升清廉教育成效。二是以数字技术丰富教育形式、扩大教育覆盖面、提升教育灵活度，培育公职人员的公共服务动机。数字反腐的尽头是对人性的回归，现代化公共行政的发展不仅需超越行政工具理性，重塑干部价值理性，践行正义理念，更需要以服务社会和人民群众为价值导向，借助数字技术培养行政主体的公益意识、责任感和奉献精神。同时，利用数字技术创建个性化的清廉学习环境，推动清廉教育的数字化转型。三是开发廉政数字防范预警系统，为公职人员提供职位和行为的查询和腐败预警。事实上，很多公职人员并不清楚某些行为是否违纪违法，此时技术可为他们提供廉政建议，帮助公职人员作出最符合清廉要求的决策，采取更加有效的措施。四是运用大数据寻找腐败规律，并在互联网上进行公开公示。反腐败的困难之一在于腐败形态和情况的不断变化，大数据分析可以从这些数据中找出腐败的新特点、新情况、新形式，进而形成规律性认识，并提出针对性的对策，推动社会形成反腐的广泛共识。

六、 结语

当前，我国反腐数字能力建设更多体现在赋权能力上，各地纪检监察职能部门通过引入云计算和数据治理技术，实现了数据联通、平台贯通、业务协同，通过信息化手段打通“四项监督”的统筹衔接，各个监督主体依托信息平台加强联络、增强合力以推动各项反腐政策的执行。例如，云南省搭建了民生资金在线监管平台，贵州省依托大数据技术在扶贫民生领域、“三公”经费等重点领域、关键环节建立了四大监督管理系统，湖北省纪委监委运用大数据技术打造了一个省市县三级互联互通的精准扶贫大数据监督平台。整体来看，数字技术在制度能力和价值观塑造能力上的潜力还有待进一步开发和挖掘。

在数字革命的冲击下，权力、权利、制度和思想都发生了改变。“三不腐”一体推进能力建设也需要适应数字环境、运用数字技术、掌控数字权力。为推动反腐败斗争，我们不仅要重新审视权力格局，注意新兴权力主体强势觉醒之路上的腐败风险；还需关注数字技术为决定权、执行权、监督权带来的变化，留意不同主体在数字革命中的行为变动以及由此引发的非正式制度挑战；知晓数字反腐过程中的信息荒岛与数字难民所带来的局限性；动员纪检监察机关“核心主体”、党政机关“功能主体”、社会组织和公民“参与主体”共同努力，按照“三不腐”一体推进的统一认知，协同行动、分担责任并共享资源。如此，方能以数字赋能“三不腐”一体推进能力的提升，实现国家治理现代化。

党的自我革命视域下矫治社交观偏异的价值意蕴与实践理路

——基于铲除腐败滋生土壤的思考

张春和　杨思玉

摘　要　隐身于“利上往来”的权力寻租及其利益交换的本质是腐败性社会交往，也是对“礼尚往来”传统社交理性的行为篡改和价值畸变。把好党员干部的“社交关”、织牢社交“防变线”是反腐败的应有之义，也是以党的自我革命引领社交革命的逻辑必然。培育崇礼尚廉的社交文化，实现人伦礼性与社会理性相结合，厘清礼与贿、情与法、利与纪、私与公等的交往边界，有助于党员干部自绝于“利上往来”的社交环境，实现社交观念和行为的深刻变革。以党的自我革命引领社交观念与习俗革命是铲除腐败滋生土壤的有效方式。

关键词　党的自我革命；社交观偏异；矫治；“利上往来”；反腐败

在党的自我革命进程中，反腐败是党自我完善、自我革新的本质要求。从历史文化维度审视党员干部的社交观偏异，不仅能追根溯源地筛查贪腐行为的思想病灶，对症下药，摘除腐败的精神毒瘤，还能有的放矢地铲除社交文化中

作者简介：张春和，法学博士，成都市清廉文化研究院常务副院长、首席专家，成都大学马克思主义学院二级教授，主要研究领域为文化价值观、党风廉政建设；杨思玉，成都市清廉文化研究院研究员，成都大学马克思主义学院讲师，主要研究领域为廉洁文化教育。

滋生腐败的土壤，最终达成“以党的自我革命引领社会革命”① 的目标愿景。在反腐败斗争语境下的社会革命，就是革除滋生腐败的社会心理、消极观念和社会陋习等，为一体推进“三不腐”营造风清气正的社会环境。改革开放以来，受到西方实用主义、个人主义等思潮和市场经济逐利意识的双重冲击，“礼尚往来”的社交理性逐渐被逐利思想侵蚀，异化成一股“利上往来”的社交暗流。部分党员干部在权力、功名和人情等利益诱惑的裹挟下，社交取向开始跑偏，形成不同程度的观念异化和行为畸变，简称“社交观偏异”。探源受贿案件主体的思想肇因，几乎所有受贿者理想信念的沦陷都始于社交观偏异，发端于交友不慎或交友不净，被贼友、昵友②的利益俘获或钳制，继而难以抗拒地陷入腐败泥潭。本文探究党员干部社交观偏异的形成逻辑和演化过程，目的是从源头上阻断因社交观偏异而滋生腐败行为的社交文化土壤，从而在党员干部中营造清朗的社交环境。

一、从“礼尚往来”到“利上往来”的价值畸变

作为礼仪之邦，我国传统文化蕴含丰富的礼仪文化和社交理念。“礼尚往来”是中华传统礼仪文化中社交理念的凝练表达，是贯穿传统社交文化的一条价值主脉，长期主导中国的社会交往行为。历经千百年的社会交往实践，中国人早已将“礼尚往来”的社交原则内化为“日用而不觉”的社交理性，形成了以情感为根本旨向、以双向对等为核心价值取向、以互惠无偿为基本原则的交往自觉。

（一）传统礼仪文化涵养出“礼尚往来”的社交理性

作为主导中国传统社会两千年的社交原则，“礼尚往来”的核心价值就是有来有往。首先，“礼尚往来”蕴含传统社会交往的互惠规则。在礼尚往来中，施礼者与回（报）礼者是以互惠互利来保持基本的施报平衡与和谐的交往秩

① 习近平：《高举中国特色社会主义伟大旗帜 为全面建设社会主义现代化国家而团结奋斗》，人民出版社2022年版，第64页。

② 吴荣鹏：《〈鸡鸣偶记〉与法官交友》，《人民法院报》2014年7月25日。

序。互惠的存在本身就是文化塑造的产物，更为直接的是作为文化表达的一种形式。[①]《礼记·曲礼上》记载："太上贵德，其次务施报。礼尚往来。往而不来，非礼也；来而不往，亦非礼也。"[②] 在儒家的文化价值体系中，崇义轻利是根本的处世原则，自我与他者的交往关系以互惠为根本价值指向。"互惠包含着物质和精神上的结合，体现出交换各方愿意以情感来构建一种良好的长期关系。"[③] 基于互惠的交往取向，"礼尚往来"的社交是利他与利己的辩证统一，是"他者-自我"良性互动的社交模式。

其次，"礼尚往来"蕴含社交主体双向奔赴的对等思想。"礼尚往来"是儒家社交中"对等"思想的价值精髓，蕴含着"投我以木桃，报之以琼瑶""以直报怨，以德报德"，以及"滴水之恩，当涌泉相报"等对等的交往智慧。《礼记·曲礼上》曰："礼者，自卑而尊人。"[④] 所谓"礼"就是对他人的尊重、敬意和支持等情感表达。在"礼尚往来"中体现出社交主体的双向奔赴和情感互动，无论是物质性的送礼与回礼，还是精神层面的双向交流，都要基于双向奔赴的对等交往，才能维系平衡、和谐和可持续的社交秩序。

（二）"利上往来"对"礼尚往来"社交理性的内涵篡改

在中国传统文化漫长的发展历程中，"礼尚往来"的社交观念发生了两次关键性的内涵变迁。第一次是从"礼尚往来"向"礼上往来"转变，第二次则是从"礼上往来"向"利上往来"转变，继而使社会交往的内涵被重新定义。

一是"礼"的器物化表达使"礼尚往来"向"礼上往来"世俗化流变。在物化进程中，中国传统文化中的"礼"逐渐被世俗文化赋予表情达意的"器物化"特征，形成了表达人伦关系和道德情感的"礼物"，从而以物质化的形式将"礼"带入现实生活。"礼"被赋予"器物化"的呈现样态后，就从精神

① 赵旭东：《文化的表达：人类学的视野》，中国人民大学出版社2009年版，第95页。
② 杨天宇：《礼记译注》，上海古籍出版社2004年版，第3页。
③ 邹文篪、田青、刘佳：《"投桃报李"——互惠理论的组织行为学研究述评》，《心理科学进展》2012年第11期。
④ 杨天宇：《礼记译注》，上海古籍出版社2004年版，第3页。

形态向物质形态转变。“礼”成为“以外在礼仪、习俗等形式存在的显性或隐性规约系统，包含以内在伦理判断和道德心理为内容的道德情感和价值选择”①，并从中衍化出风俗、习惯、礼仪和行为方式等。礼的器物化表达加速了礼的世俗化变迁，“礼尚往来”逐渐向“礼上往来”转变。在“礼上往来”中，尽管人们以器物化的方式将“礼”转化成了礼物交换的物化表达，但仍然能保持基本的互惠与对等的交往原则。

二是“礼”的市场化渗透使“礼上往来”向“利上往来”功利性转变。当市场经济的逐利本质幻化出趋利意识和行为时，自我利益最大化被视为“利”的必然。当“趋利”意识渗入社交行为，支撑“礼尚往来”交往理念的社会基础就会发生变迁，传统文化“崇礼”思想的底层逻辑也就被篡改。人们的交往理性和社会理性都被商品经济的“趋利避害”原则所支配，“礼”逐渐转变成交易或交换的谋利工具，礼品、礼金成为谄媚权力的利器。“礼尚往来”的交往理性向着趋利的“利上往来”转变，“礼”的本真内核与原初意义都被功利主义肢解，转变成权力交换、权权勾连的中介，幻化出消极的社交能量，社会交往的原初意义开始畸变，形成公与私、权与利、法与情、纪与礼等交往取向相互纠缠而形成的社交羁绊。“利上往来”的不对等、非互惠交往原则必然成为权力寻租的潜规则。

二、“利上往来”诱发社会交往的价值偏异

在中国社会转型与文化变迁中，人际关系及资源配置逐渐取决于竞争性的“礼物交换”，原本合情合理的“礼尚往来”不断畸变成“利上往来”的社交陋习。“利上往来”的本质特征是唯利是图，其显著的逐利性阻断了“礼尚往来”对等互惠社交理念的传承与发展，污染了社会交往环境，诱发部分党员干部社交观的价值跑偏，诱导其社交行为偏离常规和正轨，甚至堕入腐败泥潭。

（一）“利上往来”带偏了社交观的价值取向

从根本上讲，“利上往来”是社交文化的核心精神在市场经济中发生转变

① 王露璐：《伦理视角下中国乡村社会变迁中的“礼”与“法”》，《中国社会科学》2015年第7期。

的外在表现，也是社交观的价值取向被逐利意识带偏的必然结果。“利上往来”是不对等、非互惠性交往与逐利性社交动机双重互构的结果，送礼者和受礼者的目标取向都是自身利益最大化。在礼与利的交换中，送礼者追求超出礼物的利益增长，收礼者必然要提供与其所送“礼”相匹配的或超额的资源、条件或者某种方便。由此，“利上往来”的社交理念隐含着“择利而交”的功利化价值取向、“择权而交”的实用化价值取向、“择富而交”的附庸化价值取向，从而显现出“逐利”的社交本性。相较于传统文化对等互惠的社交观而言，“利上往来”社交观存在明显的价值褪变和取向偏差。中国社会公权力具有强权力特征，如果送礼者是出于多占公共利益而讨好公权力，那么，礼物交换也就受到利益驱动，延伸至社会公共生活领域，但问题是，“其范围没有得到有效的确定，结果社会生活的私人领域与公共领域混为一体”[①]，以致于“送礼”与“贿赂”的边界被模糊了。面对利益诱惑，部分党员干部认为“权力就是权利，有权就有利”，或者“我不贪腐，当官干啥”，[②] 而送礼者的“利己”取向则是基于“吃小亏占大便宜”的交往潜规则，其目标是要通过“礼”去链接权力，与收礼者建构“利益同盟”，以获得超越“礼物”价值的利益回报（超额利润）。丧失原则的党员干部则寻求权力变现。在“利上往来”中，披着人情往来的外衣，将“逐利”目的隐藏于虚假的友情或亲情中，以“温水煮青蛙”的方式侵蚀党员干部的警惕意识，肢解其理想信念和工作原则，诱导其走上贪腐的歪路、邪路和不归路。

（二）“利上往来”异化了社交圈的交往功能

改革开放以来，市场经济的逐利性交换原则不断渗入社会生活的方方面面，“礼尚往来”的价值取向被“利上往来”扭曲和异化，社交成为部分干部追名逐利的交易手段。“利上往来”不仅使党员干部的社交取向偏离，还导致其社交圈的交往功能被异化成权力寻租的利益链条。作为社会成员，党员干部对外交往是情理之中的事情。但是，部分党员干部禁不住“利上往来”的诱

---

① 王沪宁：《反腐败——中国的实验》，三环出版社 1990 年版，第 88 页。

② 李志勇：《雷人语言折射出的群众观念弱化及思考》，《共产党员》2014 年第 7 期。

惑，逐渐陷入以利相交、以势相交、以权相交的畸形社交圈之中，把原本应该用来联络情感、增进友谊的社交活动，变成追求一己私利的利益交易场，甚至将“社交圈”异化成权权交换、权利交易的“腐败圈”。

具体来讲，党员干部“社交圈”的功能异化隐藏在“利上往来”的各种社交形态之中。一是私拉乱接感情圈、圈圈联结利益链。部分党员干部假借沟通、协调关系之名，以联谊活动为幌子，组建同学圈、同乡圈、战友圈，通过认干亲、结义亲等名目繁多的社交形式，建立起复杂的社交圈，且圈圈相连，编织起庞大的社交关系网，而且还搞江湖结义、拜把子等封建式利益同盟，把各种“社交圈”联结成权钱交易的利益链，甚至形成“腐败协作圈”“共同致富圈”。二是官商勾连、官款互傍，互“利”互“携”。部分党员干部假借发展地方经济之名，在与外商和个体私营业主的交往中“傍大款”，生活中不拘小节，与身边商人称兄道弟、亲密无间，目的是与所谓的大款们拉近关系，沆瀣一气，大搞权钱交易。

（三）“利上往来”摧毁了“社交关”的思想防线

在传统与现代、外来与本土多元文化的交融和冲击下，被攀权逐利主导的“利上往来”交往范式不仅缺失了“礼尚往来”内蕴的互惠对等意识，还消弭了社会交往的平等意识和正义良知。通常来讲，人类的社会交往是受伦理道德和政治法律两套行为系统的规范与约束。当社会交往中存在道德“缺位”或法律“空场”时，社会交往行为就会在一定程度上“失范”。“利上往来”的交往本质就在于送礼者和受礼者都必须突破伦理道德或者纪律法规的约束，才能实现双方的交往目的，尤其是要实现“物超所值”的不对等交易或交换目的。“利上往来”是典型的“见光死”社交形态。从经济学理论来看，对等互惠的礼品赠与或者物物交换是不可能产生“增值”的。如果没有增值，送礼者与收礼者之间就无需进行这种单向赠与的社会交往。而且，“利上往来”中的“增值”需要有一种能形成倍增效应的特殊交换物，而充当这种特殊交换物的就是收礼者掌握的“权力”或者“公共利益”。然而，正常情况下，任何“权力”或者“公共利益”都既受道德规范的约束，也受法律法规的保护，不能被任何个人引入私人交往领域而成为换取“礼品”的交换筹码。唯有突破约束“权力”的规范或“公共利益”保护机制，权力或公共利益才能成为“利上往来”的交换筹码。因此，“通过慷慨馈赠礼物而进行的，但伴随出现的行为是表面上的虚伪和交往上的欺骗，这种情况下的交易本身是建立在应尽的义务和经济上自私自利基础上的”①。“利上往来”的社会交往以突破权力约束机制或侵损公共利益为基本前提，因而是一种缺失了人伦道德规范或者法律法规约束的交往模式。反过来，也正是权与利的交换诱发出“利上往来”的交往行为。

三、矫治党员干部社交观偏异是党自我革命的必然要求

百年征程中，中国共产党始终依靠自我力量推进党的建设，是一个“具有强烈的主体自觉、主体自信、主体自为”的自我革命意识的“内力塑造型政党”。②“坚持自我革命”既是党百年奋斗的历史经验，也是党继往开来的重要法宝。党的二十大报告指出，“经过不懈努力，党找到了自我革命这一跳出治乱兴衰历史周期率的第二个答案，自我净化、自我完善、自我革新、自我提高能力显著增强”③。党的自我革命以“守正”为本，“革故”为先，“鼎新”为要。④“守正”就是坚持正确的，继承和发扬优良传统；“革故”就是修正偏差，破除陈规陋习；“鼎新”就是开拓创新，与时俱进促发展，从而不断实现自我净化、自我完善、自我革新、自我提高，永葆党的生机与活力。⑤

（一）矫治党员干部社交观偏异是党自我革命的客观命题

在新时代语境下，自我革命意识体现出中国共产党进行主体认知和主体建构的自我反思、自我批判、自我否定和自我超越的自觉动能。⑥ 在中国式现代

---

① 杨向奎：《论“礼尚往来”》，《中国社会科学院研究生院学报》1999 年第 1 期。

② 王小鹏：《内力塑造型政党：中国共产党自我革命的一个类型学分析》，《探索》2022 年第 3 期。

③ 习近平：《高举中国特色社会主义伟大旗帜 为全面建设社会主义现代化国家而团结奋斗》，人民出版社 2022 年版，第 14 页。

④ 赵秀华：《准确理解中国共产党自我革命的科学内涵》，《马克思主义研究》2020 年第 2 期。

⑤ 何克祥：《论中国共产党自我革命精神的宝贵品质》，《探索》2022 年第 2 期。

⑥ 王小鹏：《内力塑造型政党：中国共产党自我革命的一个类型学分析》，《探索》2022 年第 3 期。

化进程中，反腐败是中国共产党最为彻底的自我革命。在反腐败斗争取得压倒性胜利并进入全面巩固的阶段，如何从根本上抑制党员干部的贪腐行为发生?基于自我革命的视角审视，一体推进“三不腐”的价值底座在于夯实“不想腐”的思想基础，亟须抓实抓牢党员干部的思想观念，防微杜渐，才能避免“积羽沉舟、群轻折轴”之患。俗话说，千里之堤，溃于蚁穴。几乎所有权力寻租都始于“利上往来”的小恩小惠，而终于底线尽失的大肆敛财。因此，党的自我革命内在地要求矫正和治理党员干部社交观偏异，阻止其因“利上往来”而滑向贪腐深渊。

从本源上治理贪腐行为需要从党员干部的社交活动和生活态度着手，纠偏被消极思想和歪风邪气带偏的社交观，矫正社交价值取向，是从根本上实现党的内力塑造和功力提升，继而夯实反腐败斗争的思想堡垒。打铁还需自身硬，矫正和治理党员干部的社交观偏异是党自我革命的内在需要。自我革命内蕴着自觉净化、自愿革除成规陋习、自我提升精神境界等革命要求，而所有革命要求最终都是要落实到党员干部思想、观念和行为上。对党员干部的社交观念、“社交圈”、“朋友圈”等进行净化，端正“交友观”，剪除被贼友、损友围猎和腐蚀的风险，是实现党员干部自我净化的客观要求。

（二）矫治党员干部社交观偏异是党自我革命的政治课题

党的十八大以来，尽管反腐败斗争已取得压倒性胜利，但反腐形势依然异常严峻复杂。在一体推进“三不腐”机制建构中，“不敢腐”的法治建设和“不能腐”的制度建设都日臻完善，但“不想腐”的思想建设任重道远，部分党员干部尚未形成不想腐的思想自觉。习近平总书记在中国共产党第十九届中央纪委六次全会上强调“坚持把思想建设作为党的基础性建设，淬炼自我革命锐利思想武器”①，从思想源头上革除滋生腐败的观念意识，才能从根本上炼就党员干部的“金刚不坏之身”②。事实上，制约中国共产党发展壮大的最大难题从来都来自内部因素，而非外在力量。随着反腐败斗争的持续深入，腐败手

① 习近平:《习近平谈治国理政》第4卷，外文出版社2022年版，第550页。

② 习近平:《习近平著作选读》第2卷，人民出版社2023年版，第410页。

段出现隐形变异，腐败形式也翻新升级，“利上往来”的社交观念依然在隐秘地侵蚀着“不想腐”的思想基础，以致部分党员干部因社交观偏异而滋长出腐败行为的可能。在现实生活中，一些受党培养教育多年的党员干部，也不是一开始就想或敢成为腐败分子，在他们的思想和行为蜕变中，社交圈中所谓的“朋友”起了关键性、引导性的作用。[①] 长期以来，违规收送礼品礼金一直是最为隐秘且顽固的惩治难题。从中央纪委国家监委网站通报的数据来看，2024年3月，全国共查处违反中央八项规定精神问题7859起。其中，违规收送名贵特产和礼品礼金问题2216起，占享乐主义、奢靡之风问题的47.17%，居于首位。[②] 从已查处行贿受贿案件来看，几乎所有受贿者都始于战战兢兢收小礼，终于肆无忌惮收巨资。尽管社交观偏异只是行贿者得以入侵党的政治肌体的一个小切口，但千里之堤，溃于蚁穴，如果任由部分党员干部在社交观上存在偏离主流价值导向的偏差和异化，极有可能积累起塌方式腐败。由此，中国共产党必须正视各类腐败的挑战，始终保持自我革命的政治清醒，“一次次拿起手术刀来革除自身的病症”[③]。矫治部分党员干部的价值观偏异，实现党的自我净化必然是党自我革命的现实课题。

（三）矫治党员干部社交观偏异是引领社会革命的必选答题

治国必先治党，党兴才能国强。作为执政党，中国共产党在国家政治生活中发挥着先锋引领作用，解决党内问题是解决国家政治经济社会问题的总开关，巩固坚强有力的执政党地位是实现中华民族伟大复兴的根本前提。诚如邓小平同志所言“中国要出问题，还是出在共产党内部”[④]，推动中国经济社会发展与进步的关键是共产党内部要搞好。习近平总书记指出“勇于自我革命，

---

① 马庆立：《透视部分党员干部社交圈》，《中国监察》2003年第2期。

② 《2024年3月全国查处违反中央八项规定精神问题7859起》，中央纪委国家监委网站2024年4月28日，https://m.gmw.cn/2024-04/28/content_ 1303724814.htm。

③ 中共中央党史和文献研究院：《十八大以来重要文献选编》（下），中央文献出版社2018年版，第590页。

④ 邓小平：《邓小平文选》第3卷，人民出版社1993年版，第380页。

是我们党最鲜明的品格，也是我们党最大的优势”。[①] 反腐败是最彻底的自我革命，因而正确应对反腐败斗争的挑战是全面从严治党的必然要求。党的百年发展历程中，中国共产党与人民群众始终保持了生死相依、休戚与共的血肉联系，人民是党执政兴国的最大底气。基于党风与社风、党情与社情的息息相关，党的自我革命与党领导的社会革命必然也是有机统一的。矫治党员干部社交观偏异，既是关系党自我净化的现实选题，也是引领和培育良好社会风气的必由之路。只有党员干部自觉净化思想、矫正社交取向，才能涵养出良好的党风和政风，从而以良好的工作作风和家风，引领纯净的社风和民风。因此，党员干部能在社交活动中率先垂范，守住社交底线和红线，就能形成头雁效应，引领社交观念和行为返璞归真，恢复“礼尚往来”的交往礼性和社会理性，最终实现以党的自我革命引领社会领域的系统性革命。

四、以党的自我革命引领社会交往革命的实践路径

在党的自我革命思想指导下，要彻底铲除滋生腐败的文化土壤，厚植“三不腐”的思想根基，亟须矫正党员干部被逐利思想带偏的社交观念，治理被“利上往来”异化的社交行为，从而通过党员干部社交观的自我净化，引领整个社会回归“礼尚往来”的社交礼性和社会理性，营造海晏河清、朗朗乾坤的政治生态和社会风气。根治党员干部社交行为乱象，重塑社交观的社会理性和交往礼性，亟须从文化建设、社交环境、法纪制度三个维度，去探索矫正和治理党员干部社交问题的实践路径。

（一）涵养社交能量场，弘扬“礼尚往来”的社交理性

基于铲除腐败滋生土壤的审思与考量，遵循以党的自我革命引领社会革命的基本逻辑，矫正被“利上往来”带偏的社交价值取向，继而引领和促进社交文化的净化、革新和提升，促使党员干部养成清清爽爽社交、明明白白生活的

---

① 中共中央党史和文献研究院：《十八大以来重要文献选编》（下），中央文献出版社2018年版，第589页。

思想自觉，推动“礼尚往来”礼俗文化的现代性转化，形成面向现代文明形态的交往礼性和社交文化。

全方位涵养“崇廉尚洁”社交理念的强大能量场，既是净化党员干部社交环境的根本途径，也是助推“礼尚往来”交往传统实现时代性、创新性转化的环境载体。基于社交心理学的“磁场理论”，在社会交往中，每个人都能形成特定的能量场，并通过能量场共振而与外界发生互动关系，因而能量场共振是一种深层次的社交互动现象，它可以促进社交主体之间形成相互理解、共鸣和联结等互动性社交关系，继而形成人际交往中的“能量场效应”。如果社交主体被置于崇廉尚洁的社交能量场，则会在能量场效应中形成正向的能量场共振，从而获得廉洁、无私、奉公等交往价值取向的积极引导。反之，则交往主体会被负向的、消极的能量场共振引入腐化堕落的社交泥潭。因此，涵养出积极进取、廉洁奉公的社交文化及其能量场对于矫治党员干部社交观偏异至关重要。

从实践上讲，全方位涵养清正廉洁的社交能量场，就是要从社交的现实物理环境和虚拟话题环境两个维度着手。全方位涵养“廉洁”社交的能量场亟须将“廉洁”社交理念渗透进党员干部的家庭、社区、企事业机关、学校，以及网络虚拟话题环境等所有社交场所，并形成崇廉、守廉、护廉、践廉的能量场，充分发挥“廉洁”社交能量的磁场效应，对党员干部的社交观偏异进行多维度调适和矫正。例如，成都市武侯区和苑社区将廉洁意识融入家风家训家教和社区文化建设之中，成立“家风银行工作室”，吸纳社区内优良家教、家风、家训典范，以“学家训促廉洁”为主题，将廉政家训、廉洁家风等融入社区文化建设之中，打造以家庭、社区为物理空间的廉洁社交能量场，使党员干部“八小时之外”的生活娱乐，能在“廉洁”社交磁场效应中获得正向而积极的能量场共振。

改革开放以来，基于市场经济和西方思潮影响下的“唯利是图”社交心理充斥社交文化，只有全方位涵养崇廉尚洁的正向社交能量场，才能深刻触动社交主体的灵魂，唤醒被“利益”羁绊而陷入迷失的社交意识。同时，从行为心理学出发，任何个体行为要向着积极方向发展，还需要由外在环境提供正向的能量强化，从而增加行为主体作出正向行为的频率。也就是说，只要有足够强大的积极向上的社交能量场，就能反复给予社交主体正面的、积极的交往理念及其信息输入和反馈，最终形成正向强化的社交观念和行为，从而抵御“利上往来”的利益诱惑。因此，只有将“崇廉尚洁”社交理念融入党员干部生活、工作环境，才能形成正向、积极的社交氛围，确立起引领“廉洁”社交的隐形力量，涵养出风清气正的社交能量场，营造清朗的社交环境，从而矫正党员干部的社交取向。

（二）斩断社交利益链，革除“利上往来”的社交恶习

党的二十大报告指出，“只要存在腐败问题产生的土壤和条件，反腐败斗争就一刻不能停，必须永远吹冲锋号”①。为此，二十届中央纪委三次全会将“铲除土壤条件深化反腐败斗争”作为反腐败斗争持续深化的重中之重。以逐利为根本价值取向的社交风气，是党员干部滋生贪腐心理的文化土壤，治理贪腐必须矫治被“利上往来”带偏的社交观念，净化“利上往来”的交往环境，革除送礼和收礼都成“疯”的社交恶习，才能为党员干部形成廉洁社交的大环境。“利上往来”社交行为的底层逻辑是“交易”，本质是送礼者与受礼者之间赤裸裸的“礼”与“利”交易。阻止“利上往来”的社交行为，必须斩断利益互换或交易的逻辑链。斩断“交易”逻辑链，既要营造不敢送、不能送、不想送的社交心理，又要形成不敢收、不能收、不想收的现实威慑。

首先，盯牢送礼者的谋利心理，建立健全规约送礼行为的制度，营造不敢送、不能送的社会心理。套用“没有买卖就没有杀害”这句公益广告语，可以得出一个直观的判断“没有送礼就没有收礼”。矫治请托方（送礼者）的思想和行为，是从源头上阻断“利上往来”的畸形社交的方法。斩断办事必须“送礼”的基本逻辑，既要惩治党员干部的收礼行为，也要重处送礼者的谋利行为，从而保护社会大众的权益。一是国家应该为“送礼”行为配置高额的风险

---

① 习近平：《习近平著作选读》第1卷，人民出版社2023年版，第56页。

成本，着令送礼者承担足以起到惩戒作用的违纪违法责任。例如，出台严厉的规章制度和法律对送礼行为进行规约和惩戒，直至使送礼者有敬畏之心而不敢越雷池一步。同时，配套采用灵活多样的惩戒方式方法，包括建立“诚信”档案、曝光（列入招商引资、工程招标等的黑名单）等等。二是对送礼者在“利上往来”中获取的“收益”进行追查，对于那些因“送礼”而形成的既定“结果”进行彻底否定，让送礼者“偷鸡不成蚀把米”或者“无利可图”，从而杜绝送礼者“铤而走险”的侥幸心理。

其次，调适被“送礼”异化的社会心理，弘扬“礼尚往来”的社交传统，正向强化“不想送”的社交行为。“送礼”办事思维逻辑在社会的蔓延和渗透，对社会交往心理产生深刻的影响，以致于“送礼”成为许多人醉心研究的“学问”。因“礼”获取不义之利，深深伤害“不想送”的社会心理和行为。被“利益交换”扭曲的“送礼”现象异化出社恐症、焦虑症，“利上往来”社交观形成的负向振动效应，甚至延伸影响到青年人的人生观、世界观。因此，提振“不想送礼”的社会心理和社交意识，是一场势在必行的社交革命和社交环境塑造的一场硬仗。一方面，重拳整治“送礼”引发的不正之风，铲除“不跑不送，降级使用；只跑不送，原地不动；又跑又送，提拔重用”的思想温床，从而缓和被“送礼”现象折磨的社会焦虑。另一方面，推动“礼尚往来”社交传统的返璞归真，回归“礼”表情达意的本真意义，为不想基于“利上往来”而参与社交者创设自由的交往空间，从而矫治被“送礼”现象诱发的社交恐惧症。

最后，升级现代治理体系，健全监管制度，堵塞权力寻租的通道，形成党员干部对“不义之礼”不敢收、不能收和不想收的现实威慑。在权力运行体系中，制度漏洞和人情世故纠结催生出权力寻租行为，而人情往往是通过“礼”联结起来的。在现代治理实践中，堵塞权力寻租的通道，既要加强监管制度建设，又要尽可能剔除主观标准和人情因素对社会治理的影响，以便对党员干部用权过程进行客观、公正、公开的评判。例如，很多城市都在使用的小升初和幼升小的“摇号制度”、高考录取的计算机排位等“阳光工程”，极大降低了

“人情”对社会治理公正性的支配，直接抽空了“利上往来”社交的利益底座。同时，各部门和单位要建立积极向上的社交渠道，引导党员干部建立健康的“社交圈”，纯净党员干部的社交环境，做到君子之交淡如水、公私分明、“亲”“清”可鉴，形成抵御“利上往来”社交的自觉意识，坚定“不想收礼”的洁身自好。

（三）划定礼贿边界线，规制“利上往来”的交往行为

在中国传统社交意识中礼俗文化存在已久，但随着社会经济、文化观念的快速发展，社会交往的价值取向可能会偏离传统礼俗内涵，这就需要发挥社会制度的规制作用。例如，从社会理性的角度讲，既要对婚丧嫁娶等场合大操大办的浪费现象予以引导和规范，也要从预防党员干部腐败的角度对婚丧嫁娶予以规制和整顿。事实上，隐身于“利上往来”中的行贿或受贿行为与传统人情本意相去甚远，但“我国诸多腐败案中的落网贪官总喜欢拿礼尚往来说事，以期混淆视听并博取人们同情”①。正是由于“礼”与“贿”的边界不清、内涵模糊，各类隐于“礼”的腐败难以辨别和处置，才导致各类超大额“礼金”、超豪华“礼品”在巨贪们的眼里根本不算“事”。诚如美国学者艾克曼所说“文化和历史虽然能够解释腐败现象的存在，但是却不能成为腐败存在的一种借口”②。因此，要建设廉洁型社会，必须厘清“礼”与“贿”的边界，全面而系统地整治送礼成“疯”的社会风气，惩治“利上往来”的病态性社会交往现象。

怎样矫治“利上往来”的社交功能？总体思路应该是遵循差异化原则，对不同类型的党员干部进行分层、分类的建章立制。在不同种类的制度、规章或法律中，都要为党员干部确立“礼”与“贿”的边界，设置“人情”与“法纪”隔离带，以及逾越边界的惩处法则，从而使“礼尚往来”有纪可循、有法可依。通常来讲，对于掌握公权力的党政干部而言，需要从三个维度对其行为

① 蔡宝刚：《竖立人情与腐败之间的法律界碑——以官员“礼上往来”的法律规制为例》，《求是学刊》2011年第4期。

② 艾克曼：《腐败与政府》，王江、程文浩译，新华出版社1999年版，第6页。

进行调节，即社会道德规范、党纪党规和法律规范。因此，对于党政干部的“利上往来”就应从道德、党纪和国法三个层面着手，分层厘清“礼”与“贿”、“人情”与“法纪”的边界线，规约“礼”合理的适用范围，规范“礼”正常的表情达意方式，从而使“利上往来”的寻租空间和逐利功能受到党纪国法的约束和限制。

五、结语

被权力与利益异化的“利上往来”是社交堕入权钱交易泥淖的原罪。从宏观上讲，“利上往来”的社交行为损害的不仅是人与人之间的互信互惠，还影响到现代社交文化发展、社会文明进步，甚至破坏政治生态建设和社会稳定基石。正如涂尔干所言，社会是一个“有机体”，社会结构的各个部分相互依赖，任何较严重的变化都会波及到社会整体。[①] 从“礼尚往来”到“利上往来”的精神褪变引发社交观跑偏和精神异化，幻化出操控公权力的“魔法棒”，并破坏着社会肌体的廉洁性和公信力。“利上往来”衍生出的堕落思想和贪腐心理，是滋生各类腐败行为的思想肇因。梳理贪腐官员从量变到质变的腐化堕落历程，无法忽视“利上往来”中的一瓶酒或者一条烟对社会廉洁观所形成的侵蚀和吞噬作用。净化社会交往风气、建设廉洁社会亟须深入揭示人情世故对权力寻租及其贪腐行为的遮蔽和掩饰，将正常人情往来与贪腐行为剥离开来，复归人际交往本真的礼性意识和理性精神，矫治被“利上往来”带偏的社交取向，是党员干部自我净化、自我提升的内在必然，也是以自我革命引领社交革命的现实要求。而且，只有实行彻底的社交革命，清除妨碍“不想腐”的社交因素，才能铲除滋生腐败的思想土壤，营造有利于“三不腐”的社交环境。

---

① 涂尔干：《社会分工论》，渠东译，生活·读书·新知三联书店2000年版，第181页。

实证研究

村级巡察运行现状与效能生成机制

——基于47份巡察文本的内容分析

肖云忠　董　艳　骆安庆　刘雨欣

摘　要　在乡村振兴发展与“一肩挑”权力结构情境下探讨村级巡察运行现状与效能问题具有现实意义。本文通过收集整理中央纪委国家监委47份巡察文本，描述目前村级巡察行动的结构现状与特征，揭示村级巡察在应对新情境下的权力监督困境方面所具有的优势及效能生成机制。村级巡察作为社会行动，其效能是在情境结构制约下，多元乡村行动者围绕权力实践及其廉政风险展开博弈，巡察主体以高权威地位发挥牵引作用，通过组建巡察队伍、激活监督意识、协同纵横监督力量，战胜基层情境结构中的不利因素，达成“不敢腐、不能腐、不想腐”的积极效果。据此，本文提出提升村级巡察效能的对策建议。

关键词　乡村振兴发展；“一肩挑”权力结构；村级巡察行动；村级巡察效能

基金项目： 四川省纪检监察学会-四川省纪检监察研究一般项目“四川两项改革后半篇文章情境中的村级权力监督效能提升研究”（SCJ220301）；四川高校廉洁文化教育基地2022年研究专项重点项目“反腐倡廉建设促进中国共产党自我革命的机理与路径研究”（JDZD2022006）；成都理工大学哲学社会科学研究重点项目“权力场域视角下治理腐败问题产生的土壤和条件研究”（YJ2024-ZD001）。

作者简介： 肖云忠，哲学博士，成都理工大学文法学院教授，主要研究领域为廉政学；董艳，成都都江堰市委党校教师，主要研究领域为党建；骆安庆，成都理工大学文法学院硕士研究生，主要研究领域为监察法学；刘雨欣，成都理工大学马克思主义学院硕士研究生，主要研究领域为马克思主义理论。

目前村级巡察作为整个巡视巡察系统的基础环节，在实践层面蓬勃开展，涌现出大量实践经验。其中，巡察效能是考察巡察工作成效的关键指标，但如何评估巡察效能在理论和实践层面仍较为薄弱。中央纪委国家监委网站设有巡视巡察专栏，刊登了大量基层巡视巡察工作开展情况、取得的经验和借鉴意义的文本。本文按照内容分析方法，选择其中涉及村级巡察的 47 份文本，从中考察村级巡察运行现状，挖掘村级巡察效能的生成机制，为进一步发挥村级巡察的积极作用提供依据。

一、新情境中的村级巡察

（一）村级巡察面临的新情境与研究问题

村级巡察即村级巡察监督，是监督体系的基础环节，也是一种典型的社会行动。任何社会行动均有其自身结构，构成行动系统，其中情境因素对社会行动具有制约作用。因此，考察村级巡察首先需要分析其所处情境。

首先，目前乡村振兴进入新阶段，各项工作有序推进，物资、项目、资金、政策等各类资源大量涌入乡村，乡村与城市关系、多元利益主体利益诉求、乡村内在结构正处于深刻变迁之中，“一肩挑”权力格局正在形成和运行。

其次，乡村振兴发展情境对村级权力监督和有效治理提出了更高要求，基层治理中的权力结构与规范运行尤其重要。如果出现不正之风和微腐败等权力失范问题，将产生不良后果。对此，党中央对微腐败治理作出部署，强调严肃查处群众身边的“蝇贪蚁腐”，加强纪检监察专责监督与其他监督的贯通协同，实现无缝监督、合力监督，提升监督效能。

再次，在纪检监察体制深刻变革与运行的情境下，村级巡察是纪检监察体制的基础环节，基层巡察不仅是打通全面从严治党的“最后一公里”，也是构建巡视巡察上下联动监督网的着力点，更是落实村级权力监督和有效治理以实现乡村振兴的重要政治保障。

因此，乡村振兴发展战略纵深推进、纪检监察体制深刻变迁共同构成了村级巡察的新情境。在此新情境下，村级巡察工作蓬勃开展，实践经验不断涌现，呈现各显神通、表达多样的特征。如何对众多基层巡察经验进行科学总结与提炼，发现其中的共性与规律，仍需进一步探讨。在村级巡察理论研究方面，学界主要在监督框架中进行探讨，提出诸如“监察下乡”① “监督下乡”② 等模式，强调“监督下乡”是新时代塑造基层治理最关键的元素③，并揭示“监督下乡”对村级权力监督的作用机制④。此外，有研究提出从历史制度主义的视角审视巡察制度的有效性⑤，建议从制度变迁的路径依赖性、制度与制度环境适应性、制度与制度相关人的关系三个层面考察巡察制度的有效性。这些研究成果为分析村级巡察效能提供了支持，但直接聚焦村级巡察监督现状和效能的主题文献较为匮乏，呈现出理论研究滞后于村级巡察实践的特征。

面对新情境、新情况、新问题，本文聚焦村级巡察运行与效能这一核心问题。首先，效能是巡察工作的结果，是衡量巡察工作有效性的依据，也是进一步推动巡察工作的依据。其次，村级巡察效能是观察纪检监察体制改革成效的微观基础，可以为进一步推动纪检监察体制改革提供依据。最后，纪检监察制度优势转化为治理效能是考察纪检监察体制的关键问题，通过村级巡察效能分析，可以为纪检监察制度优势向治理效能的转化提供支持，弥补目前理论研究和实践经验总结中的薄弱环节。

（二）研究设计

把村级巡察界定为在行政村一级开展的巡察工作或巡察行动。村级巡察作为社会行动系统，是由主体、内容、手段、环境和情境等要素构成的。探讨村级巡察运行现状就是探讨村级巡察行动的四个要素现状以及四个要素之间的互动现状。在此基础上，把村级巡察的四个要素及其互动关系归纳为主体与对

① 董石桃：《监察下乡：监察职能向基层延伸的国家治理逻辑》，《行政论坛》2021年第1期。

② 冷波：《监督下乡：乡村监督体系重塑及其效应》，《中国农村观察》2021年第4期。

③ 贺雪峰：《监督下乡：中国乡村治理现代化研究》，江西教育出版社2021年版，第259页。

④ 李玉才：《监督下乡：新时代村级权力有效监督机制研究》，《中国矿业大学学报（社会科学版）》2024年第1期。

⑤ 田湘波、王玲娟：《历史制度主义视角下巡察制度有效性研究》，《廉政文化研究》2022年第3期。

象、内容与手段、环境与效果三对关系：

在主体与对象的关系方面，可以对开展村级巡察的主体进行分类。这些主体包括纪委监委系统及其职能部门，例如市县（区）级纪委监委、乡镇级纪委监委、巡察办、组织、审计等部门。而巡察对象则包括乡镇级、村社区级行动单元。处理主体与对象关系的难点和挑战在于如何破解熟人社会对巡察工作的干扰，以及激活多主体参与巡察工作的意识与协同作用。

在巡察内容与巡察手段的关系方面，村级巡察直接深入乡村这个基层社会，乡村社会结构内容杂多、利益形态多元、利益主体复杂，尤其在乡村振兴背景下，大量资源、政策、项目等利益流入乡村。属于巡察手段范畴的技术方法、路径模式需精准识别共性与个性问题，并保障乡村多形态利益能够得到公开、公正配置。

目前，乡村普遍完成乡镇调整以及行政村合并拆解工作，总体趋势是乡镇村数量减少，幅员面积扩大，更有利于总体规划与经济社会发展，但也带来了打破既有利益格局、居民关系调整等问题。乡村外出人口多，留守的多为老人、妇女、儿童。村两委“一肩挑”权力格局逐步形成。村级巡察如何应对乡村的这些环境变迁，并在乡村结构特点下以较小成本取得较大巡察效能，是一个亟待解决的问题。

巡察效能是巡察行动产生的结果，是在处理巡察三对关系、破解村级监督难题、促进乡村振兴发展等新情境中的作用体现。效能可分解为监督效果、监督效率、监督效应，其中效果是指达到监督目标的程度，效率主要指监督成本与监督收益的关系，效应则是指监督对乡村振兴产生的影响。

村级巡察的边界是指行政村，行政村具有农村社区的结构要素：（1）以地理位置、资源环境、产业为内容的物质单元；（2）以村民、村干部等主体为内容的权力与社会分层结构；（3）以交往互动为内容的道德风俗与行为规范；（4）以历史底蕴、信仰、价值观为内容的文化特色。认识村级社区结构特点是把握村级巡察效能的基础和前提。

本文提出的村级巡察效能生成假设是：作为社会行动的村级巡察，其效能是在情境结构的制约下，多元乡村行动者围绕权力实践及其廉政风险展开博弈，巡察主体以高权威地位发挥牵引作用，把多部门协同起来，并发挥基层民主作用，最终以协同力量克服基层情境结构中的不利因素，达成“不敢腐、不能腐、不想腐”的积极效果。

本文收集整理中央纪委国家监委关于“巡视巡察”专栏案例中涉及村级巡察信息案例47个，这些案例上传时间跨度为2022年1月至2024年3月，均属于各地对巡察工作经验的总结，可视为《中国共产党巡视工作条例》出台后开展相应工作的经验总结。采用内容分析法进行论证，在多次通读的基础上，以情境与社会行动结构框架整理资料（见表1、表2），描述目前村级巡察监督实务的流程、方法、成效，揭示村级巡察监督蕴含的原理机制、价值取向、成效评估等理论问题。

表1　案例分析维度与赋值

维度	定义	取值
省域分布	以村级巡察为主题选择案例所属的省级单位情况	按实际情况进行统计
主体	巡察领导和执行主体的情况	（1）地级市纪委监委 （2）县（区）纪委监委
内容	村级巡察涉及的村务、党务等情况	（1）共性内容报道为主 （2）个性内容以专项内容报道为主 （3）内容报道兼具共性和个性
方法与路径	开展村级巡察采用的技术方法和实施路径模式等情况	（1）传统方法和路径报道为主 （2）新技术方法和路径报道为主 （3）传统与新技术并重
成效	村级巡察在监督效果、效率、效应三个维度取得的结果	（1）以数据显示的直接成效，表明成效比较显著 （2）定性描述的间接成效，表明成效不够显著

表 2　村级巡察案例各维度取值

序号	标题	主体	内容	方法与路径	成效
1	山东临邑靶向发力打造村级巡察“强引擎”	(2)	(3)	(3)	(1)
2	广西马山县：深化村级巡察 助推乡村振兴走深走实	(2)	(2)	(1)	(1)
3	云南楚雄：“纪巡审”联动开展涉农项目资金专项监督整治	(1)	(2)	(1)	(1)
4	重庆大足：因村制宜 分类做实对村巡察	(2)	(2)	(1)	(1)
5	浙江鹿城：分类施巡强化对村社干部监督	(2)	(2)	(1)	(1)
6	山东高密：积极探索村级巡察有形有效覆盖方式	(1)	(2)	(1)	(1)
7	四川资阳：强化全过程监督 推动巡察整改走深走实	(1)	(2)	(1)	(2)
8	云南罗平：用好巡察专报 推动三资规范管理	(2)	(2)	(1)	(1)
9	江苏邗江：强化对村（社区）巡察监督	(2)	(2)	(1)	(2)
10	南京江宁：推进“百村巡讲”清廉教育活动	(2)	(1)	(1)	(1)
11	山东鱼台：精准施策 村级巡察靶向防治“微腐败”	(1)	(3)	(1)	(1)
12	杭州桐庐：巡视整改助推政商关系“亲清有为”	(2)	(2)	(1)	(2)
13	江苏泰兴：数据赋能助力巡察提质增效	(1)	(2)	(3)	(1)
14	四川大竹：创新模式 高质量推进对村巡察全覆盖	(2)	(2)	(2)	(1)
15	浙江鹿城：“纪巡审”联动释放监督叠加效应	(2)	(2)	(1)	(2)
16	南京溧水：开展专项巡察 整治村级工程“微腐败”	(2)	(2)	(1)	(1)
17	山东河东：“一类一策”精准发力 提升村级巡察质效	(2)	(3)	(1)	(1)

续表1

序号	标题	主体	内容	方法与路径	成效
18	浙江瓯海：开展乡村振兴领域专项巡察	（2）	（2）	（1）	（1）
19	江苏泰兴：实践运用“田野巡察”工作法精准发现解决问题	（1）	（1）	（1）	（1）
20	江苏建湖：巡察村（社区）推动解决群众急难愁盼问题	（2）	（2）	（1）	（1）
21	四川乐至：积极探索村级巡察监督新路径	（2）	（2）	（1）	（1）
22	杭州萧山：开展“巡镇带村”巡察 提升立行立改质效	（2）	（1）	（1）	（1）
23	山东聊城：“联动+提级”巡村 打通巡察监督“最后一公里”	（1）	（3）	（1）	（1）
24	江西安义：村级巡察推动基层治理提档升级	（2）	（1）	（1）	（2）
25	广西德保：构建对村巡察“共责共巡共治”工作格局	（2）	（1）	（1）	（1）
26	山东沂南：紧盯数据规律 推动对村（社区）巡察精准高效	（2）	（1）	（1）	（1）
27	江西青原：纪巡联动严查高标准农田建设领域腐败问题	（2）	（2）	（1）	（1）
28	贵州黔东南：细化巡察工作操作流程 提升村级巡察质效	（1）	（1）	（3）	（2）
29	江西新建：坚持问题导向 试点开展村级巡察工作	（2）	（1）	（1）	（1）
30	浙江台州：巡视巡察联动 提升乡村振兴质效	（1）	（1）	（1）	（1）
31	浙江磐安：聚焦省委巡视问题清单指出问题推动整改	（2）	（2）	（1）	（1）
32	湖北荆门：抓实“五个一”政策宣讲 营造良好巡察工作氛围	（1）	（2）	（3）	（1）
33	四川利州：一张流程图让巡察整改“一目了然”	（2）	（2）	（1）	（1）

续表2

序号	标题	主体	内容	方法与路径	成效
34	山东莱阳：靶向施治推动巡察发现共性问题整改	(1)	(1)	(1)	(1)
35	陕西陈仓：汇编巡察政策文件 助推巡察质效提升	(2)	(2)	(1)	(2)
36	浙江江山：以巡前评价分类提升村级巡察精准度	(1)	(1)	(1)	(1)
37	江苏清江浦："1+3"零距离做深做实对村(社区)巡察	(2)	(1)	(1)	(1)
38	江苏张家港："责、督、评、用"提升巡察整改成效	(1)	(1)	(1)	(2)
39	山东安丘：探索建立村级巡察整改"观测员"制度	(1)	(1)	(1)	(2)
40	江西湖口：推动巡察监督与各类监督贯通融合	(2)	(1)	(1)	(1)
41	山东兰山：量化评估红黑榜力促巡察整改	(2)	(1)	(1)	(1)
42	重庆大足：15张"协作清单"提升巡察监督实效	(1)	(1)	(1)	(1)
43	广西融安：码上监督提升巡察监督质效	(1)	(1)	(2)	(1)
44	江苏苏州：聚焦村情民意 拓展群众全过程参与对村巡察新路径	(1)	(1)	(1)	(1)
45	广西兴业：手绘地图为村级巡察精准导航	(2)	(1)	(1)	(1)
46	江苏泰州："1+1+N"报告放大巡察综合效应	(1)	(1)	(1)	(2)
47	成都成华："码上巡察"架起服务群众"连心桥"	(2)	(1)	(2)	(1)

二、村级巡察及其效能现状

（一）村级巡察的运行现状

表2显示，总体而言，47个涉及村级巡察案例分布不均，呈现出经济发达省份提供案例较多、巡察领导和执行主体位高权重、巡察内容有共性也有专项个性、巡察手段方法和路径比较专业精准且管用、巡察流程清晰等特点。

从省域分布来看，江苏有10个，山东有9个，浙江有8个，四川有5个，广西有4个，江西有4个，云南有2个，重庆有2个，贵州、湖北、陕西分别有1个。江苏、山东、浙江三省合计27个，占比为57.4%。其余省市合计20个，占比为42.6%。

从巡察领导和执行主体来看，属于地级市纪委监委发动的案例有18个，占比为38%；属于县（区）纪委监委发动的有29个，占比为62%。

从巡察涉及的内容来看，第一种情况是辖区共性问题，涉及乡村治理资金、资产、资源、征地拆迁、项目、基建等经济类，社会保障、社会产品、公共服务等民生类，选举投票等自治类，社会治安、生态环境等环境类，占比达到46.8%。第二种情况是个性和特殊性问题，针对当地资源、经济发展、治安秩序等突出问题开展的专项巡察，占比达到44.7%，而共性与个性问题并重的比例最少，仅为8.5%。

从方法和路径来看，既有采用传统方法开展巡察工作，也有利用大数据等新技术、新媒体开展巡察工作。突出新技术开展巡察工作、新技术与传统方法并重的案例占比仅为14.9%，表明村级巡察主要运用传统方法和技术手段。例如，个案19突出“田野巡察”的创新意义，个案45采用手绘地图入村巡察，且不需要当地人陪同，这些方法有助于破解乡村社会的实际难题。

（二）村级巡察效能评估

1. 关于村级巡察成效的测量问题

表1、表2显示，村级巡察成效主要通过以下两种方式展现：一是以数据

为表示的直接成效展示，包括巡察乡镇及村庄的数量、发现问题的数量、解决问题的数量、移交问题线索的数量、转立案人数、提出建议数量、挽回经济损失数额、问责党组织数量、党纪政务处分人数、推动解决民生实事件数量。二是以制度创新、政治生态为表现的间接成效，包括建章立制、长效机制、问题清单、工作流程、巡察方法等定性描述的成效，以及在政治生态、党性修养、群众满意度提升方面的成效。

2. 关于村级巡察取得的积极成效

一是巡察主体结构比较健全，巡察力量较为充实；二是巡察手段与内容的匹配度较高，巡察手段多样化，能够识别和关注村级巡察的重点；三是巡察效果比较显著，群众认可度和满意度较高。

3. 关于村级巡察存在的不足

一是对村级巡察面临的基层社会结构及其影响的关注不够；二是对村级巡察内容与手段表象背后的本质关注不够；三是对村级巡察的投入与产出关系的评估不充分。

总体来看，在村级巡察效能的三个维度中，效果维度是指达到监督目标的程度，这个维度可用数据表示，可测量程度较高，47 个案例显示巡察效果较好。效率维度是指监督成本与监督收益的关系，这个维度的成本测量可以计算，但监督收益不易测量，47 个案例显示的巡察效率不够显著。效应维度则是指监督对乡村振兴产生的影响，这个维度测量难度较大，47 个案例显示的巡察效应也不够显著。

三、村级巡察效能的生成机制

生成机制是对巡察行动效能产生的原因和方式的探讨，其实质是在巡察行动与效能之间建立因果关系，揭示在何种情境下的何种巡察行动将会产生何种巡察效能。一方面，要分析巡察行为面临的情境因素、遭遇的监督挑战或困境、难点等问题；另一方面，要分析巡察行为如何发挥优势以应对这些挑战、化解这些难点和困境等问题。

（一）乡村振兴与“一肩挑”权力结构情境对监督的挑战

党的十八大以来，随着农村地区资金、资源、资产等迅速增多，村级权力监督的有效性愈加重要，成为精准扶贫与乡村振兴的保障机制。2012—2017 年五年共查处村党组织书记、村委会主任 27.8 万人，积累了全面从严治党向基层延伸的重要经验。脱贫攻坚取得胜利后，党的“三农”工作重心发生历史性转移，开启全面推进乡村振兴新征程。加强乡村振兴考核监督和激励约束、统筹规范面向基层的督查检查、整治形式主义为基层减负等，都对村级权力监督提出了更高的目标要求。

在 2022 年完成的全国村“两委”换届工作中，49.1 万个村班子中村党组织书记、村民委员会主任“一肩挑”的比例高达 95.6%。此时村党组织书记存在着“三重代理”身份，即理性经济人、基层政权代理者以及社区利益代言人。① 村党组织书记“一肩挑”以及村“两委”成员交叉任职，必然会改变村级权力结构，引发村级权力的集中问题。权力集中意味着权力运行风险即廉政风险提高，高廉政风险要求更有效的权力监督与制衡。

权力是指在一种社会关系内部某个行动者将会处在一个能够不顾及他人的反对去贯彻自身意志的地位上的概率，不管这种概率的基础是什么。② 从功能角度来看，权力可分解为决策权、执行权、监督权。③ 廉政风险是指实施公共权力的主体产生或发生滥用公共权力谋取私利的可能性，主要是指因教育、制度、监督不到位和党员干部不能廉洁自律而可能产生不廉洁行为的风险。孟德斯鸠强调，“一切有权力的人都容易滥用权力，这是一条千古不变的经验”④。

1.“一肩挑”权力结构蕴含与衍生的廉政风险表现

一是滋长乡村“绝对权力”的出现，形成“一言堂”基层治理格局。“一肩挑”治理模式是国家行政权力的下沉，是对乡村基层权力结构和机制的重

① 张新文、张龙：《村支两委“一肩挑”与乡村治理——基于复合科层式治理的阐释》，《西北农林科技大学学报（社会科学版）》2022 年第 5 期。

② 马克斯·韦伯：《经济与社会》第一卷，阎克文译，上海人民出版社 2019 年版，第 134 页。

③ 陈国权、皇甫鑫：《广义政府及其功能性分权》，《政治学研究》2022 年第 4 期。

④ 孟德斯鸠：《论法的精神》上册，张雁深译，商务印书馆 1961 年版，第 154 页。

塑，突出表现为决策权与执行权合一。村党组织书记可以集农村党务、村务以及财务于一身，拓展其权力实践的范围，挤压农村民主自治空间，权力因此更加不受约束。①

二是增大权力制约难度，拓展权力寻租范围。在乡村振兴发展新阶段，农村正处于国家政策倾斜的发展机遇期，各种惠农补贴、财政支持以及征地赔偿本身就带有利益诱惑。“一肩挑”权力的含金量加大，更容易在处理这些资源和利益时出现权力利己和权力寻租的现象，表现为寻租范围拓展与寻租手段多样化趋势。

三是引发新的矛盾，影响党在农村的执政基础。乡村治理包括村组织自身和村域两个层面②，“一肩挑”之后，村党组织书记的责任以及工作难度也随之增加。截至 2021 年 1 月，四川全省乡镇（街道）数量已从 4610 个减至 3101 个，减少了 1509 个，减幅达 32. 7%；建制村从 45447 个减至 26369 个，减少了 19078 个，减幅达 41. 98%，社区及村民小组也进行相应调整。“两项改革”有利于优化基层政权体系，推动基层治理现代化，但部分地区在撤村并建过程中采用“一刀切”方式，村干部对于合并而来的村民存在不熟悉甚至不愿熟悉的情况，有时会直接以支部会议来代替村民会议，加之村干部“亦官亦民”的身份使他们往往以自家农业管理为主业，以村务工作为副业，对于村务工作抱有“兼职”的心态。此外，由于年龄老化和文化程度较低，政策宣讲不到位、民意了解不深的问题常引发村民的不满情绪，甚至导致越级上访。

2.“一肩挑”权力实践中的廉政风险成因

权力制约监督机制的健全程度与村干部的综合素质是廉政风险的两个关键因素，二者相互交织、相互影响。一方面，“一肩挑”把多种权力叠加在一起，使得决策权与执行权合一，形成政经一体化的集权结构，其力量远远大于制约监督权。这种集权结构有助于增强乡村干部的自主性，提升乡村振兴发展效率，但客观上蕴含着较高廉政风险。“一肩挑”构造的权力结构与第三区域治

① 王长江：《邓小平对党政关系的思考及其启示》，《科学社会主义》2014 年第 3 期。
② 万银锋：《构建和完善村干部监督体系探析》，《江淮论坛》2022 年第 4 期。

理中的政企统合模式相似，研究表明，“第三区域中的政企统合模式以及衍生的缺乏有效制约的集权结构是引发第三区域高廉政风险的根本原因”[①]。另一方面，“一肩挑”干部现代素养偏低，在乡村治理中，由于权力结构失衡与监督制约力量薄弱，“一肩挑”权力实践容易衍生出高廉政风险，其后果就是不正之风和腐败现象滋生，这些现象属于违纪违法甚至犯罪的范畴。

（二）村级巡察行动在应对新情境新任务挑战中的优势

1. 村级巡察主体的高位势特征对权力实践的制约

以村庄为巡察对象，发动和实施的巡察主体具有位高权重的特点。在全部47个案例中，地级市纪委监委主体和县（区）纪委监委主体占比分别为38%、62%，同时还动员相关市县区职能部门参与巡察工作，对作为巡察对象的村级组织构成较大的权力落差。正是这种权威性营造了强大的“不敢腐”氛围，有助于制约村级权力的任性与失范动机。

2. 村级巡察队伍构成的多样性和专业性对权力实践的制约

村级巡察队伍及其人员构成具有多样性和专业性。例如，个案1整合人才资源，重新组建村（社区）巡察人才库，动态管理，形成“职业+专业”的巡察阵容。个案16专门抽调审计、农业农村、水务、村建等部门人员，加强对村级小微工程的重点监督，开展专项审计，营造了“不能腐”的社会氛围。

3. 巡察技术和方法的专业性、精准性和灵活性对权力实践的制约

在巡察技术和方法上具有专业、精准和灵活等特点。根据实际情况和任务目标需要采用多种方法开展巡察工作。例如，个案3采用“纪巡审”联动监督模式；个案4推行“红黄绿”三色分类法对村巡察机制；个案5建立“巡察+纪委监委”问题线索联席会商研判模式；个案6灵活采用联动巡察、常规巡察、专项巡察、合并巡察等方式开展巡察工作，制定村级巡察工作指引和“巡镇带村”模块工作规范；个案11采取“直接巡村”“乡村一体巡”“巡单位带巡村”“专项巡村”；个案13借助纪检监察系统大数据平台，采用“巡察+评

① 陈国权、陈永杰：《第三区域的集权治理及其廉政风险研究》，《经济社会体制比较》2017年第1期。

议”同步开展模式；个案 14 采用“直巡组+小分队”巡村新模式，营造了“不敢腐”的氛围。

4. 巡察组织模式的系统性和完整性对权力实践的制约

巡察组织模式具有系统性和完整性，巡察流程清晰、前后衔接，对巡察发现的问题线索有后续整改、监督反馈环节，增强了巡察效能。例如，个案 3 建立了“查办案件、发现问题、推动整改、促进发展”的全链条闭环治理；个案 7 绘制《资阳市巡察整改“全链条”流程导图》；个案 28 将村级巡察细化为 45 个步骤，配套制作 13 个标准化模板，制定《村（社区）党组织巡察工作操作流程（试行）》；个案 33 制定《利州区巡察整改和成果运用流程图》；个案 41 通过“5+2”量化评估红黑榜力促巡察整改，营造了“不能腐”的社会氛围。

（三）村级巡察工作对权力实践的制约机制

1. 监督网状结构为村级巡察发挥纠偏束权功能提供基础平台

目前，具有村级权力监督权责的监督主体呈现纵横交织的多元化立体结构，横向层面的监督主体包括本村居民、村务监督委员会等民主监督机构、村党组织，特别是村纪检监察员以及相互监督的党员村干部。纵向层面的监督主体包括村党组织履行对党员、村组干部及经济和社会组织负责人的监督职责，一般设立纪检委员 1 名。乡（镇）层级的监督主体是农村基层政权，包括乡镇党委、乡镇政府以及各职能机构。县级及以上的监督主体主要包括县纪委监委、组织部门、农业部门、民政部门、财政部门等相关职能机构。乡镇及以上主体对村级权力的监督是其作为党政机关依法履行行政管理职责的一部分，属于纵向监督主体。监督网状结构具有明确的问题针对性，主要针对有限理性下的官员谋利、多重委托-代理关系中的信息不对称、层级传递过程中的权威流失等问题，具有纠偏束权的功能。而要发挥监督网状结构的纠偏束权功能，需要激活机制与链接机制的支持。

2. 激活机制为村级巡察工作实现纠偏束权功能提供保障

激活机制具有根据实际情况灵活运用的巡察性能和机制优势，有助于打破权力主体既有心理预期和稳定状态，使其怀有“时时放心不下”的危机感，从而增强廉政风险意识，制约权力失范行为。与此同时，激活监督主体的监督意识，提高履职能力，能够链接监督主体协同行动。

3. 链接机制为村级巡察工作实现纠偏束权功能提供保障

链接机制是组织、整合、配置相关资源实现巡察目的、生成巡察效能的机制。开展巡察工作需要成本，表现为巡察工作需要具备较强的资源聚集与协同能力。在工作开展过程中，可以链接纵向层面和横向层面的相关资源，集中对问题和线索进行攻关，破解其他监督难以攻克的监督困境。

本文探讨的47个案例均体现了巡察行动所隐含的激活机制与链接机制，集中体现为在一届党委任期内对相关部门和村级事务的全覆盖巡察，同时根据实际情况和需求开展不定期的专项巡察，每次巡察均按照规则组建巡察队伍，从而发挥激活监督意识、链接巡察资源的积极作用，在克服乡村振兴情境中的多资源、多利益主体聚集带来的利益博弈、利益诱惑方面具有积极作用，也在预防“一肩挑”权力结构带来的廉政风险方面具有积极作用。

四、结论与对策

基于47个案例的描述和分析，本文探讨了乡村振兴发展情境与“一肩挑”权力结构衍生的高廉政风险及其给村级监督带来的挑战，并揭示了村级巡察工作的优势和作用机制。

第一，立足乡村振兴与“一肩挑”权力结构情境，考察目前村级巡察蓬勃开展而理论研究滞后的薄弱环节，以案例分析方法描述村级巡察行动的结构现状与特征。47个村级巡察案例的省级分布不均，呈现出经济发达省份提供案例较多、巡察领导和执行主体位高权重、巡察内容有共性也有专项个性、巡察手段方法和路径比较专业和精准、巡察流程清晰等特点，表明目前村级巡察取得了丰硕的经验成果。

第二，归纳总结和评估村级巡察效能。在村级巡察效能的三个维度中，巡察效果维度较好，巡察效率维度不够显著，巡察效应维度也不够显著，表明在巡察效率与效应维度上需要进一步探究与实践。

第三，揭示村级巡察效能的生成机制。村级巡察作为社会行动，其效能是在情境结构制约下，多元乡村行动者围绕权力实践及其廉政风险展开博弈，巡察主体以高权威地位发挥牵引作用，通过组建巡察队伍、激活监督意识、协同纵横监督力量，战胜基层情境结构中的不利因素制约，达成“不敢腐、不能腐、不想腐”的积极效果。

针对村级巡察运行现状、特征与村级巡察效能评估、生成机制等实际情况，本文提出促进村级巡察理论与实践的对策建议。

一是以理论建设方式进一步总结、提炼和升华村级巡察实践经验，准确定位村级巡察在整个巡视巡察体系中的地位和作用，并进一步论证和检验村级巡察效能生成的激活机制与链接机制。

二是以“制度+技术”建设方式进一步总结、完善和推广村级巡察实践经验，既注重程序操作的共性，又注重基于乡村社区在区域、内容、历史文化等方面的差异性，尤其注重推广清单制、巡察闭环制、巡察分类制。

三是针对村级巡察效能评估存在测量与操作的模糊性问题，需要进一步从实际出发，通过基层调研，借鉴社会学、经济学、管理学中的评估理论与方法，提升村级巡察效率、效应维度内涵的清晰性和测量的可靠性。

四是针对乡村振兴情境与“一肩挑”权力结构特点，把村级巡察关口前移，以廉政风险防控为切入点，注重对权力运行过程的防控，通过巡察监督平衡乡村权力结构，压缩廉政风险的生成演变空间，从而削减村级巡察成本。

村级巡察是巡视体系的组成部分，既服从巡视体系的一般规律和运行机制，又具有作为基层基础监督工作的个性和特殊性，即从微观层面体现巡视体系的价值和巡视制度生成演变中的路径依赖与环境适应性，[①] 证明了巡视制度

① 田湘波、王玲娟：《历史制度主义视角下巡察制度有效性研究》，《廉政文化研究》2022 年第 3 期。

从纠偏束权到集成创新的范式转变过程。① 本文主要以报道文本为依据，这些文本对各地村级巡察理念、思路、做法、成效进行了报道，其信度和效度可能存在一定偏差，影响研究结论的可靠性。今后需结合实地调查、问卷调查等方法，深入探讨嵌入乡村振兴与中国式现代化进程中的村级巡察行动与效能这一主题。

① 罗丹、倪星：《从纠偏束权到集成创新：巡视制度的生成机制与演变逻辑》，《理论与改革》2022 年第 1 期。

全面从严治党视域下交通运输领域健康发展的调研思考

李　剑

摘　要　因体制转轨中存在权力寻租空间、中标主体单一性与承建主体多元性之间的矛盾、市场竞争中“标的”商品“异化”成行规、权钱交易导致“标的”被分包转包等因素，交通系统的腐败问题突出，呈现出作案隐蔽性强、手段智能化和专业化、涉案金额大、作案次数多、犯罪行为相互交织等特点。治理交通系统腐败问题，需加强制度管理“透明化”、推行工程运作“阳光化”、构筑惩防机制“法治化”，一体推进不敢腐、不能腐、不想腐，持续彰显利剑的震慑效应，以教育警醒干部、激励责任担当、促进标本兼治，以全面从严治党的新成效推进交通运输领域深化改革和健康高质量发展。

关键词　交通运输；职务犯罪；治理；招投标

在国家治理体系和治理能力现代化视域下推进全面从严治党，必须坚定不移深化反腐败斗争，一体推进不敢腐、不能腐、不想腐，使正风肃纪反腐更好地适应现代化建设需要，使监督体系更好地融入国家治理体系，释放更大的治理效能。二十届中央纪委三次全会强调，继续紧盯重点问题、重点领域、重点对象，新型腐败和隐性腐败，把严惩政商勾连的腐败作为攻坚战的重中之重，深化整治

作者简介：李剑，贵州省毕节市人民检察院四级高级检察官，主要研究领域为刑法学。

金融、国企、能源、烟草、医药、基建工程和招投标等领域的腐败问题。

一、案件情况与特点

近五年来，某省共查处交通系统职务犯罪案件涉案人员198人，包括：某省高速公路集团有限公司原董事长耿某某、原副总经理马某某和覃某，某市公路管理局原党委书记高某，某市交通运输局原纪委书记张某，某市交通运输局原总工程师杨某某，某市公共交通有限责任公司原党委书记熊某，某市交通运输集团有限责任公司原董事长王某某，某州交通勘察设计院原院长陈某某，某市交通建设集团有限责任公司总经理周某，某市城市轨道交通集团有限公司原党委书记、董事长张某，某县政府副县长兼县交通运输局局长杨某某等。

（一）基本情况

第一，从罪名看，贪污、贿赂案件突出，占案件总数的81%，如图1所示。其中，贪污案件相对较少。如，陈某利用担任某县交通局副局长兼农村公路管理所负责人的职务便利，虚构事实骗取公路养护资金。[①] 贿赂案件相对较多。如，某县交通运输局通过集体研究决定和时任党组书记、局长罗某某个人决定的方式，在工程招标、工程验收、工程款拨付等环节，以验收费、会务会、交竣工检测费等名义向工程承包方、监理方索取“管理费”。同时，罗某

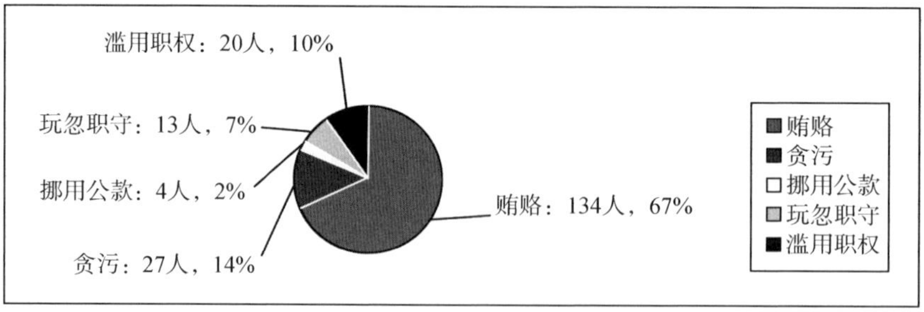

图1　涉案罪名分布图

① 陈砚贪污、挪用公款、受贿罪案，贵州省毕节市中级人民法院（2014）黔毕中刑终字第343号刑事裁定书。

某在担任某镇政府镇长、县交通运输局局长期间，利用其主管工程建设、委托监理单位、拨付工程款、监理费等方面的职务便利，为他人谋取利益，多次收受他人的贿赂。①

第二，从职务身份看，单位“一把手”、部门负责人犯罪突出。其中，厅级干部 4 人，处级干部 12 人，正科级干部 32 人，副科级干部 45 人，副科级以下干部 105 人。如某市公路管理局原党委书记高某，利用职务便利，为他人谋取利益并收受贿赂、滥用职权造成国有资产损失、挪用公款给私人企业，最终以受贿犯罪、滥用职权罪、挪用公款罪数罪并罚。②

第三，从年龄结构看，中年人犯罪突出，如图 2 所示。30 岁以下的有 15 人，30 岁至不满 40 岁的 66 人，40 岁至不满 50 岁的 80 人，50 岁及以上的 37 人。如，某市交通建设集团有限责任公司党委副书记、总经理周某在 47 岁时被立案查处；某县政府副县长兼县交通运输局局长杨某某在 47 岁时接受纪律审查和监察调查。

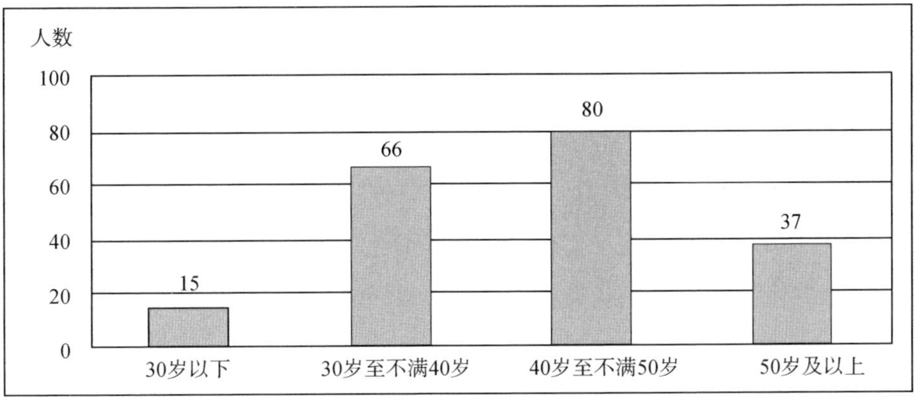

图 2　涉案人员年龄分布图

全面从严治党绝没有“平安着陆”的说法，终身追责也不会因为“已经退

① 望谟县交通运输局罗启云单位受贿案，贵州省兴义市人民法院（2016）黔 2301 刑初 280 号刑事判决书。

② 《兴义公路管理局党委书记高勇严重违纪违法被开除党籍和公职》，贵州省纪委监委网站，http://www.gzdis.gov.cn/scdc/tjjgb/202007/t20200731_ 61989527.html。

休”就大打折扣。如，某市交通运输局原党委副书记、纪委书记张某在66岁时被立案查处，此时已退休6年；某省高速公路集团有限公司原党委书记、董事长耿某某在65岁时接受审查调查，此时已退休1年。

第四，从犯罪环节看，招投标和转分包是高发环节，如图3所示。如，杨某某在担任某区交通局业务股（工程规划建设股）负责人，区交通局农村公路管理所副所长、所长期间，在工程招投标、工程拨付款过程中，利用职务便利，为他人谋取利益，收受贿赂共29.9万余元。①

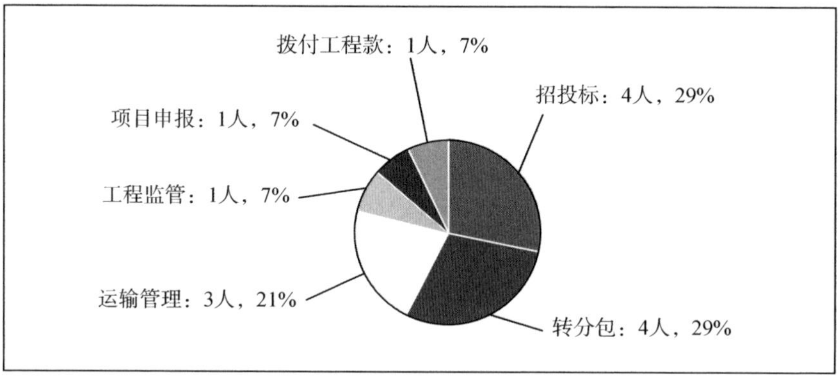

图3 涉案环节分布图

第五，从发案单位分类看，集中在项目主管、直管、承建和承包单位。如，严某某在担任某市交通运输局交通建设工程质量监督站副站长、交通发展基金管理办公室副主任兼综合计划科科长、总规划师、副局长、市公路开发建设有限责任公司总经理助理、临时负责人期间，利用职务之便，为相关工程承建商谋取利益，并在工程款拨付、工程量变更上给予方便，多次收受他人贿赂。②

（二）案件特点

1. 作案隐蔽性强，具有群发性

小集团利益和交通建设的专业性，导致犯罪行为人之间形成了共同利益

① 杨文波受贿案，贵州省毕节市中级人民法院（2018）黔05刑终480号刑事裁定书。

② 严循光受贿案，贵州省高级人民法院（2016）黔刑终495号刑事裁定书。

体，对外有较强的隐蔽性，犯罪群发性特征明显。特别是“一把手”腐败后，极易传染蔓延，危害班子、带坏队伍，形成站队式、抱团式腐败，被查处时往往会“拔出萝卜带出泥”。如，某市公路勘察设计院原院长杨某某贪污案，牵涉原副院长冯某、胡某、安某以及原财务科科长丰某某等人。① 近90%的案件是在作案3年以上发案。如，耿某某利用担任某省高速公路开发总公司党委书记、董事长，某省高速公路开发集团有限公司党委书记、董事长，某省人大财经委委员等职务上的便利，为他人谋取利益，非法收受他人财物。退休以后，利用原职权形成的便利条件，为他人谋取不正当利益，非法收受他人财物。②

2. 犯罪手段呈现智能化、专业化

犯罪分子利用智力成果或者先进科技手段进行犯罪，在实施犯罪时手段逐步升级，呈现较强的专业化和隐蔽性。有的利用管理职权及专业知识，通过围标、串标和增加投资预算、虚增工程量、变更设计等手段帮助他人中标，套取国有资金，实现共同分享“利益”的目的。如，某市交通运输局原副局长严某某利用职务之便，在某环线公路工程等项目的招投标和实施过程中，为相关公司及个人在工程款拨付审批、工程质量变更审核等方面给予帮助，先后多次收受相关公司及个人财物。③

3. 犯罪人群集中，利用权力谋私

第一类是利用管理权实施犯罪，主要包括单位“一把手”、重点岗位负责人。如，李某某在负责某县公路管理所工作及担任某县交通运输局公路勘测规划站副站长和站长、某县交通建设集团有限公司副总经理、总经理等期间，利用职务之便，多次收受他人贿赂，就是利用对相关工程具有管理权的便利，帮助工程老板协调征地拆迁、验收工程、签字拨付工程款等。④ 第二类是利用监督权实施犯罪，主要体现在对招标和工程的监督管理中，明知存在违纪违法行为而放任不管。第三类是利用执行权实施犯罪，涉及各项目经理、养护管理人

---

① 杨通明、丰政英贪污案，贵州省高级人民法院（2016）黔刑终414号刑事裁定书。
② 耿黔生受贿、利用影响力受贿案，贵州省高级人民法院（2019）黔刑终79号刑事裁定书。
③ 严循光受贿案，贵州省高级人民法院（2016）黔刑终495号刑事裁定书。
④ 李定军受贿案，贵州省大方县人民法院（2018）黔0521刑初147号刑事判决书。

员或高速公路具体承建负责人，他们利用分包权、转包权、养护管理权或高速公路相关配套工程权进行牟利。

4. 涉案人员文化程度高、业务能力强

涉案人员普遍学历较高，多有本科学历，有的担任单位的领导职务，有的是交通系统的工程师、土建桥梁专家和业务能手，有的是从基层队伍中培养、选拔出来走上领导岗位的专家型人才。如，涉案的杨某某，具有高级工程师资格，历任某地区交通建设总公司副总经理、某地区公路勘察设计所所长，某市勘察设计院院长，某市交通运输局党组成员、总工程师，在交通系统工作了27年。①

5. 案件涉案金额大，作案次数多

以在高速公路建设、营运方面发生的腐败案件来看，涉案金额在100万元至不满1000万元的案件有18件。从行受贿发生的时间看，春节前后和其他节日期间比较集中，行贿人多以各种名目行贿。如，陈某任某县交通运输局局长，利用职务上的便利，为他人谋取利益，非法收受他人好处费的时间，在春节前后较多。②

6. 犯罪行为相互交织，呈行业倾向性

高速公路建设和营运管理系统中的职务犯罪行为，大多呈现持续性和相互交织的特点，具有利益共享的性质。如，李某某利用担任某市公共交通有限责任公司总经理、董事长的职务便利，收受和索取工程老板贿赂，为其或其所在公司谋取利益。在此期间，李某某利用职务便利，伙同其亲属以虚列代理人取得保险"返点"、伪造职工身份领取"工资"的方式，共同收受保险公司的贿赂，为该保险公司办理公交公司车辆保险业务提供帮助。③ 在长期的持续作案中，腐败分子的违法犯罪行为相互交织、互相利用、合作配合，形成利益腐败

① 《铜仁市交通运输局原党组成员、总工程师杨通明被开除党籍和公职》，贵州省纪委监察厅网站，http://www.gzdis.gov.cn/scdc/201902/t20190207_2246427.html。

② 陈宏受贿、贪污案，贵州省黔南布依族苗族自治州中级人民法院（2018）黔27刑终160号刑事裁定书。

③ 李仕龙、吴皓受贿案，贵州省松桃苗族自治县人民法院（2018）黔0628刑初34号刑事判决书。

链。在整个行业中已经形成了围绕“权力”“项目”追逐各自利益的氛围，严重影响了整个行业风气，腐蚀了一大批干部。

二、发案原因与风险点

交通系统腐败产生的原因，既有现存体制为腐败行为提供了机会，同时也是在行政体系中占据一定职位、拥有一定权力的官员将腐败作为记忆痕迹内化并在行政实践中的具体体现，有个人、社会、制度、监督等因素。

（一）客观诱因

1. 体制转轨中存在权力寻租空间

过去一段时间内，一些本应由市场调节的环节，往往依靠行政审批来运行，在监管制度尚待完善的情况下，腐败成为不法分子争取公共资源最便捷的选择。同时，违法成本降低，一定程度上形成“破窗效应”，在交通管理部门，“买卖工程”“买卖线路牌”“吃回扣”“给返点”容易成为行业“潜规则”。如，谢某在担任某汽车驾驶技工学校校长期间，利用职务上的便利，以打点关系需要协调费等为由，从学校领取款项后非法侵吞，占为己有，还利用职务上的便利，收到学校收费员移交的代收考试费后，将其中部分挪用于购买汽车等个人消费和借款给他人用于经营活动，超过三个月未归还。[①] 这些现象反映了市场转轨时期交通建设行业自律和监管双双失控的情况。

2. 现代管理机制尚未真正建立

当前，交通建设市场特别是公路“投、建、管、用”主体还存在密切关联，权力运行易出现错位。同时，交通系统的国有企业尚未完全形成现代企业管理机制，客观上为权力寻租提供了空间，特别是在高速公路建设系统中，因涉及的工程多、钱款流动频繁、账目数额巨大，稍有不慎，就会给腐败分子留下机会，容易成为滋生腐败的领域。因高速公路利润巨大，其腐败的金额较大，还容易导致“塌方式腐败”。以某省高速公路集团有限公司为例，在2018

① 谢强贪污、挪用公款案，贵州省贵阳市中级人民法院（2018）黔01刑终794号刑事判决书。

年至2020年，原董事长耿某某，原副总经理马某某、覃某等人先后被查处，该公司纪委原副书记、监察室主任刘某某对分管的问题线索工作不负责，导致2013年1月至2016年9月的问题线索举报台账中有53件未按有关规定登入台账管理，其中2件遗失，且其明知下属违规收取“劳务费”，仍放任不管，因履职不力，受到党内警告处分。①

3. 中标主体单一性与承建主体多元性的矛盾

大多数交通工程招投标的项目量巨大，但通常只有极少数企业能中标，这就是中标主体的单一性。在实践中，中标企业往往无法独自完成巨大工程量，于是转由多个小公司施工，形成了一家中标、多家施工的现象，这就是承建主体的多元性。这种单一性与多元化的结构性矛盾助推了分包二级市场中的腐败现象，其反作用在市场中形成了转分包的二级市场甚至三级、四级市场。目前，对于这个市场还缺乏有效的规范和制约，众多承建主体为获得稀缺的工程资源，常以贿赂等违法手段在转分包的市场上获取工程。

4. 市场竞争中“标的”商品“异化”成行规

在交通工程承建单位竞争激烈、公路建设资金定额偏低、投资资金少和部分招投标是以低价中标的市场背景下，一些施工单位为保住施工资质，会不择手段地去竞标，而在中标后又去贿赂业主方和现场管理人员，通过各种手段降低工程成本，赚取利润留成。这样“跑项目”“买卖工程”“吃回扣”“给返点”就成为项目拥有者腐败的根源，成为工程承建单位竞争的选择。有的个体施工队伍为了能够在高速公路日常养护中不断得到工程项目或者在施工过程中能及时得到预付款的拨付，“回扣”数额有的甚至达到工程款的10%。

5. 权钱交易导致有的“标的”被分包、转包

在高速公路建设中，有的主管部门领导、国有企业负责人、项目经理为了满足自己的私欲，采取上下左右相互勾结的方式，通过成立个人公司或采取“打招呼”“内部承包”等手段，大肆侵吞国有资产，分割国有企业利润。

① 《贵州通报4起形式主义官僚主义问题》，中央纪委国家监委网站，https://www.ccdi.gov.cn/yaowen/201901/t20190129_187949.html。

6. 交通公路建设缺乏有力监督

在实践中，交通公路行业先后推行的对工程建设的防控体系制度有时落实得不到位。如按照相关规定，项目不能转包、分包。但在实际中，转包、分包项目的情况随处可见，这也是产生贿赂犯罪的温床，暴露出事前监督力量分散，警示教育不够，事中管理不及时、不系统，事后监督不深入、不彻底等问题。

7. 借资质挂靠是腐败的重要推手

交通建设行业借资质挂靠的现象长期存在，一些投标人利用了解当地工程建设规划、与地方部门领导关系密切等优势，通过事先向对招标有重大影响力的部门领导表达想做工程的意图，许诺事成后给予一定比例金额的“回报”，或直接向有监管职权的部门领导行贿获得对挂靠行为不予查处的“默许”，挂靠有投标资质的公司参与投标，挂靠人与被挂靠公司内部约定由个人向公司交纳一定的“管理费”（挂靠费），工程项目则完全由其个人自行组织施工，并承担全部工程质量责任风险。他们当中除了部分人因为行贿受到刑事处罚以外，很少受到行政处罚或实质性的经济处罚，而出借资质供人挂靠的公司也未受到应有的处罚，致使挂靠现象泛滥，存在较大的权钱交易型贿赂和质量安全渎职等职务犯罪风险隐患。借资质的施工单位为了承包工程，大肆行贿的情况时有发生，成了职务犯罪的重灾区。

（二）风险点分析

1. 利用招投标权实施腐败

在2001年1月至2012年6月，某省高速公路建设领域有47人在招投标环节犯罪。2014年左右，某省交通系统有4名县处级以上干部在招投标环节涉案。一是在工程招投标委托环节，选择“听话”的招投标代理机构，以方便“打招呼”。一些行业行政主管部门领导“打招呼”暗中指定中标人，一些招标人将实现内定人员顺利中标作为非书面的真实委托意愿，违反了“招标人有权自行选择招标代理机构，委托其办理招标事宜。任何单位和个人不得以任何方式为招标人指定招标代理机构”，“招标代理机构在其资格许可和招标人委托的范围内开展招标代理业务，任何单位和个人不得非法干涉”的法律规定。一些招标代理机构为了自身业务发展需要，将行业自律置于脑后，甚至不惜违法违规操纵招投标过程，千方百计实现行业行政主管部门领导的非法干涉和招标人的非法委托意愿。二是在制定规则环节，把应招标的项目化整为零，规避招标，或将应公开招标的项目改为邀请招标，或设置不合理条款限制，或以低价中标、高价结算的方式，排斥潜在投标人，或以招商代替招标，“私人定制”，帮助中标。三是在报名环节，放任或帮助不符合资质的主体借资挂靠，放任或帮助参标主体围标、串标、陪标，甚至先施工后招标，虚假招标。四是在评审环节，内定中标主体，或以不规范手段选择性地抽取专家，或将评审专家名单在评标前泄露，以倾向性意见暗示、误导和诱导专家评审工作，或评审标准不公开或评分因素权重具有明显倾向性，或评审专家违反评审规则进行评审。五是在合同签订环节，更改合同，签订与招投标文件规定不相符的合同。六是在履行合同环节，因中意的特定人未中标，而提出其他苛刻条件拒绝中标人，意图取消其中标资格。

2. 利用转分包等执行权实施腐败

2014年左右，某省查办交通系统案件中有4名县处级以上干部在转分包环节涉案。一是具有执行权的人常通过成立个人公司或者“内部承包”等手段，想方设法使自己或关系密切的特定主体承接工程。二是发包方“打招呼”，指定或暗示中标方将工程转包或分包给特定主体，收受特定主体贿赂。三是建设单位默许、纵容中标单位采用局部分包或劳务分包等方式转包、分包，收受中标单位贿赂。四是中标单位管理人员私下将工程转包给特定主体，或将项目肢解后转包给若干关系单位，收受贿赂。五是将土建等施工准入门槛较低的项目，分包给非法挂靠的不具备资质的施工单位，从中牟利。

3. 利用施工监管权实施腐败

一是监管方与承建方串通，通过降低工程质量标准来减少成本，增大利润。二是相互串通虚列项目，追加投资，以进行贪贿。三是相互串通高估冒算，套取工程款，进行私分。四是验收环节以劣充优、以次充好，或故意拖延付款以获取好处费。

4. 利用变更设计追加投资实施腐败

一是监管方和承建方双方故意虚报变更的工程量，虚列隐蔽工程的变更量，以规避监督，套取变更施工费。二是设计人员与施工单位串通，通过不合理设计变更为施工单位牟取利益。三是故意先施工，后履行变更手续，导致无法审核变更的合理性，难以准确核实工程量。

5. 利用交通营运、线路审批等权力寻租

一是利用审批客运班车线路、经营危险货物运输许可等权力，为特定人员谋取利益后收受贿赂。如，2018 年 4 月，某出租车公司负责人霍某找某经济开发区道路运输局局长马某某帮忙，增加出租车辆，马某某两次向该经济开发区分管领导汇报，但均未获得同意。同年 6 月，马某某在未经该经济开发区道路运输局集体研究及分管领导同意，以及未经该经济开发区管委会研究的情况下，利用职务便利，帮助霍某新增出租车并收受贿赂。[①] 二是利用管理旅游车、营运车等职权和影响力，为运输公司、驾校、汽车修理厂等单位在业务和经营上谋取利益，收受贿赂。如吴某利用担任某区交通运输管理局党组成员、区公路运输管理所所长的职务便利，在客运经营等事项上为请托人谋取利益，收受相关请托人贿赂，还违反规定向他人提供道路运输行政执法服装，使不符合招录规定不能成为协管员的刑满释放人员身着运管所协管员制服对辖区内非法客运车辆进行围追堵截，致使公共财产、国家和人民利益遭受重大损失。[②] 三是利用行政执法权，为没有营运手续的车辆提供保护，收受贿赂。

三、破解路径与建议

全面从严治党是国家治理现代化的重要课题，关键在于推进制度化和法治化。面对依然严峻复杂的形势，反腐败绝对不能回头、不能松懈、不能慈悲，必须永远吹响冲锋号。要深化对金融、国企、能源、医药和基建工程等权力集

① 马怀峰受贿案，贵州省铜仁市中级人民法院（2020）黔 06 刑终 95 号刑事裁定书。

② 吴刚受贿、滥用职权案，贵州省毕节市七星关区人民法院（2020）黔 0502 刑初 615 号刑事判决书。

中、资金密集、资源富集领域的腐败整治，清理风险隐患。因此要以严格的执纪执法增强制度刚性，推动形成不断完善的制度体系、严格有效的监督体系，加强理想信念教育，提高党性觉悟，提升治理腐败的效能。

（一）**加强制度管理“透明化”**

首先，完善现行招投标管理体制。规范投标文件的商务和技术范本，研究科学、合理的资格预审办法，改进招投标方式方法，通过实行“资格预审公示”“无底价或公开底价招标”“技术标、商务标分段评定”等制度，最大限度地避免和减少招投标运作中的人为因素。在评标委员会成员的确定方式、评标专家的抽取、评标成员和评标专家的管理以及评标活动的运行方面，有关部门要加强对组成人员、运行程序和环节的管理和跟踪监督。在投标前，加强对评标成员、评标专家和参与招投标的管理人员和投标方的预防警醒约谈；在招投标中，对于“围标”现象，要逐步建立黑名单制度，对参与围标单位加大惩戒力度。

其次，加大对公路工程建设出借资质、转分包的查处力度，加强对合同签订和履行的监督。公路建设的主管部门应积极会同相关监督部门对中标后工程的具体施工情况进行动态管理，对工程施工资质、资金、设备、人员进行登记备案，一经发现收取管理费出借资质、借用资质施工、转包和违法分包的行为，坚决予以查处，并追究主管人员责任。对那些出借资质以供挂靠的企业，严格依照相关规定进行严厉查处。

再次，加强工程计价单监管工作。高速公路建设和营运管理系统中的职务犯罪，最常见的作案手段就是利用虚开工程计价单套取国家资金。对此，要加强对施工企业项目部工、机、料计量的监管，建议项目部会计由中标公司统一委派并对公司负责，项目部工程计价单审核由项目部、工程监理人员、总工程师监理办公室共同进行，建立终身责任制。一经发现有弄虚作假行为，必须追究到底，严肃查处。

最后，建立完善工程建设项目制。对高速公路建设和营运管理等交通系统中涉及工程项目安排、中层干部任免提拔、重大经济开支和经营决策等行为，必须通过集体讨论民主决定，杜绝个人说了算。为防范利用总公司承接工程后对下属分公司安排任务和任命分公司领导之机产生腐败，建议推行工程建设中标项目在总公司内对工、机、料进行标后预算，实行项目经理招标。项目建设结束后，应撤销项目部并进行严格审计。

（二）**推行工程运作“阳光化”**

首先，在涉及交通系统的工程设计、工程审批、工程招标、重大物资采购等重大事项的工作流程中，要健全内外部监督制约管理“四公开”制度，即具体承办事务的部门要对外公开本部门的工作职能；所涉及的工程项目及重大物资采购等工作流程、内容要公开；工程项目及重大物资采购等经费预决算情况要公开；工程项目及重大物资采购的最后结果要公开。同时，还要引入独立的第三方监督机制开展技术监督，在项目建设中开展过程控制，以专家制约专家，以技术监督技术，及时发现并纠正违规行为，预防和减少失职、渎职行为的发生，切实增强权力行使和重大事项决策的透明度，接受社会监督。

其次，健全集体决策和信用信息公开机制。在严格实行“四公开”“一引入”的前提下，凡涉及内部的重大事项，应由本单位集体研究，在形成初步意见后，及时在内部进行公示，再形成集体决策，杜绝和防止暗箱操作。在公路工程建设领域，应建立投标主体信用档案，记录投标主体的不良行为信息。建立交通系统市场信用机制，制定信用评价办法、不良行为认定标准、守信激励和失信惩戒等制度，依法限制有不良的记录市场主体进入交通建设市场，并予以公告。

（三）**构筑惩防机制“法治化”**

首先，深化管理体系改革。一是按照投资、建设、监管、使用分离的原则，改革现行投资、建设、管理方式，加快推行建设资金第三方监督等机制，弱化相关行政管理人员对招投标的影响力。二是完善招投标法，推进阳光招标，纳入公共资源交易中心，研究电子化招标投标模式；资格预审采取合格制，详细列明全部审查因素和标准，避免设置不合理条件；加强对评标委员确定方式、专家抽取以及评标活动的监督；规范评标自由裁量权，减少人为干预招投标的因素。三是规范严密选择招投标代理公司，防止个别决策，加强对招投标代理公司的监管，加大其违法成本，杜绝违规操作。

其次，整顿交通工程市场。加强工程招投标管理，做到应招尽招，真招实招，确保公开透明，防止暗箱操作。一是借鉴ERP等信息化模式进行管理，对工程设计、审批、招标、重大物资采购等事项的运作过程以及关键岗位实时监督，对工程计价单监管和工程量现场复核，形成流程控制机制，对建设资金监管实行“管办分离”，规范资金拨付操作流程。二是采取项目部会计由中标公司统一委派、对公司负责的方式，且项目部工程计价单审核由项目部、工程监理人员、总工程师监理办公室共同进行，并终身负责。

再次，加强制度实施刚性。“潜规则”难抵“硬制度”，治理工程腐败要严字当头，把权力关进制度的笼子里，让制度成为带电的“高压线”，提高制度执行力。要拓宽监督渠道，增强监督合力，满足群众知情权，提高监督实效。一是建立设计变更专家库，集体研究把关，联合多部门会审，明确变更设计参数，将变更部分与原设计和概算进行对比。二是在设计施工过程中引入设计监理，抓工程勘察设计深度，加强对设计人员、工程计价和监理的监督，加强对材料实际使用量、工期、出勤情况等原始情况的审计，防止高估冒算、虚列追加投资。三是对追加资金专款专用，严格用款审批，加强对该部分资金去向的审计。打击交通领域腐败，整治重点领域工程建设市场，要及时切断工程腐败利益链条，以零容忍态度惩治交通领域腐败。

最后，优化权力配置运行。一要优化权力配置，细化权力清单，规范自由裁量权，防范权力失控、决策失误、行为失范。要筑牢“防火墙”，给权力涂上“防腐剂”，挤掉权力寻租“空间”和创收“机会”。要强化责任追究，提高权力运行的透明度，保障权力在阳光下公开透明运行。二要压缩行政审批事项，量化审批和处罚标准，健全决策、执行和监督既相互制约又相互协调的机制，建立重要岗位与风险点间的规则“隔离墙”。三要利用流程化对权力节点进行控制。推行权力清单机制，公开权力运行流程，通过细化分工和流程管理，强化对权力运行关键节点和风险点的控制。

研究综述

反腐败国际追逃追赃研究的回顾与展望

——基于CSSCI来源期刊文献（1998—2023）的可视化分析

王　浩

摘　要　本文运用CiteSpace软件对反腐败国际追逃追赃CSSCI来源期刊文献进行可视化分析。结果表明：反腐败国际追逃追赃研究作者及机构均未形成密切合作关系，既有研究热点主题包括追逃追赃国际合作机制、跨境追逃常规措施、资产追回一般途径和资产分享等，资产分享或成为该领域研究的主要发展方向。鉴于反腐败国际追逃追赃既有研究存在的薄弱环节，后续研究应立足反腐败国际合作的中国实践，加强对一体构建追逃防逃追赃机制和廉洁丝绸之路建设等工作实际的理论关照；增强议题设置的前瞻性，科学凝练议题；推动研究视角和方法创新，加强多学科协同合作。

关键词　追逃追赃；反腐败国际合作；可视化分析

党的二十大报告指出："深化反腐败国际合作，一体构建追逃防逃追赃机

基金项目：教育部人文社会科学研究规划基金项目"'一带一路'建设中的腐败风险防控研究"（19YJA810016）。

作者简介：王浩，湖南大学马克思主义学院博士研究生，主要研究领域为廉政学。

制。"① 追逃追赃是反腐败国际合作的重点内容，也是反腐败国内法治和涉外法治的关键连接点，关乎廉洁丝绸之路建设的整体成效。党的十八大以来，以习近平同志为核心的党中央敢于斗争、善于斗争，统筹反腐败斗争国际国内两个战场，作出一系列追逃追赃重大决策部署，推动追逃追赃工作能力和水平不断提升。我国坚定维护与践行真正的多边主义，认真履行《联合国反腐败公约》关于打击跨境腐败犯罪、深化反腐败国际合作的义务，提出反腐败国际合作"四项主张"，把新型大国外交有机嵌入跨境腐败治理，促进反腐败涉外法律法规体系建设与跨境腐败治理效能更好地转化融合，在廉洁丝绸之路建设上持续发力，牢牢占据国际道义制高点，主动向世界讲好新时代反腐败的中国故事，深度参与反腐败国际规则制定，着力推动构建更加公正合理的反腐败全球治理体系。

我国反腐败国际追逃追赃工作成效显著，业已形成追逃追赃高压态势，依托《联合国反腐败公约》、亚太经合组织以及二十国集团等多边平台，"初步构建起覆盖各大洲和重点国家的反腐败执法合作网络"②。截至党的二十大，"天网行动"共追回外逃人员 10668 人和赃款 447.9 亿元。随着郭洁芳的回国投案，"百名红通人员"现已归案 62 名。③ 但当前追逃追赃工作仍处于严峻复杂的国际形势之下，面临诸多不确定因素而富于挑战性甚至屡遭瓶颈，亟待理论的回应和关照。我国反腐败国际追逃追赃实践不断发展，学界围绕相关议题展开了充分研讨，取得了较为丰硕的学术成果。然既有研究缺少文献综述，尤其欠缺采用计量方法进行文献的归纳与总结。因此，本文借助 CiteSpace 可视化工具④对反腐败国际追逃追赃研究成果进行文献计量分析，多角度展现该领域研

① 习近平：《高举中国特色社会主义伟大旗帜 为全面建设社会主义现代化国家而团结奋斗——在中国共产党第二十次全国代表大会上的报告》，人民出版社 2022 年版，第 69 页。

② 杨晓渡：《国家监察委员会关于开展反腐败国际追逃追赃工作情况的报告——2020 年 8 月 10 日在第十三届全国人民代表大会常务委员会第二十一次会议上》，载《中华人民共和国全国人民代表大会常务委员会公报》2020 年第四号。

③ 兰琳宗：《第 62 名归案！坚决打赢追逃追赃硬仗》，https://www.ccdi.gov.cn/toutiaon/202306/t20230613_269599.html。

④ 陈悦、陈超美、刘则渊等：《CiteSpace 知识图谱的方法论功能》，《科学学研究》2015 年第 2 期。

究的整体状况，反思既有研究的不足之处，并指出后续研究的着力点，以期为一体构建追逃防逃追赃机制相关理论研究提供参考。

一、研究设计

（一）数据来源

根据目前官方对反腐败国际追逃追赃所作的定义，追逃追赃工作具有包括但不限于《联合国反腐败公约》的国际法基础，有赖于反腐败国际合作，主要涉及完善反腐败涉外法律法规体系，采取引渡、遣返和劝返等措施将职务犯罪被调查人追捕归案，以及通过民事诉讼、违法所得特别没收程序等途径，追回犯罪资产。[①] 本文以中国知网（CNKI）中的 CSSCI 来源期刊（含扩展版）为检索范围，考虑可能存在的同义替换，使用高级检索功能，采取以“联合国反腐败公约+反腐败国际合作+追逃追赃+追逃+追赃+资产追回+追缴犯罪所得+腐败资产+犯罪资产+腐败犯罪所得+资产返还”为“主题”或者“篇名”或者“关键词”的组合检索策略，使用中英文扩展，未限定发表时间范围，共获得 388 篇文献。[②] 为提升文献检索的准确性，本文对前述文献进行人工甄别及筛选，将重复、无关文献以及新闻等非学术文献剔除后，得到有效文献共计 341 篇，将其导出为 RefWorks 格式，并转化为 CiteSpace 软件可识别的数据形式，以备后续分析。

（二）研究方法

本文采用文献计量软件 CiteSpace 6.2.R4（64-bit）Advanced 版本，软件具体参数设置如下：时间分区为 1998 年 1 月至 2023 年 12 月（与前述经筛选所得有效文献实际发表年度区间保持一致），时间切片为 1，节点网络图谱裁剪方式选择寻径算法及裁剪合并后网络，其他参数均采用软件系统默认值。除运用 CiteSpace 软件之外，本文还结合 Excel 等图表软件，挖掘和分析反腐败国际追

---

① 中共中央纪律检查委员会法规室、中华人民共和国国家监察委员会法规室编写《〈中华人民共和国监察法〉释义》，中国方正出版社 2018 年版，第 230-233 页。

② 文献检索日期为 2024 年 1 月 13 日。

逃追赃研究现状及热点。具言之，第一，文献基本信息概述。本文通过对发文趋势和年度分布、核心作者、核心研究机构进行分析，直观呈现该领域研究概况。第二，热点主题及研究前沿分析。本文通过统计该领域文献的关键词数据，制作关键词共现等图表，试图探明该领域研究的主要议题，追踪相关热点、前沿，识别新的学术增长点。第三，基于前述分析，本文指出目前该领域研究存在的薄弱环节，并进行未来展望，为后续研究提供参考。

二、反腐败国际追逃追赃研究概况

（一）发文趋势分析

发文量变化可直观呈现反腐败国际追逃追赃研究的发展状况。本文对该领域研究文献发文量，按年度进行划分并制作文献年度分布图（图 1）。该图发文量线性趋势线表明，自 1998 年以来，该领域研究文献发文量整体呈增长态势。1998—2003 年，该领域仅有零星学术成果产出。2003 年 12 月，我国正式签署《联合国反腐败公约》，引发学界广泛关注，并推动形成一波研究高潮。2004—2006 年，该领域发文量总体呈急速上升趋势。2006—2019 年，该领域研究文献数量出现较大波动，但 2006 年与 2019 年文献数量基本持平。该领域发文量于 2020 年急剧下降，此后有整体小幅回升。

（二）核心作者及研究机构分布

核心作者群体是从事某领域研究的中坚力量。本文借鉴普赖斯定律确定反腐败国际追逃追赃领域的核心作者群体，即 $M=0.749\ (N_{max})^{0.5}$，其中 M 表示核心作者应达到的最少发文数量，N_{max} 表示统计期间发文数量最多的作者的发文量。据统计，该领域发文数量最多的作者为张磊（19 篇），得 $M=0.749\times(19)^{0.5}=3.26$（保留小数点后两位），向上取整为 4，即发文量大于或者等于 4 篇的作者，为该领域研究核心作者，共计 9 位（表 1）。

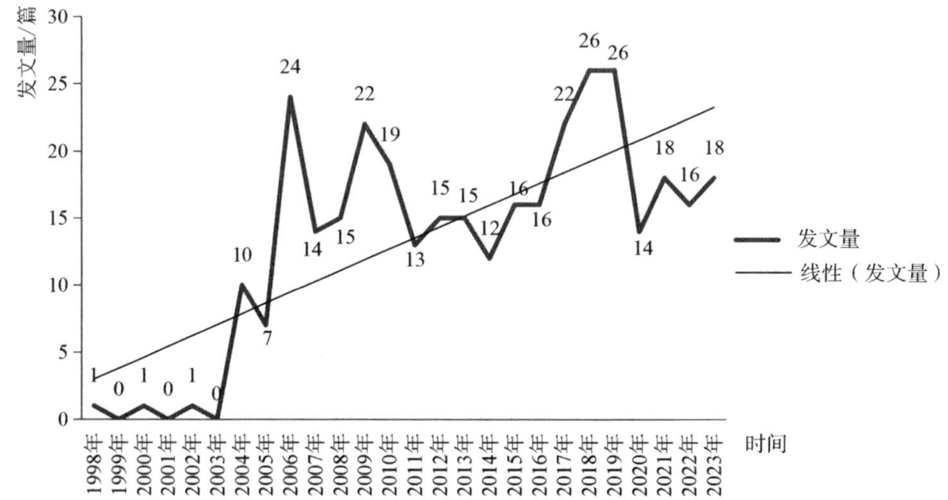

图1 反腐败国际追逃追赃研究文献年度分布

表1 反腐败国际追逃追赃研究的核心作者

序号	作者	发文量/篇	序号	作者	发文量/篇
1	张磊	19	6	李海滢	5
2	黄风	12	7	商浩文	4
3	赵秉志	9	8	王晓东	4
4	张士金	5	9	吴建雄	4
5	彭新林	5			

运行 CiteSpace 软件，选择“合作作者”为节点类型，绘制反腐败国际追逃追赃领域研究作者合作网络图谱，该图谱包含 333 个网络节点和 126 根合作连线，网络整体密度为 0.0023（图 2），表明该领域研究仅部分作者间存在合作关系，整体合作紧密程度较低。

北京师范大学刑事法律科学研究院为该领域研究发文量最多的机构（42篇），根据普赖斯定律，$M = 0.749 \times (42)^{0.5} = 4.85$（保留小数点后两位），向上取整为 5，即发文量大于或者等于 5 篇的机构，为该领域研究的核心机构（表 2）。

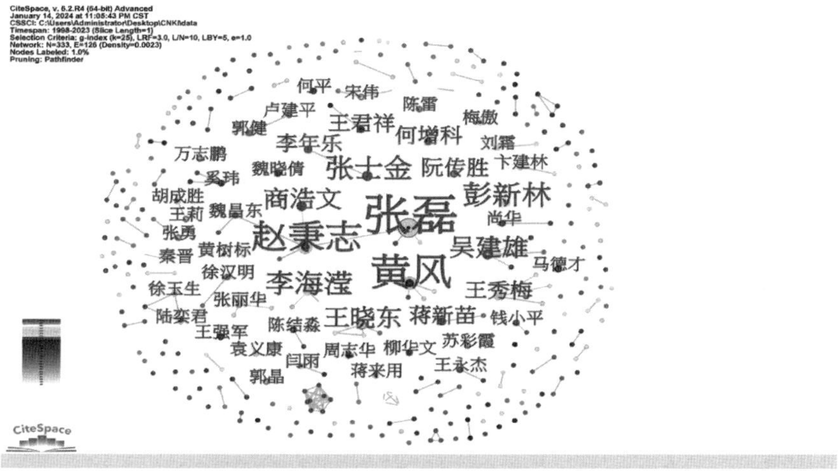

图 2 反腐败国际追逃追赃研究作者合作网络图谱

表 2 反腐败国际追逃追赃研究的核心机构

序号	机构	发文量/篇
1	北京师范大学刑事法律科学研究院	42
2	吉林大学法学院	10
3	中国人民大学法学院	9
4	湘潭大学法学院	7
5	G20 反腐败追逃追赃研究中心	6
6	北京师范大学 G20 反腐败追逃追赃研究中心	6
7	湖南师范大学法学院	6
8	武汉大学法学院	6
9	华东政法大学国际法学院	5
10	北京师范大学国际反腐败教育与研究中心	5

运行 CiteSpace 软件，将“机构”作为节点类型，绘制反腐败国际追逃追赃领域研究机构合作网络图谱，该图谱包含 261 个网络节点和 80 根合作连线，网络整体密度为 0.0024（图 3），反映了该领域研究机构间未形成紧密的合作关系。

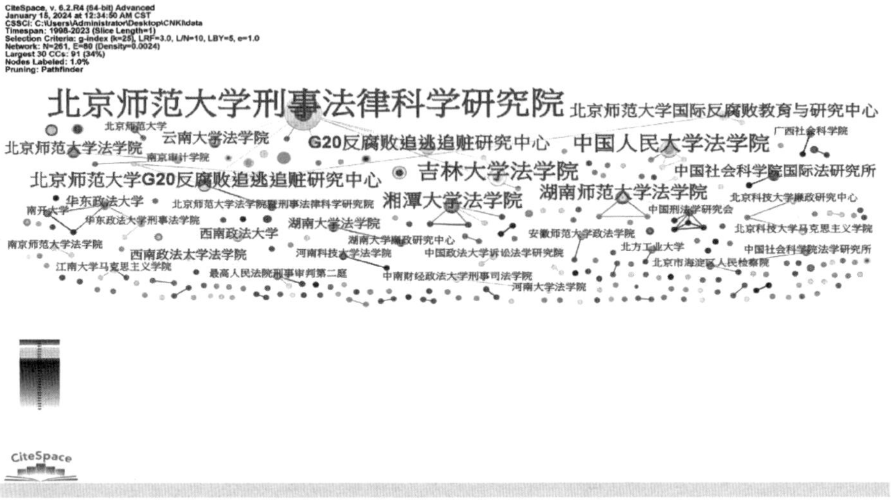

图3　反腐败国际追逃追赃研究机构合作网络图谱

三、 反腐败国际追逃追赃研究热点主题及前沿

（一）关键词共现图谱分析

运行 CiteSpace 软件，并将节点类型设置为“关键词”，绘制反腐败国际追逃追赃研究关键词共现图谱（图4）。

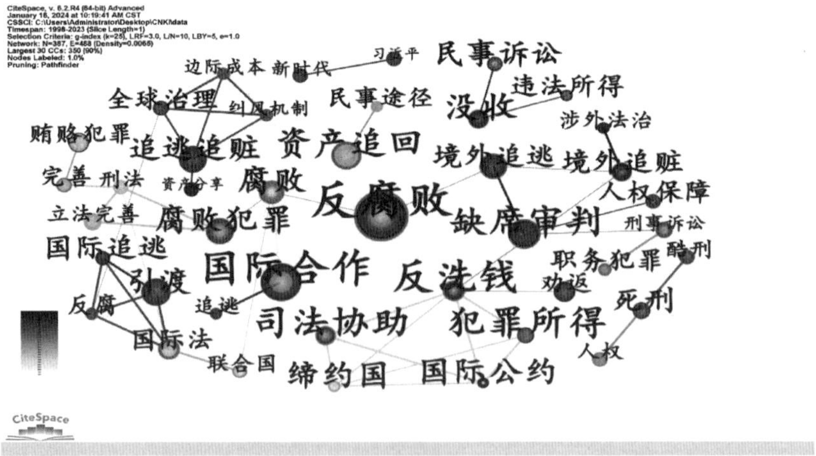

图4　反腐败国际追逃追赃研究关键词共现图谱

反腐败国际追逃追赃研究关键词中，诸如“反腐败”“国际合作”“引渡”等频次居于前10位且中介中心性大于0.1，同时具有高频次和高中介中心性的属性（表3），说明前述关键词在该领域研究的关注度较高，对构建其知识网络发挥了桥梁和纽带作用。

表3 反腐败国际追逃追赃研究高频次、高中介中心性关键词

序号	关键词	词频	中介中心性
1	反腐败	51	0.57
2	国际合作	34	0.16
3	引渡	26	0.12
4	缺席审判	17	0.27
5	资产追回	15	0.11
6	境外追逃	14	0.33
7	腐败犯罪	14	0.13
8	腐败	8	0.43
9	反洗钱	8	0.21

（二）关键词聚类分析

本文在前述关键词共现图谱基础上，以关键词为标准，利用作为聚类标签词提取算法之一的潜在语义索引（LSI）进行聚类分析并生成图谱（图5），进一步总结该领域的研究主题。该次聚类的模块化 Q 值为0.8804（>0.3），平均轮廓值 S 值为0.9764（>0.7），表明聚类结构显著且结果合理。

上述聚类分析图谱共分为11个聚类群，各聚类群有对应的标签编号、成员数量、成员同质性、文献平均年份及标签词（表4），其中成员同质性表示聚类成员间的相似程度，文献平均年份表示某一聚类所引用文献的远近。[①]

① 李杰、陈超美：《CiteSpace：科技文本挖掘及可视化》，首都经济贸易大学出版社2017年版，第102页。

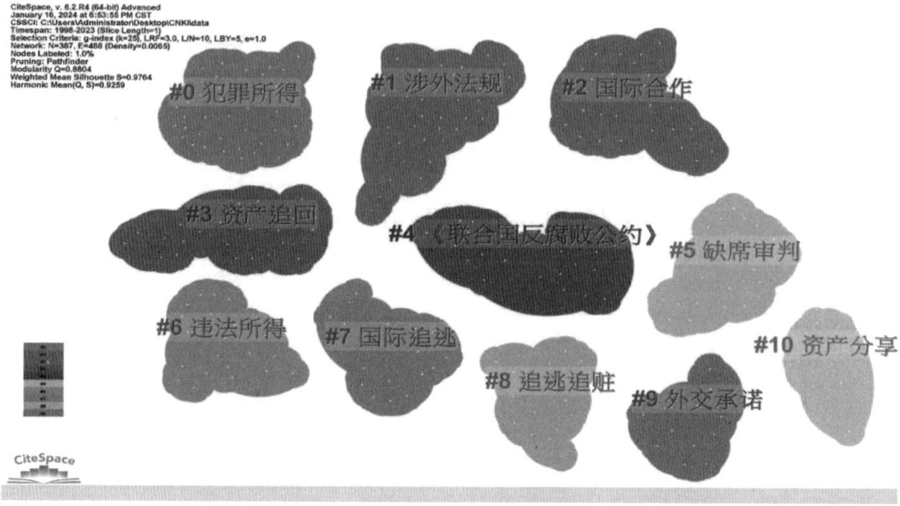

图 5　反腐败国际追逃追赃研究关键词聚类图谱

表 4　反腐败国际追逃追赃研究关键词共现网络聚类表

标签编号	成员数量	成员同质性	文献平均年份	标签词（根据 LSI 算法选取前 5 位）
0	40	0.986	2012	犯罪所得；净利原则；经营型犯罪；中越反腐败；可疑交易报告制度
1	36	0.948	2013	涉外法规；对策建议；文献分析；立法完善；《联合国反腐败公约》
2	31	0.967	2011	国际合作；外逃人员；引渡制度；归案方式；廉政建设
3	25	0.985	2009	资产追回；刑事缺席审判；审判制度；司法公正；职务犯罪
4	24	0.963	2008	《联合国反腐败公约》；腐败犯罪；主动引渡；刑事立法；贿赂犯罪
5	23	0.975	2014	缺席审判；正当程序；外交送达；技术调查；证据调查
6	22	0.983	2015	违法所得；内幕信息；内幕交易；跨国追赃；违法所得没收程序

续表

标签编号	成员数量	成员同质性	文献平均年份	标签词（根据 LSI 算法选取前 5 位）
7	18	0.938	2011	国际追逃；美洲人权法院；境外追诉；引渡的替代措施；恐怖主义
8	16	0.944	2018	追逃追赃；全球治理；纠风机制；“八项规定”；边际成本
9	13	0.977	2012	外交承诺；黄海勇案；涉腐犯罪；移民遣返；涉腐犯罪
10	8	0.963	2017	资产分享；涉外法治；境外追赃；个案协定；国内法治

（三）研究热点透视

本文结合前述反腐败国际追逃追赃研究高频次、高中介中心性关键词及关键词聚类情况，并基于对各聚类标签编号项下代表性文献的阅读，细致梳理该领域研究的核心议题线索，归纳得出如下四个方面研究热点主题。

1. 追逃追赃国际合作机制

我国长期致力于推动联合国、二十国集团及“一带一路”等多边框架下的反腐败国际合作机制建设，织密织牢反腐败执法合作网络，就追逃追赃事项积极与多国开展对话、合作。我国不断深化反腐败务实合作，多次在国际场合主动设置反腐败议题，积极为反腐败全球治理提供中国智慧和中国方案。反腐败国际合作与营造良好反腐败国际环境、汲取国际反腐败实践经验和治理跨境腐败的需要相契合。① 我国已批准加入《联合国反腐败公约》等国际公约，签署多项引渡条约，并多次举办及参加反腐败会议，成立专门机构，并加强与多国相关部门的交流协作。② 《联合国反腐败公约》中与追逃追赃相关的法律机制主要有定罪与执法、国际司法及执法合作、联合侦查、资产追回等。③ 追逃追

① 黄树贤：《积极推进反腐败国际合作》，《求是》2006 年第 7 期。

② 何平：《论我国反腐败国际合作机制的建立与完善》，《华中科技大学学报（社会科学版）》2013 年第 3 期。

③ 陈结淼：《〈联合国反腐败公约〉框架下我国反腐败国际合作机制的构建与完善》，《法学评论》2007 年第 5 期。

赃工作有赖于被请求方积极响应，存在一定难度和成本。值得注意的是，申请与他国开展追逃追赃国际合作时，应注意甄别是否可直接援引《联合国反腐败公约》作为法律依据。此外，应积极推动我国相关国内法与《联合国反腐败公约》的有机衔接①，密切与他国的刑事司法协助②和民事司法协助③。

2. 跨境追逃常规措施

引渡及其替代措施（遣返、异地起诉和劝返等）为跨境追逃的主要手段，其中异地起诉运用得较少，在此不作详细展开。首先，引渡乃通过刑事司法协助追回外逃人员的理想方式。《联合国反腐败公约》所确立的引渡机制是推动对外逃人员定罪处刑的重要条件。④ 但引渡在实践中受到条约前置主义、死刑犯不引渡、双重犯罪原则等限制。⑤ 其次，相较于引渡，遣返措施更为灵活、便捷，有利于追逃国和遣返国实现双赢。⑥ 但顺利将外逃腐败犯罪嫌疑人遣返回国，仍需克服难民、酷刑及死刑问题等难点。⑦ 最后，劝返的经济成本较低，助力追逃的成效显著。⑧ 但劝返缺乏法律依据，关于其功能定位及外逃人员被劝返后回国的自首认定，学界观点存在分歧。⑨ 为此，应从立法、司法及国际合作方面推动劝返制度化、法治化。⑩ 值得强调的是，2018 年《中华人民共和国刑事诉讼法》进行了修正，提出建立缺席审判制度，旨在进一步推动跨境追

---

① 任广浩：《反腐败国际合作法律问题探析——兼谈中国对〈联合国反腐败公约〉的应对》，《河北法学》2004 年第 10 期。

② 成良文：《国际刑事司法协助的基本原则》，《中国法学》2002 年第 3 期；张羽：《反贪污国际刑事司法协助问题研究》，《江淮论坛》2008 年第 2 期。

③ 马乐：《和谐语境中的国际民事司法协助考量》，《河北法学》2009 年第 10 期。

④ 王虎华：《论〈联合国反腐败公约〉中的引渡机制》，《法学》2006 年第 1 期。

⑤ 黄风：《国际引渡合作规则的新发展》，《比较法研究》2006 年第 3 期。

⑥ 王强军：《利用遣返实现境外追逃问题研究》，《法学评论》2013 年第 6 期。

⑦ 赵秉志、商浩文：《运用移民遣返措施追捕外逃涉腐犯罪嫌疑人之路径与难点》，《江西社会科学》2014 年第 2 期。

⑧ 薛丰民、黄鹏：《中国反腐败境外追逃实践之劝返模式研究》，《郑州大学学报（哲学社会科学版）》2017 年第 6 期。

⑨ 刘娜：《劝返的现实困境与突破路径》，《湖北社会科学》2014 年第 2 期。

⑩ 罗斌：《反腐败国际合作：追逃劝返制度的规则构建》，《东方法学》2019 年第 6 期。

逃工作。[①] 缺席审判制度侧重于从追逃角度治理腐败，有利于及时、公正地处理腐败犯罪案件，以及配合违法所得特别没收程序。[②]

3. 资产追回一般途径

一是在引渡等追逃合作中请求犯罪嫌疑人所在国移交涉案赃款赃物。二是腐败资产所在国启动追缴程序，没收腐败资产并返还请求国。三是于腐败资产所在国提起民事诉讼，请求被告人返还腐败资产或者赔偿损失。但对于具体由哪一主体提起追赃民事诉讼，学界仍存较大争议。[③] 目前我国跨境追回腐败资产较大程度依赖腐败分子主动退赃或者刑事诉讼追赃，运用民事诉讼成功实现资产追回的案例较少。四是通过请求违法所得没收判决在腐败资产所在国的承认和执行，实施资产追回。违法所得特别没收程序乃对物诉讼[④]，主要解决追赃问题，可与《联合国反腐败公约》相衔接。[⑤] 目前学界主要围绕该程序的溯及力[⑥]、证明标准的体系化构建[⑦]及其与刑事缺席审判的关系[⑧]等，展开了广泛研讨。跨国追赃没收裁决承认与执行作为国际司法协助的重要方式之一，虽具备我国国内法依据，但我国现有相关立法偏向原则性，存在关键制度缺失问题，难以与《联合国反腐败公约》有机衔接，实际可操作性较低。[⑨]

① 《关于〈中华人民共和国刑事诉讼法（修正草案）〉的说明》，http://www.npc.gov.cn/npc/c2/c12435/201905/t20190521_ 276581.html。

② 杨雄：《对外逃贪官的缺席审判研究》，《中国刑事法杂志》2019 年第 1 期。

③ 华倩：《跨境反腐追赃民事诉讼方式的适用性与常态化》，《学习与实践》2016 年第 5 期；陈雷：《关于构建我国反腐败民事诉讼追赃机制若干问题的思考》，《当代法学》2008 年第 6 期；张士金：《对资产追回民事途径的思考》，《法学论坛》2010 年第 1 期；黄风：《通过民事诉讼从国外追回资产问题研究》，《比较法研究》2008 年第 1 期。

④ 初殿清：《对物之诉视角下违法所得没收程序的赃款没收范围》，《中国刑事法杂志》2022 年第4 期。

⑤ 杨雄：《对外逃贪官的缺席审判研究》，《中国刑事法杂志》2019 年第 1 期。

⑥ 张吉喜：《违法所得没收程序适用中的相关问题研究》，《现代法学》2019 年第 1 期。

⑦ 张青、刘一凤：《特别没收程序证明标准的体系化构建——以海外追逃追赃为视角》，《思想战线》2023 年第 4 期。

⑧ 黄风：《刑事缺席审判与特别没收程序关系辨析》，《法律适用》2018 年第 23 期。

⑨ 蒋新苗：《跨国追赃没收裁决承认与执行法律机制的革新走势》，《湖南师范大学社会科学学报》2023 年第 3 期。

4. 资产分享

1988 年《联合国禁止非法贩运麻醉药品和精神药物公约》最早规定资产分享①，后来有学者提出了国际刑事司法协助中的犯罪资产分享概念。② 随着反腐败国际合作实践的不断发展，资产分享在多项国际公约中得以完善，并实际运用于多国的跨境追赃工作。跨境追回腐败资产面临国家间利益冲突、举证难度较大和时间成本高昂等困境③，客观上倒逼我国建立资产分享制度，以加强国际司法协助的密切性，达成关于资产追回事项的共识及合作。《联合国反腐败公约》中的间接追回措施具有较大不确定性，资产分享可在一定程度上弥补该措施的不足，提升跨境追回腐败资产工作质效。④《联合国反腐败公约》为建立资产分享制度提供了基本框架⑤，增加了该制度在全球范围内确立及施行的可能性。2016 年 9 月，我国与加拿大正式签署关于被追缴资产的分享及返还协定，进一步提升了我国在加拿大追回腐败资产工作的可操作性，也为我国后续与他国订立资产分享相关协议提供了重要参考。开展资产分享工作，"应遵循国家主权原则、平等互惠原则和保护善意第三人利益原则"⑥。借鉴国际经验，可考虑将成功酬金安排、贷款、费用补偿以及其他特别安排，作为资产追回的替代措施。⑦ 结合具体情形，亦可尝试于资产追回个案中约定或者在双边条约中规定⑧，综合考虑被请求国对案件调查及审判所作努力等因素，协商将腐败资产按比例进行分割及分享，以调动被请求国参与国际司法协助的积极性。尽管资产分享对受腐败犯罪侵害、急需资金的发展中国家而言有失公允，但允许资产流入国扣除其必要的办案支出，确为增强其协助查获及返还腐败资

---

① 《联合国禁止非法贩运麻醉药品和精神药物公约》第 5 条第 5 款（b）项。
② 高俊义：《国际刑事司法协助中"犯罪资产分享"问题初探》，《公安研究》2005 年第 12 期。
③ 李海滢：《腐败犯罪资产追缴的现实选择：资产分享机制的构建》，《社会科学战线》2017 年第7 期。
④ 陈结淼、程冉：《我国应建立海外追赃资产分享制度——以〈联合国反腐败公约〉为视角》，《安徽大学学报（哲学社会科学版）》2016 年第 1 期。
⑤ 见《联合国反腐败公约》第 57 条。
⑥ 闫芳：《资产分享：跨国追缴和没收犯罪资产的有效实践》，《人民论坛》2018 年第 35 期。
⑦ 林雪标：《资产分享相关问题研究》，《河南师范大学学报（哲学社会科学版）》2010 年第 1 期。
⑧ 商浩文：《境外追赃中犯罪资产分享制度研究》，《中国法学》2022 年第 5 期。

产意愿的有效举措。[①]

（四）研究前沿探测

在运用关键词共现及聚类分析对反腐败国际追逃追赃研究主题进行梳理的基础上，本文借助 CiteSpace 软件对该领域研究关键词进行突发性检测，按突现起始年份进行排序，获取 1998—2023 年反腐败国际追逃追赃研究关键词突现图（图 6），以识别研究的动态特征和前沿。关键词突现强度越大、周期越长，表明其在该领域研究中的关注度越高。反腐败国际追逃追赃研究中突现强度较大的关键词分别是追逃追赃（突现强度 = 5. 32，2015—2020）、缺席审判（突现强度 = 5. 18，2018—2020）、资产追回（突现强度 = 4. 62，2006—2010）、贿赂犯罪（突现强度 = 3. 77，2006—2008）、立法完善（突现强度 = 3. 37，2005—2009）。其中“追逃追赃”“资产追回”“立法完善”的突现周期较长，是反腐败国际追逃追赃研究中持续性较强的议题。值得注意的是，“资产分享”虽突现强度较低，但其突现一直延续至今，说明其或为反腐败国际追逃追赃研究的主要发展方向。

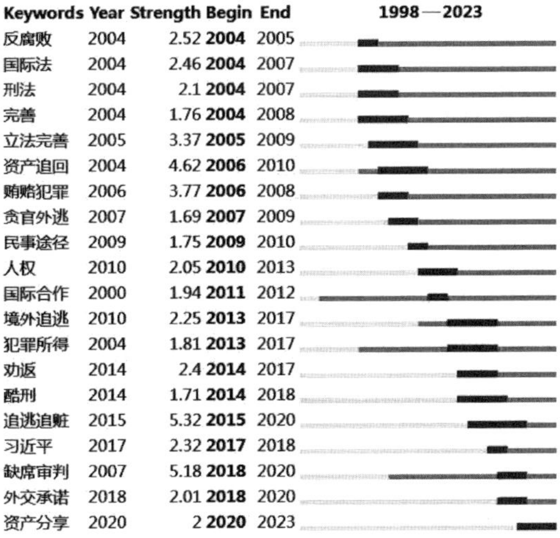

图 6　反腐败国际追逃追赃研究关键词突现（前 20 位）

① 储槐植、郭明跃：《联合国反腐败公约与中国反腐败国际合作研究》，《刑法论丛》2007 年第 1 期。

四、反腐败国际追逃追赃研究的薄弱环节及未来展望

通过对反腐败国际追逃追赃研究文献的系统梳理和分析，不难发现学界对该领域的关注程度较以往有所提升，既有学术成果以多元主题拓展了该研究领域，但仍存在薄弱环节。

（一）反腐败国际追逃追赃研究的薄弱环节

第一，研究议题设置稍显滞后。首先，尽管目前学界对资产分享开展了必要性及正当性证成[①]，但对于如何改革我国的没收制度、完善资产分享的国内法依据、科学划定资产分享范围和比例、推动实现资产分享相关国内法与国际法的有效衔接等问题，既有研究较少涉猎。其次，当前学界对防逃工作的关注度较低。腐败分子外逃和腐败资产外流的风险防控主要立足我国境内，相较于依赖他方响应及配合的追逃追赃国际合作，具有更强的可操作性。我国有关部门已开展针对领导干部及公职人员“一人多证”的专项整治，进一步规范其涉外行为，查处多起重大地下钱庄案件，有效清除了诸多外逃风险隐患。但当前涉腐跨境洗钱手段翻新升级，如何精准有力打击利用特定行业和虚拟货币等向境外转移腐败资产的行为，进一步深化防逃工作，尚待深入研究。最后，追逃追赃工作的政治性和专业性，决定相关从业人员应具备过硬的政治素养和业务本领。在当前形势下，如何更好地推动追逃追赃人才队伍建设，值得学界重视。

第二，研究议题较为宏观，针对性有所欠缺。一方面，基于各国法律制度的差异性以及追逃追赃工作的复杂性，关于追逃追赃合作的国别研究有待加强。目前学界多将研究注意力集中于从宏观上探讨追逃追赃国际合作机制，而疏于对我国与被请求国之间双边条约、执法合作项目，以及被请求国相关法律制度等的细致考察，由此展开的关于追逃追赃情势研判及具体实施方案的学理思考，不免缺乏针对性。另一方面，既有研究未充分聚焦追逃追赃重点难点问

① 杨琼：《海外中国犯罪资产分享的规则构建初探》，《思想战线》2023年第4期。

题。根据“百名红通人员”名单所载外逃人员的可能去向①、归案及后续处理②等情况，美国、加拿大等是我国外逃人员的主要藏匿国和腐败资产主要流向国。囿于引渡条约阙如和司法制度差异等因素，我国与前述国家的追逃追赃合作面临诸多障碍。以我国在美国追逃追赃为例，美方一度纵容、包庇外逃腐败分子，蓄意打压中方追逃追赃行动，甘愿充当腐败“避风港”，致使中美追逃追赃合作一度濒临停滞。但既有研究对我国应如何有效推动开展于美国、加拿大等国的追逃追赃工作，仍较少涉猎。

第三，学科视角及研究方法较为单一。一方面，从学科视角看，反腐败国际追逃追赃既有研究主要集中于法学学科，该领域的法学理论支撑有所强化。但追逃追赃涉及政治、经济和外交等诸多方面，与经济学、管理学等学科存在知识交叉，如仅从法学学科视角观察追逃追赃问题，研究视野可能具有局限性。另一方面，从研究方法看，该领域研究侧重于利用规范分析进行逻辑推理，而较少运用相关实证方法。

（二）反腐败国际追逃追赃研究的未来展望

首先，注重回应现实关切，增强研究议题设置的前瞻性，挖掘追逃追赃新的学术增长点。近年来，我国以反腐败强大定力和务实行动推进廉洁丝绸之路建设，护航“一带一路”行稳致远，充分彰显了作为共建“一带一路”倡议发起国和重要投资国的责任担当。在深度参与反腐败国际合作实践的过程中，我国反腐败国际话语权和规则制定权不断强化。追逃追赃连接反腐败国内法治和涉外法治，牵涉面广，乃一项系统工程。追逃追赃理论研究需密切联系我国反腐败国际合作实践，着眼于解决制约追逃追赃工作成效的突出问题，并在此基础上探索追逃追赃前瞻性议题。将追逃追赃人才培养工作纳入涉外法治战略布局中予以考量，开展关于如何建设高质量追逃追赃人才队伍，促进追逃追赃工作规范化、法治化的学术思考。学界应强化与追逃追赃实务部门的沟通交

① 《红色通缉令：百名外逃人员名单》，http://m.ccdi.gov.cn/content/72/eb/2849.html?from=groupmessage&isappinstalled=0&ivk_sa=1025883j。

② 张磊、刘丛丛：《“百名红通人员”刑事处理研究》，《吉林大学社会科学学报》2023年第4期。

流，可通过开展访谈调研等方式，追踪该领域实务前沿问题及发展趋势，加强研究议题前瞻性谋划，保证议题设置的前沿性、引领性和新颖性，以期研究成果服务现实需要。值得注意的是，近年来数智技术迅猛发展，利用数智技术充分赋能追逃追赃实践，或成为纾解追逃追赃现实困境和提升工作效能的备选项。[①] 但学界在充分挖掘将数智技术运用于该领域的可能性的同时，也应就如何厘定相关权力边界，开展深入的理论思考。

其次，推动研究议题微观化、具体化。一方面，密切关注我国在重大国际场合提出的追逃追赃合作倡议主张，以及依托《联合国反腐败公约》、亚太经合组织以及二十国集团等多边平台开展的追逃追赃司法执法合作。加强追逃追赃合作的国别研究，注重考察我国与被请求国的反腐败合作机制和被请求国相关法律制度等，为制定更具针对性和可操作性的追逃追赃方案，提供有力学理支撑。另一方面，重点关注我国与美国、加拿大等关于追逃追赃事项达成的合作意向及进展情况，推动追逃追赃途径多元化、更具灵活性，助力最大化实现外逃人员追回和追赃挽损目标。深入开展运用民事途径在美、加等国追回腐败资产，以追赃助力追逃等相关理论探索。以在美追回腐败资产为例，可尝试运用该国不以刑事定罪为前提、适用优势证据证明标准的民事没收制度，实现腐败资产的没收及返还。

最后，鼓励开展跨学科对话，拓展研究视角及方法。一方面，敢于打破学科壁垒，开拓研究视野，推动反腐败国际追逃追赃研究与经济学、管理学和社会学等学科的交叉融合，突破单一学科视角的研究局限。采用多元研究方法，减少研究内容的同质性，切实提高研究深度和广度。另一方面，充分吸纳来自不同学科的专家学者，打造反腐败国际追逃追赃高质量研究团队，形成多学科协同攻关的良好局面。

---

① 郭哲：《大数据国际追逃追赃的法治治理》，《当代法学》2023年第2期。

基于 CiteSpace 的村务监督委员会研究热点与趋势展望

高 森

摘 要 本文通过 CiteSpace 对 2004—2022 年 CNKI 收录的 758 篇村务监督委员会相关文献进行可视化分析，发现：村务监督委员会研究热点均与国家政策紧密相关，研究者和研究机构之间合作不足，有关研究经历了探索起步、全面发展、平稳深化三个时期，研究视角从微观具体向宏观系统转变。现有研究存在广度与深度不足、力量分散不济、方法单一落后等问题，未来可通过提高研究成果质量、加强人才队伍建设、综合运用多种方法等，持续深化拓展村务监督委员会研究。

关键词 村务监督委员会；文献计量；CiteSpace

在国家治理体系和治理能力现代化推进过程中，村务监督委员会不仅是党和国家监督体系不可或缺的组成部分，也是国家监察体制在基层治理中发挥效

基金项目：湖南省研究生科研创新项目“乡村振兴背景下村务有效监督机制研究”（CX20240353）；浙江省武义县纪委监委重大项目“‘后陈经验’在‘三不’一体推进中的价值溯源和新时代探索实践”（SKH2022032）。

作者简介：高森，湖南大学马克思主义学院博士研究生，主要研究领域为基层治理与廉政学。

能的有力抓手，还是推动全面从严治党向农村基层延伸的一种治理方式，[①] 更是遏制乡村振兴领域不正之风和腐败的有效途径。随着村务监督委员会的重要性与日俱增，理论界对村务监督委员会的深入研究要求也愈加强烈，以期更好地反哺实践。

一、研究方法与数据来源

（一）研究工具与方法

本文使用 CiteSpace 作为文献分析的主要工具。通过运用 CiteSpace（6.1.R6 版本）对村务监督委员会领域研究文献的特定信息进行计量分析，绘制关键词共现图谱、关键词突现图谱、时区演进图谱等，将复杂的文献内容以简明的知识图谱形式进行直观呈现，客观展现村务监督委员会的研究现状、热点议题与演进趋势等。

（二）数据来源

为确保分析结果的可信性和准确性，仅对 CNKI 中学术期刊库进行主题词为“村务监督委员会”的检索，时间设置为 2004 年到 2022 年，经精准筛选并剔除无效文献后，共得到有效分析样本 758 篇。

二、村务监督委员会研究文献基本状况

（一）发文时间及发文量分析

文献的发表数量是衡量科学研究发展的一项重要指标，一定程度上可以反映出该领域知识量的变化情况以及学术界对该领域的研究热度。[②] 图 1 为 2004—2022 年村务监督委员会研究年发文量分布图。自 2004 年第一家村务监

① 王婷婷、郝炜：《农村积分制运行的基本框架与治理机制——以山西省 L 市 P 县“道德银行”为例》，《湖北农业科学》2022 年第 4 期。

② 方齐、谢洪明：《科技服务研究网络、热点与演进——基于知识图谱的分析》，《兰州学刊》2022 年第 6 期。

督委员会成立以来，学术界就开始对其进行关注与讨论。在2004—2009年间，学术界对村务监督委员会的研究虽有持续关注，但始终未成为重点议题。2010年《中华人民共和国村民委员会组织法》的修订在很大程度上改变了这种局面。自2010年以来，学术界对村务监督委员会的研究热情大幅增加，年发文量较先前增长了数倍，并于2012年达到峰值72篇。2012年到2015年间，年发文量虽小有波动但整体呈下降趋势，并于2015年降至45篇。2017年《关于建立健全村务监督委员会的指导意见》颁布后，学术界对村务监督委员会的研究热度有所回升，年发文量由2017年的48篇稳步增长至2019年的62篇。受疫情带来的地域阻隔或其他重点研究议题的挤出效应影响，2020年发文量骤降至32篇，此后至2022年间年均发文量维持在31篇，没有大幅度上升或下降。整体而言，学术界对村务监督委员会的研究热度与国家政策导向高度契合。

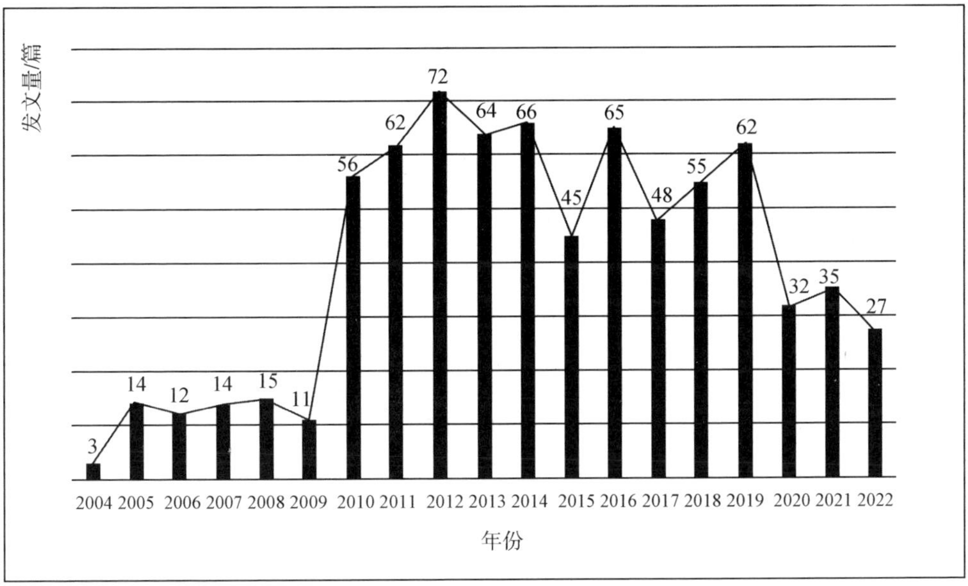

图1 2004—2022年村务监督委员会研究年发文量分布图

（二）研究作者与研究机构分析

本文从作者和机构两个维度分析合作网络图谱。图2和图3分别为作者合作网络图谱与研究机构合作网络图谱。

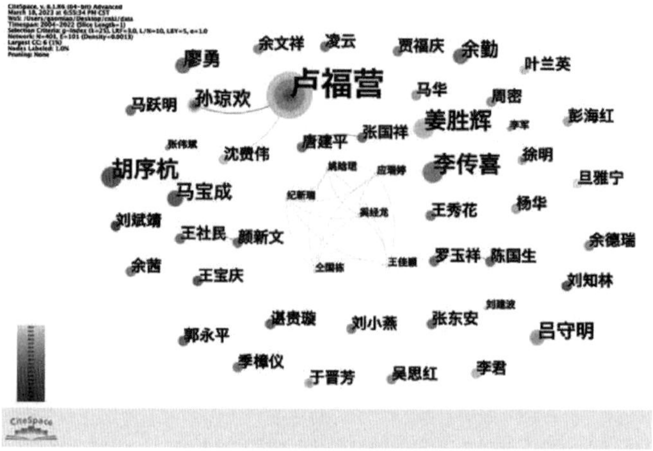

图2　作者合作网络图谱

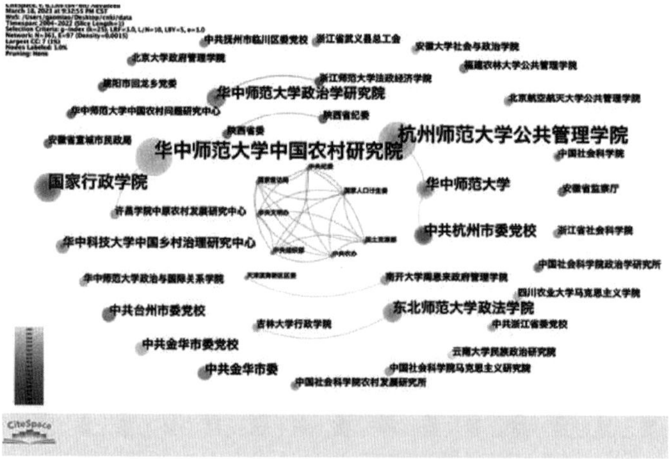

图3　机构合作网络图谱

由图2可知，作者合作网络中共有401个节点，101条连线，网络整体密度为0.0013。整体来看，村务监督委员会研究者的合作较为松散，不够紧密。从发文作者个人情况来看，首先，排名第一的是卢福营，发文量为9篇。卢福营教授长期致力于农村问题和基层治理方面的研究，是国内最早研究村民自治的学者之一。自2004年以来，卢福营教授率先带领团队对村务监督委员会制度进行跟踪研究，在村务监督委员会研究领域具有一定影响力。其次，姜胜辉、胡序杭、李传喜三位学者的发文量均为3篇。从作者间合作情况来看，卢福营的合作对象局限于团队内部，主要有孙琼欢和沈费伟二人，尽管发文数量较少，但文章质量较高。其他发文量较多的作者多为独立完成相关研究。不可否认的是，在村务监督研究领域确实形成了一些合作团队，如纪新瑞、姚晗珺、应珊婷、全国栋、王佳颖、奚经龙等人构成了一个较为紧密的作者群，另外还有一些小合作团队，如唐建平与张国祥、王社民与颜新文、罗玉祥与陈国生等，但是节点间只有一条连线，其合作网络并没有铺开，合作只局限于两人之间，合作力量较为微弱。总览全图，可以看到很多比较孤立的点，且各团体间并无网络联结，说明该领域研究作者间缺乏交流与合作，目前对村务监督委员会的研究还处于比较分散的状态。

由图3可知机构合作网络中共有361个节点，97条连线，网络整体密度为0.0015，合作情况同样不容乐观。杭州师范大学公共管理学院与华中师范大学中国农村研究院发文数量均为8篇，并列排在第一位。卢福营教授任职于杭州师范大学公共管理学院，因其地理位置的优越性以及长期以来对村务监督研究领域的坚守，使得杭州师范大学公共管理学院在村务监督委员会研究中占有一席之地。与之旗鼓相当的是华中师范大学中国农村研究院。华中师范大学中国农村研究院是从事农村与农民问题研究的专门性学术机构。村务监督委员会作为农村基层民主实践探索的成果，必然会成为中国农村研究院的重点研究对象。从机构间合作关系来看，可以分为两种类型，一是高校间合作发文，如华中师范大学与杭州师范大学公共管理学院、中共杭州市委党校均有合作关系，华中师范大学中国农村研究院与许昌学院中原农村发展研究中心、华中师范大学政治学研究院与浙江师范大学法政经济学院等高校间均两两具有合作关系，合作网络远未展开，机构间缺乏合作；二是高校与政府部门合作发文，如南开大学周恩来政府管理学院与天津滨海新区区委具有合作关系。然而，图3中大部分为独立点，表明机构对村务监督委员会的研究尚未形成稳定有力的合作网络。

三、村务监督委员会研究的热点与趋势分析

（一）研究热点分析

本文对2004—2022年期间的文献进行关键词共现分析，生成关键词共现知识图谱，如图4所示。在共现图谱中，节点的大小代表了关键词共现频次的高低，节点面积越大，说明其代表的关键词出现的频率越高。此外，中心性测量网络中节点位置的重要程度，反映该节点在网络中的媒介者能力，[①] 在网络结构中，中心性大于0.1的节点代表它的位置比较重要。根据软件统计结果可知，村务监督委员会研究领域中心性大于0.1的关键词依次为：村务公开（0.34）、村民自治（0.24）、村务监督（0.17）、监委会（0.14）、村级财务（0.12）、乡村治理（0.11）、农村（0.10）等。一般认为，关键词共现频次越高，中心性越高，表明节点在该领域愈重要。结合频次和中心性进行综合分析可知：村务公开是关系网络中最大的节点，同时它在村务监督委员会领域研究中的媒介中心性也最高。其次是村民自治、村务监督、监委会、村级财务、乡村治理、农村等，代表它们在整个关系网络中起着较大的联络和中转作用，是村务监督委员会领域的研究热点。

图4　2004—2022年村务监督委员会研究关键词共现网络知识图谱

---

① 周鹏：《从严治党研究的知识图谱、聚类维度与拓展空间——基于CiteSpace的文献计量分析》，《探索》2017年第6期。

（二）演进趋势分析

为追踪村务监督委员会研究热点及其拐点，运用 CiteSpace 的 Burstness 功能对关键词的突发性进行检测。图 5 列出了 2004—2022 年村务监督委员会研究领域排名前 16 的激增关键词及其突现强度和时间。其中，“乡村振兴”“小微权力”“村务监督”和“乡村治理”反映了村务监督委员会领域研究的前沿关切。

为能够直观地呈现不同时间段关键词的演进与发展趋势，对关键词进行 Timezone 可视化，分析村务监督委员会研究领域从 2004—2022 年的研究特征以及各阶段的研究主流，从而探索出该领域的动态演进。图 6 为村务监督委员会研究关键词共现时区图谱，它是侧重于从时间维度上来表示知识演进的可视化图谱，可以清晰地展示村务监督委员会的研究趋势。

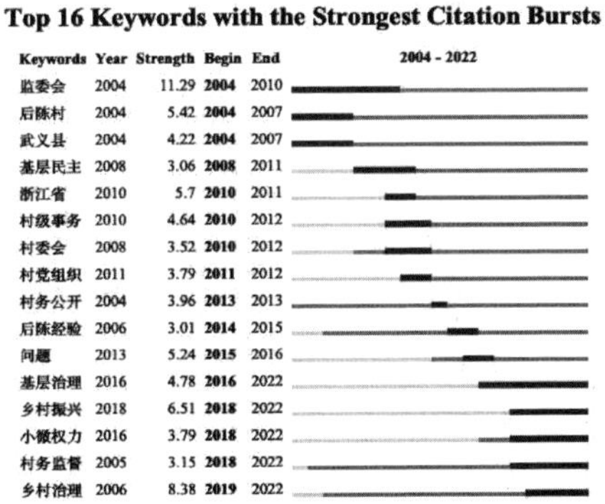

图 5 关键词及其突现强度和时间

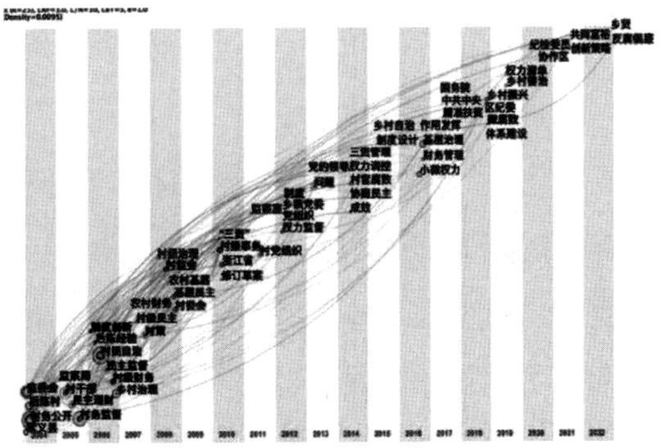

图 6 关键词共现时区图谱

综合分析图 5 和图 6 发现，村务监督委员会研究经历了探索起步期、全面发展期、平稳深化期三个阶段。

1. 探索起步期

第一阶段为探索起步期，时间为 2004—2009 年，重点围绕村务监督委员会本身及其实践开展微观层面研究。武义县后陈村是村务监督委员会的诞生地，拉开了全国农村基层民主探索的序幕，必将在村务监督委员会研究版图上留下浓墨重彩的一笔。2004 年 8 月 23 日，《观察与思考》在同一期刊登《后陈村的制度变迁》和《第三种权力：村务监委会》两篇文章，对后陈村成立村务监督委员会这一创举给予相当程度的关注，并率先提出了武义县、后陈村、监委会、基层民主等关键词。后陈村首创的村务监督委员会一经问世就引起了社会各界的强烈反响，受到了上级政府和媒体、学术界的充分肯定，村务监督委员会及其制度被逐渐提炼总结为“后陈经验”。① 从理论研究来看，借助“后陈经验”窗口，对村务监督委员会的研究迅速进入学术界视野，引起了诸多学者的高度关注与热烈讨论。大多数学者以后陈为案例，对村务管理新机制进行解读②、对村务监督制度创新进行学理解析③、对村务监督制度绩效进行探讨④，此外还有学者从制度设计的视角对我国农村构建村务监督委员会制度的理论与实践进行阐释⑤等等。

这一阶段对村务监督委员会的研究主要以武义县、后陈村、监委会为基点进行面上探讨，并伴随着向后陈经验、基层民主、民主监督、民主理财、村级财务等相关主题的拓展，该领域研究持续向纵深方向发展。

2. 全面发展期

第二阶段为全面发展期，时间为2010—2017年，这一时期的研究在中观层面开展，关键词为基层民主、制度设计、基层治理、村级事务、村务公开、村委会、村党组织等。总体而言，这一时期对村务监督委员会的研究主要集中于两个主题：一是村务监督委员会与村委会、村党组织间的关系，二是村务监督委员会制度创新及其路径优化。

一方面，诸多学者就村务监督委员会与村委会、村党组织间相互关系进行研究，并就“村务监督委员会是与村党支委、村民委员会并行的一个村级权力

---

① 贺雪峰：《解读“后陈”经验》，《调研世界》2007年第2期。

② 邱荣根、丁巧丽：《“一个机构、两项制度”：村务管理新机制——兼谈浙江武义县后陈村的实践》，《农村工作通讯》2005年第7期。

③ 刘知林：《村级财务治理新机制：村务（财务）监督委员会及其制度的学理解析——基于浙江武义县后陈村的调查》，《审计与经济研究》2007年第3期。

④ 卢福营、孙琼欢：《村务监督的制度创新及其绩效——浙江省武义县后陈村村务监督委员会制度调查》，《社会科学》2006年第2期。

⑤ 丁静、王贵清：《构建我国农村“村民监督委员会”制度的理论与实践》，《四川大学学报（哲学社会科学版）》2009年第4期。

制衡机构”观点达成初步共识。[①] 同时，村务监督委员会的成立也将党的十七大提出的理论模式[②]转换为具体的现实样板。然而，在村务监督委员会成立之前，村两委关系就是公认的理论上争论最多、实践中难点最突出的问题。[③] 因此，有学者对村务监督委员会成立后，不仅未能解决“两委矛盾”，反而可能引发“三委矛盾”的困局表示深深担忧。[④] 另一方面，研究集中在对村务监督委员会制度创新及其优化路径的探讨上。鉴于国家政策的导向与实践发展的需要，学术界对村务监督委员会的研究迎来了又一高潮。部分学者研究发现，受限于制度体系不完备[⑤]、制度设计存在不足[⑥]等原因，村务监督委员会的实际运行效果并不理想[⑦]，并提出要从注重顶层设计、加强基层政府引导等角度完善村务监督机制[⑧]等。

综上所述，这一阶段对村务监督委员会的研究已经从初期单纯依赖村务监督委员会机构的发展基础型研究，转换为以问题为导向的衍生现实型研究。

3. 平稳深化期

第三阶段为平稳深化期，时间为 2018—2022 年，重点围绕村务监督与乡村治理的相互关系开展宏观层面的讨论。村务监督、乡村治理、小微权力、乡村振兴等都是这一阶段的重点议题。首先，村务监督是村务监督委员会的题中应有之意。结合图谱分析可知，自 2005 年以来村务监督研究就一直存在于该

---

① 乔德福：《新农村建设中村官贿选防治机制创新研究》，《郑州大学学报（哲学社会科学版）》2010 年第 3 期。

② 任建明：《决策权、执行权、监督权的制约与协调——十七大以来的理论与实践》，《人民论坛·学术前沿》2012 年第 14 期。

③ 徐勇：《现代国家的建构与村民自治的成长——对中国村民自治发生与发展的一种阐释》，《学习与探索》2006 年第 6 期。

④ 周功满、曹伟：《权力结构视域下的乡村权力监督——基于对村务监督委员会的考察》，《经济社会体制比较》2012 年第 3 期。

⑤ 刘诗林：《我国村务监督委员会的运行困境及对策建议——基于 11 省 700 名乡镇纪委书记问卷调查的实证研究》，《理论探讨》2015 年第 1 期。

⑥ 陈少艺：《创新与不足：村务监督制度的设计与实践》，《上海党史与党建》2016 年第 1 期。

⑦ 宋健、李勇华：《村务监督委员会的价值及其限度》，《中国浦东干部学院学报》2014 年第 5 期。

⑧ 马华、马池春：《农村基层村务监督机制完善研究——基于对山西 391 个村 2062 个农户的调查与研究》，《山西农业大学学报（社会科学版）》2016 年第 6 期。

领域研究中，直到2018年才受到学术界的特别关注，成为研究的热点。其次，乡村是村务监督委员会生存的土壤，乡村治理是村务监督委员会发挥作用的场域。随着研究的逐步深入，乡村治理成为村务监督委员会研究领域的重要话题。事实上，早在2006年就有学者开始思考乡村治理与村务监督委员会关系的相关研究，并提出“村务监督委员会是社会主义新农村建设中出现的新的乡村治理形式”[①] 这一观点。2019年，乡村治理成为该研究领域的重点议题，诸多学者层层深入地阐释了一系列观点：如村务监督是乡村治理的关键环节[②]，村务监督制度是一项乡村治理制度[③]，有助于乡村治理现代化[④]等。此外，诸多学者关于“村务监督委员会机制可以有效规范‘小微权力’运行”[⑤] 的观点已形成共识，使得小微权力成为村务监督委员会研究的热点议题之一。与此同时，党的十九大以来，乡村振兴迅速成为村务监督委员会研究领域的热点议题。大部分学者普遍认同村务监督委员会对于实现乡村振兴战略具有保障性作用，并在此基础上探讨了村务监督委员会在这一新阶段存在的问题及解决方案。如有学者发现村务监督委员会在村集体“三资”管理中存在问题并提出解决办法；[⑥] 还有学者从治理有效性视角切入，揭示影响村务有效监督的因素并提出村务精准有效监督的促进策略[⑦]等。

① 邓新华：《乡村治理与和谐》，《农村·农业·农民》2006年第12期。

② 孙肖远：《多举措提升村务监督的有效性》，《群众》2021年第16期。

③ 卢福营、高健、沈费伟：《论村务监督委员会监督的精准化——基于浙江省武义县的调查与分析》，《广西大学学报（哲学社会科学版）》2020年第1期。

④ 陈晨、李飞：《“后陈经验”：内涵、限度与优化》，《金华职业技术学院学报》2019年第6期。

⑤ 刘嫣：《新时代农村基层“小微权力”该如何监管——以湖北省沙洋县为例》，《学习月刊》2019年第2期；纪凡理：《探索建立村级小微权力清单规范基层组织权力运行》，《机构与行政》2020年第11期。

⑥ 姚瑞平：《乡村振兴难题的破解路径》，《唯实》2019年第11期；叶兰英：《规范农村“三资”管理为乡村振兴注入新活力》，《商业文化》2021年第35期。

⑦ 沈费伟、卢福营：《乡村振兴背景下村务监督有效性研究——基于浙江省武义县村务监督委员会的调查分析》，《治理研究》2020年第5期。

四、村务监督委员会研究的结论与未来展望

（一）研究结论

本文主要通过 CiteSpace 对 2004—2022 年中国知网学术期刊数据库中收录的 758 篇村务监督委员会研究文献进行了可视化分析，通过知识图谱直观反映了村务监督委员会研究的发文趋势、研究合作、研究热点及演进趋势等多方面情况，得出以下结论：第一，村务监督委员会的研究热度与国家政策紧密相关，研究者和研究机构间合作网络尚未形成。第二，村务监督委员会的研究热点与国家政策关联度较高，从早期的村务公开、村民自治、村务监督、村级财务等，近年来逐步转向乡村治理、小微权力和乡村振兴等。第三，村务监督委员会的研究阶段经历了探索起步（2004—2009 年）、全面发展（2010—2017 年）、平稳深化（2018—2022 年）三个时期。第四，村务监督委员会的研究视角从微观具体逐步向宏观系统转变。从最初重点围绕村务监督委员会本身及其运行实践展开微观层面研究，过渡到对村务监督委员会与村委会、村党组织间相互关系的探讨以及村务监督委员会制度创新及其路径优化的中观层面，最终发展为在乡村治理的宏观系统层面来分析村务监督委员会。

（二）薄弱环节

当前学术界对村务监督委员会的研究虽然取得了一定成果，但同时也存在研究的广度与深度不足、研究力量碎片化且不济、研究方法单一且落后等薄弱环节。首先，研究的广度与深度不足。主要体现在两个方面，一是本领域文献数量较少，二是高质量文献较为有限。2004—2022 年的 758 篇文献中，北大核心来源期刊文献为 88 篇，占比 11.6%；CSSCI 来源期刊文献为 71 篇，占比 9.4%，这表明学术界对村务监督委员会关注度不足，对该领域研究的广度与深度都还不够，与村务监督委员会在乡村治理中的重要地位有较大差距。其次，研究力量碎片化且不济。碎片化即研究力量散落在不同区域且倾向于“单打独斗”，相互间合作不多，对村务监督委员会的研究尚未形成强大的研究合力；研究力量不济强调缺乏长期在本领域深耕细作的、诸如卢福营教授这样的

代表性力量、领军型人物，这在一定程度上限制了村务监督委员会研究的拓展与深化。最后，研究方法较单一且落后。研究方法主要集中在单案例基础上的阐释型研究，缺少多案例的比较型研究以及在大数据支撑上的解释型研究。同时单案例的研究对象大多选取后陈村的村务监督委员会，案例虽具有相当程度的代表性，但同时也显露出更大的局限性。因为不同地域、不同类型村庄的村务监督委员会具有浓厚的本土化特点，虽然后陈村为村务监督委员会的诞生地，但是后陈的村务监督委员会运行模式并不能概括与总结村务监督委员会的全部经验和类型，难以形成具有普遍使用价值的理论解释框架。研究方法较为落后是指运用新技术、新方法对村务监督委员会进行深入研究的文献较为有限，这无疑会掣肘村务监督委员会研究的发展进程。

（三）未来展望

未来可通过提高研究成果质量和产出、加强人才队伍建设及多方合作、综合运用多种研究方法等，持续深化拓展村务监督委员会研究。第一，提高研究成果质量和产出。学术界应正确认知村务监督委员会在乡村治理中的角色定位与功能价值，给予村务监督委员会与之相匹配的关注度与重视程度，并能够立足国家政策导向和现实发展需求对村务监督委员会开展研究，产出更多更具时效性、前瞻性、高影响力的研究成果，并最终反哺于乡村治理的实践发展。第二，加强人才队伍建设及多方合作。加强人才队伍建设，特别是要注重培养具有高声誉且论文高质量、高产出、高被引的领军人才。同时，任一领域的科学研究都不应被距离束缚，对村务监督委员会的研究更需要打破地理区间上的隔阂。各位学者要打开思路，开阔视野，积极主动开展跨地域、跨机构、跨学科的科研协作，凝聚各方智慧，形成强大合力，共同助推本领域研究向纵深方向发展。第三，综合运用多种研究方法。有必要对不同地域、不同类型的村务监督委员会开展单案例、多案例研究并进行有效对比分析，提高村务监督委员会研究的全面性与深刻性。此外，还要善于借鉴和运用在新技术支撑下产生的新方法，从不同层面对村务监督委员会进行新研究，此举有助于打破村务监督委员会领域的研究瓶颈，发现新问题，找到新方法，从而推动村务监督委员会的研究进程。

编后记

《廉政研究》的出版，既开启了学术集刊精品化的新篇章，也是湖南大学廉政研究中心耕耘多年的内刊的工作延续。湖南大学廉政研究中心成立于2002年，与中共湖南省纪委、湖南省监察厅于2003年3月在湖南大学设立的湖南省廉政研究基地合署办公。中心一直遵循基于廉政研究的学科建设、人才培养、社会服务相融合、齐推进的路径，这一路径得到认可并在中共湖南省纪委、湖南省监察厅《关于加强湖南省廉政研究基地建设的意见》（湘纪发〔2009〕）下进一步规范和加强。《廉政研究》的出版即是其重要举措之一。这一努力在2008年开始推进，2011年正式作为学术内刊创立，我自香港廉政公署卸任归校之后承担起主编之责，勉力至今。该内刊于2011—2023年连续出版了38期，为国内从事廉政研究的同人提供了一个不可多得的学术园地。

2022年，纪检监察学正式成为一级学科，廉政学成为其下的二级学科，虽不似过去廉政研究那样几乎承担了纪检监察研究的全部功能，但从“游击队”到“正规军”，已然是翻天覆地的变化。学科、专业的巨大变化，亦催生了研究人员、成果、刊物的量的扩张与质的提升。《廉政研究》的公开出版，亦愿在前期的基础上继续努力，为这一盛况贡献自己的绵薄之力。

廉政学是实践性很强的学科，它形塑、规范了廉政研究的实践性，要求我们时刻关注实践并与时俱进地开展研究，以解释、回应全球腐败治理与我国的党风廉政建设与反腐败斗争的实践进展。党的十八大以来，正风肃纪反腐实践方兴未艾，这不仅提供了丰富的理论之源，更提出了时代之问、必解之题。作为学术研究，《廉政研究》也须在中国立场、全球视野、历史眼光当中把握腐败与反腐败的一般规律，探讨其中的学理、道理、哲理，力争在关于腐败与反腐败的知识体系、学术大厦建设当中作出原创性贡献。

“嘤其鸣矣，求其友声”，《廉政研究》愿与同道并肩携手，努力前行。

2024年6月6日于长沙